职业教育渗透实验教材

理科专业基础

LI KE ZHUAN YE JI CHU

主　编 ◎ 杨国武　　副主编 ◎ 谈全兴　罗善斌

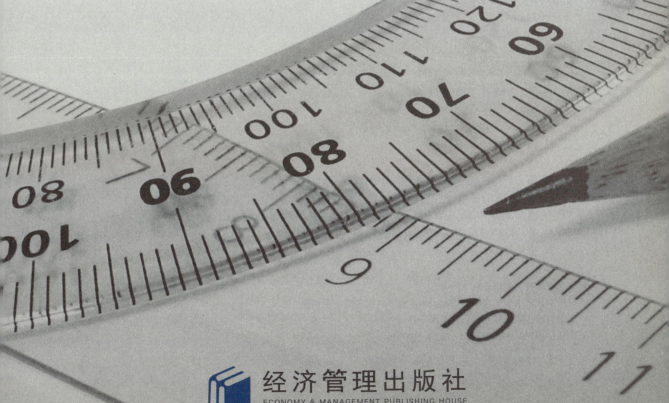

经济管理出版社
ECONOMY & MANAGEMENT PUBLISHING HOUSE

图书在版编目（CIP）数据

理科专业基础/杨国武主编 . —北京：经济管理出版社，2016.12
ISBN 978 - 7 - 5096 - 4665 - 6

Ⅰ. ①理…　Ⅱ. ①杨…　Ⅲ. ①理科（教育）—课程—中等专业学校—教材　Ⅳ. ①G634.71

中国版本图书馆 CIP 数据核字（2016）第 241837 号

组稿编辑：魏晨红
责任编辑：魏晨红　王兴磊
责任印制：黄章平
责任校对：雨　千

出版发行：经济管理出版社
　　　　　（北京市海淀区北蜂窝 8 号中雅大厦 A 座 11 层　100038）
网　　　址：www. E - mp. com. cn
电　　　话：（010）51915602
印　　　刷：北京市海淀区唐家岭福利印刷厂
经　　　销：新华书店
开　　　本：787mm×1092mm/16
印　　　张：17
字　　　数：425 千字
版　　　次：2016 年 12 月第 1 版　　2016 年 12 月第 1 次印刷
书　　　号：ISBN 978 - 7 - 5096 - 4665 - 6
定　　　价：42.00 元

编　委　会

前　言

　　为贯彻落实国务院《关于加快发展现代职业教育的决定》的精神，全面推动县级中专综合改革工作，实现职业教育与普通教育的相互渗透、相互融通，在普通初中三年级第二学期，对不想升入高中的学生，在完成九年义务教育初中阶段课程的基础上，实行半年的职业教育渗透，开设职业教育指导课程，提供基本的就业知识和技术技能方面的训练，引导学生了解社会现状、经济结构、产业结构、职业岗位和技术发展态势，指导学生进行适合自身特点的职业选择和职业发展定位，为学生的终身发展奠定良好的基础，为经济社会发展培养大量高素质的劳动者和大批高水平的优秀人才。

　　根据学校的办学特色、社会的人才需求以及学生的学习兴趣，充分利用现有的校内外教育资源，编写的农村初中三年级职业教育渗透校本课程，从农村初中三年级学生的实际能力以及从培养学生认识专业、选择专业、热爱专业的角度出发，结合职业学校专业特色选择教材内容，从专业认识、专业基础知识、专业基本技能三部分着手，各部分分别加入相应的知识点和实用技能，力求降低难度，增加实际操作，采用图文并茂的方法，由浅入深，用通俗易懂的语言阐述了各专业的发展前景和专业技术，体现了职业教育的特色，增强了职教的吸引力，以降低初中学生的辍学率，实现职教与普教和谐发展。

　　这套教材包括《文化基础知识》、《理科专业基础》、《文科专业基础》，读本注重实用性，突出职教特色，体现时代精神，可作为农村初中三年级学生开展职业教育渗透的培训教材，也可为广西县级中专综合改革试点工作的实践与探索提供借鉴经验。

　　本套职业教育渗透教材是由田东职业技术学校一线教师编写，由于时间仓促，编写水平有限，难免有不足、不妥之处，真诚地希望广大师生提出意见和建议。

目　　录

第一单元

汽车运用与维修

认识专业

一、世界汽车发展史

汽车的发展有一个漫长的过程，总的来说，经历了蒸汽汽车的诞生、内燃机汽车的诞生、汽车量产化、汽车产品多样化和汽车产品低价格时期以及向发展中国家转移几个阶段。

（一）蒸汽汽车的诞生

人类从最初的利用人力、畜力到后来使用水力、风力。在 1705 年，纽科门首次发明了不依靠人和动物而是依靠机械来做功的实用化蒸汽机。这种蒸汽机用于驱动机械，便产生了划时代的第一次工业革命，随着蒸汽驱动的机械汽车的诞生，人类社会开始了汽车的发展历史。

瓦特和他发明的蒸汽机

法国人居纽研制的蒸汽汽车

（二）内燃机汽车的诞生

世界上第一辆汽车是由德国人卡尔·本茨（1844～1929年）于1885年10月研制成功的，一举奠定了汽车的设计基调，即使现在的汽车也跳不出这个框架。他于1886年1月29日向德国专利局申请了汽车发明的专利，同年的11月2日专利局正式批准发布。因此，1886年1月29日被公认为世界汽车的诞生日，本茨的专利证书也成为了世界上第一张汽车专利证书。

卡尔·本茨的专利证书　　　　　　卡尔·本茨和他发明的第一辆汽车

1885年，德国人哥特里布·戴姆勒（1843～1900年）发明了第一辆四轮汽车。

哥特里布·戴姆勒和他发明的第一辆四轮汽车

二、中国汽车发展史

（一）旧中国的汽车工业

1901年，一个叫李恩思的匈牙利人将两辆美国生产的奥兹莫比尔汽车从中国香港运到了上海，从此中国开始出现汽车。

袁世凯送给慈禧的奔驰第二代汽车

我国现在保存最早的汽车——存放在颐和园的慈禧太后的座驾，被冠以"中国第一车"的美名。这是袁世凯1902年从中国香港购买赠给慈禧的厚礼。

1903年以后，上海已陆续出现了从事汽车或零部件销售、汽车出租的洋行。1929年，汽车进口量已达8781辆，世界各国的汽车蜂拥而入，1930年中国汽车保有量为38484辆，却没有一辆国产汽车，不少有识之士都想制造中国的汽车，可是限于当时的情况，都没能实现。

我国的第一辆国产汽车是1929年5月在辽宁省沈阳市问世的。由张学良在辽宁迫击炮厂成立了民用工业制造处，后改称为辽宁民生工厂，试制汽车。中国人当时还没有生产汽车的经验，于是聘请了美国人为总工程师。1929年3月，民生工厂引进了一辆美国"瑞雷号"汽车进行装配实验，并以该车为样板，于1931年试制成功了一辆命名为"民生牌"75型的汽车，它开辟了中国人试制汽车的先河。可惜第二辆汽车还没制造出来，"九一八"事变爆发，东北三省被日本占领。

（二）新中国的汽车工业

新中国的汽车工业与共和国共命运，经过半个世纪的努力，发生了天翻地覆的变化。从一个曾经是"只有卡车没有轿车"、"只有公车没有私车"、"只有计划没有市场"的汽车工业，终于形成了一个种类比较齐全、生产能力不断增长、产品水平日益提高的汽车工业体系。回顾中国汽车工业50年来走过的路程，一步一个脚印，处处印证着各个历史时期的时代特色，经历了从无到有、从小到大，创建、成长和全面发展三个历史阶段。

1. 创建阶段（1953～1965年）

1953年7月15日在长春打下了第一根桩，从而拉开了新中国汽车工业筹建工作的帷幕。国产第一辆汽车于1956年7月13日驶下总装配生产线。这是由长春一汽生产的"解放牌"载货汽车，结束了中国不能制造汽车的历史，圆了中国人自己生产汽车之梦。

南京汽车制配厂：试制成跃进牌NJ130型2.5t货车；上海汽车装配厂：先后试制成58-1型三轮汽车和上海牌SH760型中级轿车；上海货车修理厂：试制成交通牌SH140型4t货车；济南汽车配件制造厂：仿制捷克斯洛伐克的斯可达柴油车，后改名济南汽车制造厂，试制成黄河牌8t柴油车；北京汽车配件厂：1963年研制成BJ212型越野吉普车，成为批量生产吉普车的北京汽车制造厂。

第一汽车制造厂外景

解放CA10型载货汽车

中国第一辆载货汽车出厂情景

毛泽东主席在中南海观看中国第一辆轿车

红旗CA72型轿车

跃进NJ130型轻型载货汽车

2. 成长阶段（1966～1980 年）

1964 年，国家确定在三线建设以生产越野汽车为主的第二汽车制造厂，拥有约 2 万台设备，100 多条自动生产线，只有 1% 的关键设备是引进的。二汽的建成，开创了中国汽车工业以自己的力量设计产品、确定工艺、制造设备、兴建工厂的纪录，检验了整个中国汽车工业和相关工业的水平，标志着中国汽车工业上了一个新台阶。四川汽车制造厂于 1974 年正式生产红岩牌 CQ260 型军用 6t 越野车；1975 年陕西汽车制造厂投产延安牌 SX250 型 5t 军用越野车。到 1978 年，全国汽车生产企业达到 2146 家，产量达到 15 万辆。

3. 全面发展阶段（1981～2003 年）

在改革开放方针指引下，汽车工业进入全面发展阶段。汽车老产品（解放、跃进、黄河车型）升级换代，结束 30 年一贯制的历史；调整商用车产品结构，改变"缺重少轻"的生产格局；引进技术和资金，建设轿车工业，形成生产规模；行业管理体制和企业经营机制改革，汽车车型品种、质量和生产能力大幅增长。在这 20 年中，中国汽车工业发生了大变革，成为中国汽车工业的一个旧时代的结束和一个新时代开始的分水岭。上汽、一汽和东风汽车公司在 1993 年全国 500 家大、中型企业按销售额排序中进入了前 10 名，机械工业 1993 年百强企业前 10 名中有 8 家是汽车企业。

长安奔奔

荣威汽车

三、培养目标

培养德、智、体全面发展，适应社会经济发展需要，具有良好职业道德，懂得汽车发动机的原理和结构组成，掌握一定电工电子理论和技能知识、汽车电控技术与交通法规、汽车故障诊断、检测、维修等理论和技能知识，具有一定的公共交际能力和业务拓展能力的中级技术人才。

四、主要课程

根据学校的实际情况主要开设了汽车构造与维修、汽车底盘构造与维修、汽车电器设备与维修、汽车电控技术与维修、汽车钣金与涂装修复技术、汽车保险与理赔、机械识图、汽车驾驶、现代汽车材料、汽车机械基础、钳工、电焊等课程。

五、就业前景

汽车专业是具有汽车检测、运行、维修与技术管理能力，且具有职业岗位所需的基础知识和专业技能的经过汽车维修工程师初步训练的高素质技能型专门人才。应具备的知识和能力有：力学、机械工程、金属工艺学等基本理论和基本知识；掌握汽车及发动机构造及原理；具备对汽车及各部件进行性能测试和分析的基本知识和技能；具有制订汽车制造及维修工艺及操作的基本能力；具有对汽车常见故障进行判断和检测的初步能力；具备汽车技术服务的基本能力；具备企业技术经济分析和生产经营管理的初步能力。主要就业岗位有：汽车生产、专业维修、销售公司、检测站、交通运输公司、汽车运营等部类。**市场前景：**全国有40多万人从事汽车技术服务与营销工作，而接受过系统培训的服务营销人员还不到从业人员的10%，特别是经过专业化培训的优秀技术服务与营销人员，具备专业汽车营销能力，能够从事汽车营销、技术服务、汽车信贷、汽车保险与理赔、二手车交易等复合型人才更是十分匮乏。汽车市场的扩大，使汽车技术服务营销人员成为就业市场上的抢手货。我国汽车制造、汽车销售、汽车维修、汽车售后服务行业对汽车技术服务人员的预测需求量约为100万人，而汽车行业每年需新增从业人员近43万人，急需具有现代服务意识和现代维修技能的行家里手。目前，汽车企业的发展和人员素质远不能满足行业发展之需。在现有的300万从业人员中，接受过中级以上系统职业技术教育的专门人才比例仅占26%左右，技师和高级技师只有10%，且年龄偏大，知识老化，40%一级工人的文化程度在初中以下，已成为制约汽车业发展的"瓶颈"。也正因此，汽车应用技术专业人才培养被列入了"国家制造业和现代服务业技能紧缺人才培养工程"。在越来越全球化的中国市场，汽车行业的竞争其实也是汽车技术的革新和竞争，是汽车技术人才的竞争。汽车专业就业前景十分广阔，前途一片光明。

六、升学与就业案例

（一）升学

黄忠强（田东县人），2014年毕业于田东职业技术学校汽车维修专业，同年考取广西机电职业技术学院。

姚朝（巴马县人），2016年毕业于田东职业技术学校汽车维修专业，同年考取广西机电职业技术学院。

许根（隆林县人）、李彦序（凌云县人），两人2011年均就读于田东职业技术学校汽车维修专业，2013年考取北京应用技术大学。

黄成语（凌云县人），黄远京、杨再朗、黄岩将（乐业县人），覃雅（平果县人），李林定（靖西县人），王仕品、韦常明、何以高（田东县人）等，2012年就读于田东职业技术学校汽车维修专业，2014年考取北京应用技术大学。

（二）就业

苏技、李敏（田东县人），2010年毕业于田东职业技术学校汽车维修专业，2012年共同创办顺行汽车配件服务中心。

黄允纯（田东县人），2011年毕业于田东职业技术学校汽车维修专业，2012年创办法拉利汽车美容中心。

李明海（田东县人），2013年毕业于田东职业技术学校汽车维修专业，2015年创办田东韦林汽车修理中心。

黄德祥（靖西县人），2013年毕业于田东职业技术学校汽车维修专业，2015年创办靖西摩托车修理服务部。

汽车基本知识

汽车一般由发动机、底盘、车身和电气设备四个基本部分组成。

一、汽车发动机

发动机是汽车的动力装置。由机体、曲柄连杆机构、配气机构、冷却系、润滑系、燃料系和点火系（柴油机没有点火系）等组成。按燃料分有汽油发动机和柴油发动机两种；按工作方式分有二冲程和四冲程两种，一般发动机为四冲程发动机。

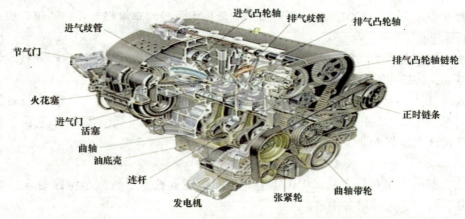

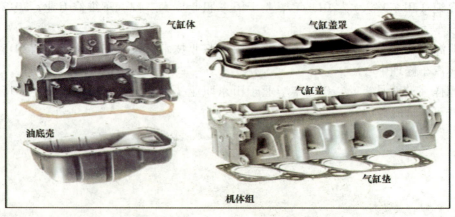

汽油发动机构造剖视图

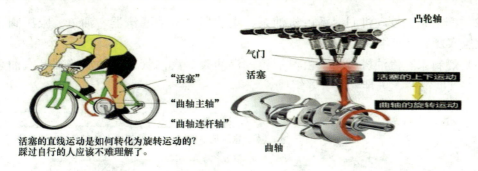

"活塞"

"曲轴主轴"

"曲轴连杆轴"

活塞的直线运动是如何转化为旋转运动的？
踩过自行车的人应该不难理解了。

凸轮轴

气门

活塞

曲轴

活塞的上下运动

曲轴的旋转运动

活塞与曲轴间的运动转换

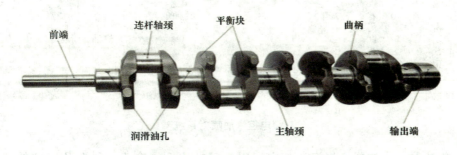

前端　连杆轴颈　平衡块　曲柄

润滑油孔　　　　主轴颈　　　输出端

曲轴构造示意图

四冲程发动机的工作过程：四冲程发动机是活塞往复四个行程完成一个工作循环，包括进气、压缩、做功、排气四个过程。四冲程柴油机和汽油机一样经历进气、压缩、做功、排气的过程。但与汽油机的不同之处在于：汽油机是点燃，柴油机是压燃。

（1）冷却系。一般由水箱、水泵、散热器、风扇、节温器、水温表和放水开关组成。汽车发动机采用两种冷却方式，即空气冷却和水冷却。一般汽车发动机多采用水冷却。

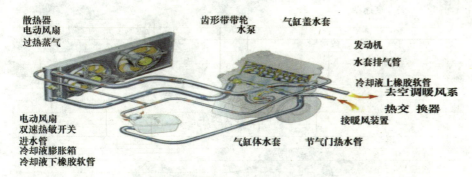

散热器
电动风扇
过热蒸气

齿形带带轮
水泵

气缸盖水套

发动机
水套排气管
冷却液上橡胶软管
去空调暖风系
热交　换器

电动风扇
双速热敏开关
进水管
冷却液膨胀箱
冷却液下橡胶软管

接暖风装置

气缸体水套　节气门热水管

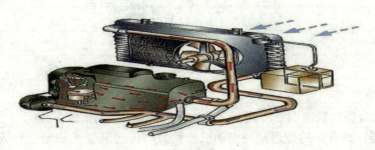

冷却系统

（2）润滑系。发动机润滑系由机油泵、集滤器、机油滤清器、油道、限压阀、机油表、感压塞及油尺等组成。

（3）燃料系。汽油机燃料系由汽油箱、汽油表、汽油管、汽油滤清器、汽油泵、化油器、空气滤清器、进排气歧管等组成。

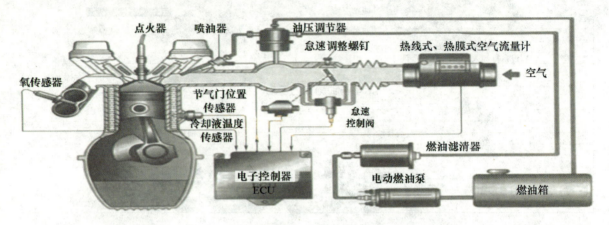

L 型电控汽油喷射系统

（4）化油器。化油器是将汽油与空气以一定的比例混合为一种雾化气体的装置，这种雾化气体叫可燃混合气，及时适量供入气缸。

二、汽车的底盘

汽车底盘四系

传动系：离合器、变速器、驱动桥
行驶系：悬架、车轮
转向系：转向器
制动系：制动器

汽车的底盘（货车）

汽车的传动系

（一）传动系

主要是由离合器、变速器、万向节、传动轴和驱动桥等组成。

（1）离合器。离合器的作用是使发动机的动力与传动装置平稳地接合或暂时地分离，以便于驾驶员进行汽车的起步、停车、换挡等操作。

（2）变速器。由变速器壳、变速器盖、第一轴、第二轴、中间轴、倒挡轴、齿轮、轴承、操纵机构等机件构成，用于汽车变速、变输出扭矩。

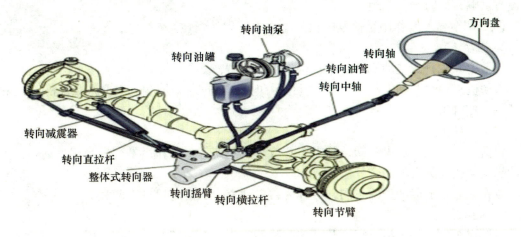

变速器

（二）行驶系

由车架、车桥、悬架和车轮等部分组成。它的基本功用是支持全车质量并保证汽车的行驶。

（1）钢板弹簧与减震器。钢板弹簧的作用是使车架和车身与车轮或车桥之间保持弹性联系。减震器的作用是当汽车受到震动冲击时使震动得到缓和。减震器与钢板弹簧并联使用。

（2）转向系。由方向盘、转向器、转向节、转向节臂、横拉杆、直拉杆等组成，作用是转向。

（3）前轮定位。为了使汽车保持稳定直线行驶，转向轻便，减少汽车在行驶中轮胎和转向机件的磨损，前轮、转向主销、前轴三者之间的安装具有一定的相对位置，这就叫"前轮定位"。它包括主销后倾、产销内倾、前轮前束。前束值是指两前轮的前边缘距离小于后边缘距离的差值。

（三）制动系

机动车的制动性能是指车辆在最短的时间内强制停车的效能。

（1）手制动器的作用。手制动器是一种使汽车停放时不致溜滑，在特殊情况下，可配合脚制动的装置。

（2）液压制动构造。液压制动装置由制动踏板、制动总泵、分泵、鼓式（车轮）制动器和油管等机件组成。

（3）气压制动装置。气压制动装置由制动踏板、空气压缩机、气压表、制动阀、制动气室、鼓式（车轮）制动器和气管等机件组成。

（四）电气设备

1. 电源系统

包括蓄电池、发电机、调节器。

（1）蓄电池。为可逆的直流电源。它与发动机并联，向用电设备供电。在汽车上使用最广泛的是起动用铅蓄电池。

（2）发电机。是汽车电系的主要电源，它在正常工作时，对除起动机以外的所有用电设备供电，同时给蓄电池充电。

（3）调节器。其作用是使发电机的输出电压保持恒定。

2. 启动系统

包括串联式直流电动机、传动机构、控制装置。

起动机是用来起动发动机的，它主要由电机部分、传动机构（或称啮合机构）和起动开关三部分组成。

3. 点火系统

包括点火开关、点火线圈、分电器总成、火花塞等，其作用是产生高压电火花，点燃汽油机发动机气缸内的混合气。

点火装置按电能的来源不同，可分为蓄电池点火和磁电机点火两大类。

4. 照明系统

包括汽车内、外各种照明灯及其控制装置。主要有前照灯、雾灯、尾灯、制动灯、棚灯、电喇叭、转向灯闪光器等。用来保证夜间行车安全。

5. 信号系统

包括喇叭、蜂鸣器、闪光器及各种行车信号标识灯。

6. 仪表系统

包括各种电器仪表，如电流表、充电指示灯或电压表、发动机机油压力表、温度表、燃油表、车速及里程表、发动机转速表和制动系贮气筒气压表等。

7. 辅助电器系统

包括电动刮水器、空调器、低温启动预热装置、收录机、点烟器、玻璃升降器等。

8. 电子控制系统

包括电控燃油喷射装置、电子点火装置、制动防抱死装置、自动变速器等。

基本技能

任务一 常用工具使用

一、手动工具的认识及使用

（一）工具类型

1. 扳手类

一种用于拧紧或旋松螺栓、螺母等螺纹紧固件的装卸用手工工具。

（1）开口扳手。开口扳手是最常见的一种扳手，又称呆扳手。

（2）梅花扳手。两端具有带六角孔或十二角孔的工作端，适用于工作空间狭小，不能使用普通扳手的场合。

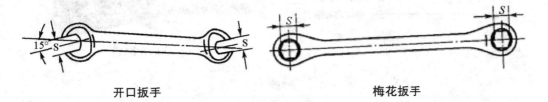

开口扳手　　　　　　　　　　　　　　　梅花扳手

（3）套筒扳手。它是由多个带六角孔或十二角孔的套筒并配有手柄、接杆等多种附件组成，特别适用于拧转位置十分狭小或凹陷很深的螺栓或螺母。

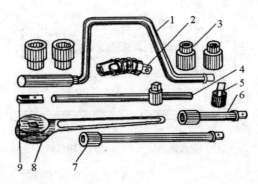

1—快速摇柄；2—万向接头；3—套筒头；4—滑头手柄；5—旋具接头；
6—短接杆；7—长接杆；8—棘轮手柄；9—直接杆

套筒扳手

活动扳手

（4）活动扳手。活动扳手的开口宽度可在一定尺寸范围内进行调节，能拧转不同规格的螺栓或螺母。

（5）扭力扳手。它在拧转螺栓或螺母时，能显示出所施加的扭矩；或者当施加的扭矩到达规定值后，会发出光或声响信号。扭力扳手适用于对扭矩大小有明确规定的装配工作。

扭力扳手

内六角扳手

（6）内六角扳手。呈 L 形的六角棒状扳手，专用于拧转内六角螺钉。规格以六角形对边尺寸表示，有 3～27mm 尺寸的 13 种，汽车维修作业中使用成套的内六角扳手拆装 M4～M30 的内六角螺栓。

2. 螺钉旋具

一种用以拧紧或旋松各种尺寸的槽形机用螺钉、木螺丝以及自攻螺钉的手工工具，又称螺丝刀。

(a) 一字起子　　　　　　　　**(b) 十字起子**

螺钉旋具

3. 手锤、手钳类

（1）手锤。用于敲击或锤打物体的手工工具。

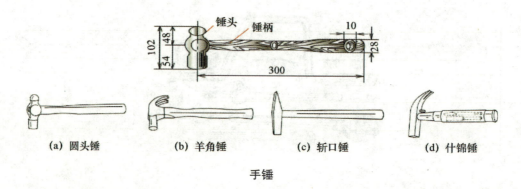

(a) 圆头锤　　　**(b) 羊角锤**　　　**(c) 斩口锤**　　　**(d) 什锦锤**

手锤

（2）手钳。一种用于夹持、固定加工工件或者扭转、弯曲、剪断金属丝线的手工工具。

其他还有锉刀、刮刀、冲头、风动工具等。

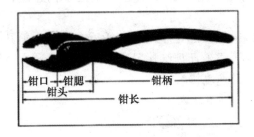

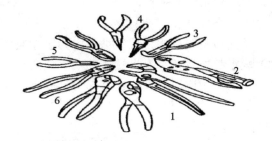

1—鲤鱼钳；2—夹紧钳；3—钩钳；4—尖嘴钳；5—组合钢丝钳；6—剪钳

常用钳子类型

（二）手动工具的正确选用

1. 根据工作类型选择扳手的优先顺序

根据工作类型选择扳手的优先顺序是：①套筒扳手。②梅花扳手。③开口扳手。④活动扳手。

2. 根据工作场所选择工具

套筒扳手可以根据所装的手柄以各种方式工作：①棘轮手柄（适合在狭窄空间中使用，但扭矩小）。②滑动手柄（速度最快）。③旋转手柄（能迅速工作，但是很难用于狭窄空间）。

3. 根据旋转扭矩的大小选用工具

（1）手柄越长，用较小的力就能得到较大扭矩。

（2）但若用超长手柄，就有扭矩过大的危险，螺栓可能会被折断。

（三）注意事项

1. 扳手类工具

（1）使用时应根据螺钉、螺母的形状、规格及工作条件选用规格相适应的扳手去操作。

（2）操作时，应使拉力作用在开口较厚的一边，以防开口出现"八"字形，损坏螺母和扳手。

（3）除套筒扳手外其他扳手都不能套装加力杆，以防损坏扳手或螺纹连接件。

2. 螺钉旋具

（1）应根据旋紧或松开的螺丝钉头部的槽宽和槽形选用适当的螺钉旋具。

（2）不要用螺钉旋具旋紧或松开握在手中的工件上的螺丝钉，应将工件夹固在夹具内，以防伤人。

（3）不可用螺钉旋具撬任何物品或剔除金属毛刺及其他的物体。

3. 手锤和手钳

（1）使用手锤时，应仔细检查锤头和锤柄连接是否牢固，握锤时应握住锤柄后端。挥锤的方法有腕挥、肘挥和臂挥三种。腕挥仅用手腕的动作进行锤击运动，锤击力小，但准、快、省力，臂挥是用手腕、肘和全臂一起挥动，锤击力最大。肘挥是手腕与肘部一起挥动，作锤击运动，锤击力介于腕挥和臂挥之间。

（2）手钳的使用应限制在其设计的用途范围内：夹紧或切断、绝不能用手钳松紧螺母。手钳的尺寸和位置摆放的正确是夹紧工件的基本保证。用手钳切割铁丝时应注意防止过载。

二、千斤顶

千斤顶是一种用钢性顶举件作为工作装置，通过顶部托座或底部托爪在行程内顶升重物的轻小起重设备，有机械式和液压式两种。液压式千斤顶结构紧凑，工作平稳，有自锁作用，故使用广泛。其缺点是起重高度有限，起升速度慢。

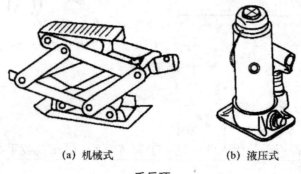

(a) 机械式　　　　　　　　　(b) 液压式

千斤顶

（一）使用方法

现以液压式千斤顶为例：

（1）起顶汽车前，应把千斤顶顶面擦拭干净，拧紧液压开关，把千斤顶放置在被顶部位的下部，并使千斤顶与被顶部位相互垂直，以防千斤顶滑出而造成事故。

（2）旋转顶面螺杆，改变千斤顶顶面与被顶部位的原始距离，使起顶高度符合汽车需要的顶置高度。

（3）用三角形垫木将汽车着地车轮前后塞住，防止汽车在起顶过程中发生滑溜事故。

（4）用手上下压动千斤顶手柄，被顶汽车逐渐升到一定高度，在车架下放入搁车凳，禁止用砖头等易碎物支垫汽车。落车时，应先检查车下是否有障碍物，并确保操作人员的安全。

（5）徐徐拧松液压开关，使汽车缓慢、平稳地下降，架稳在搁车凳上。

（二）注意事项

（1）汽车在起顶或下降过程中，禁止在汽车下面进行作业。

（2）应徐徐拧松液压开关，使汽车缓慢下降，汽车下降速度不能过快，否则易发生事故。

（3）在松软路面上使用千斤顶起顶汽车时，应在千斤顶底座下加垫一块有较大面积且能承受压力的材料（如木板等），防止千斤顶由于汽车重压而下沉。千斤顶与汽车接触位置正确、牢固。

（4）千斤顶把汽车顶起后，当液压开关处于拧紧状态时，若发生自动下降故障，则应立即查找原因，及时排除故障后方可继续使用。

（5）如发现千斤顶缺油时，应及时补充规定油液，不能用其他油液或水代替。

（6）千斤顶不能用火烘热，以防皮碗、皮圈损坏。

（7）千斤顶必须垂直放置，以免因油液渗漏而失效。

三、汽车举升机

汽车举升机是用于汽车维修过程中举升汽车的设备，汽车开到举升机工位，通过人工操作可使汽车举升一定的高度，便于汽车维修。举升机按照功能和形状一般可分为两柱、四柱、剪式三大类。

(a) 两柱　　　　　　　(b) 四柱　　　　　　　(c) 剪式

汽车举升机

注意事项：

（1）车辆的总质量不能大于举升器的起升能力。

（2）根据车型和停车位置的不同，尽量使汽车的重心与举升器的重心相接近；严防偏重，为了打开车门，汽车与立柱间应留有一定的距离。

（3）转动、伸缩、调整举升臂至汽车底盘指定位置并接触牢靠。

（4）汽车举升前，操作人员应检查汽车周围是否有障碍物及人员的动向，防止意外。

（5）汽车举升时，要在汽车离开地面较低位置进行反复升降，无异常现象时方可举升至所需高度。

（6）汽车举升后，应落槽于棘牙之上并立即进行锁紧。

四、起重吊车

常用的吊车有门式、悬臂式、单轨式和梁式四种类型。在汽车拆装实训中使用最多的是悬臂式吊车，它分为机械式和液压式两大类。

（1）机械式悬臂吊车。通过手柄转动绞盘和棘轮，收缩或放长铁链使重物上升或下降，可作短距离移动。

（2）液压式悬臂吊车。起吊时，由于油泵的作用，使压力油进入工作油缸内，推动顶杆外移，使重物起吊。打开放油阀，工作缸内的油流回油箱，压力降低，使重物下降。

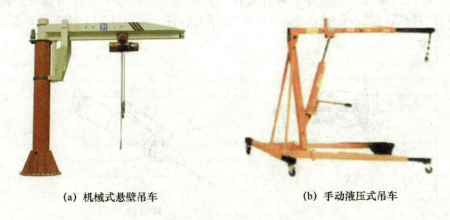

(a) 机械式悬壁吊车　　　　　　　(b) 手动液压式吊车

起重吊车

注意事项：

（1）吊运重物不允许超过额定载荷。

（2）钢丝绳及绳扣应安装牢固。

（3）吊件应尽量靠近地面，以减小晃动。下放吊件时，要平稳，不可过急。

（4）严禁用吊车拖拉非起吊范围内的吊件。

五、专用工具

（一）活塞环拆装钳

活塞环拆装钳是一种专门用于拆装活塞环的工具，避免活塞环受力不均匀而折断。

注意事项：

（1）使用活塞环拆装钳时，将活塞环装卸钳上的环卡卡住活塞环开口，轻握手柄，稍稍均匀地用力，并使手把慢慢收缩，环卡将活塞环慢慢张开，使活塞环能从活塞环槽中取出或装入。

（2）使用活塞环拆装钳拆装活塞环时，用力必须均匀，避免用力过猛而导致活塞环折断，同时也能避免伤手事故。

（二）气门弹簧拆装架

气门弹簧拆装架是一种专门用于拆装顶置气门弹簧的工具，使用时，将拆装架托架抵住气门，压环对正气门弹簧座，然后压下手柄，使得气门弹簧被压缩。这时可取下气门弹簧锁销或锁片，慢慢地松抬手柄，即可取出气门弹簧座、气门弹簧和气门等。

 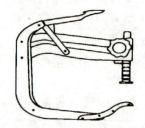

活塞环拆装钳   气门弹簧拆装架

（三）拉器

拉器是用于拆卸过盈配合安装在轴上的齿轮或轴承等零件的专用工具。常用拉器为手动式，在一杆式弓形叉上装有压力螺杆和拉爪。使用时，在轴端与压力螺杆之间垫一垫板，用拉器的拉爪拉住齿轮或轴承，然后拧紧压力螺杆，即可从轴上拉下齿轮等过盈配合安装零件。

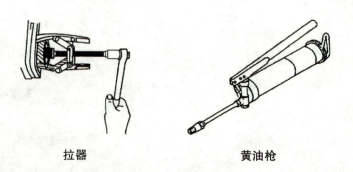

拉器   黄油枪

（四）滑脂枪

滑脂枪又称黄油枪，是一种专门用来加注润滑脂（黄油）的工具。使用方法如下：

（1）填装黄油。①拉出拉杆使柱塞后移，拧下滑脂枪缸筒前盖。②把干净黄油分成团状，徐徐装入缸筒内，且使黄油团之间尽量相互贴紧，便于缸筒内的空气排出。③装回前盖，推回拉杆，柱塞在弹簧作用下前移，使黄油处于压缩状态。

（2）注油方法。①把滑脂枪接头对正被润滑的黄油嘴（滑脂嘴），直进直出，不能偏斜，以免影响黄油加注，减少润滑脂的浪费。②注油时，如注不进油，应立即停止，并查明堵塞的原因，排除后再进行注油。

（3）加注润滑脂时，不进油的主要原因：①滑脂枪缸筒内无黄油或压力缸筒内的黄油间有空气。②滑脂枪压油阀堵塞或注油接头堵塞。③滑脂枪弹簧疲劳过软而造成弹力不足或弹簧折断而失效。

任务二　常用的汽车拆装量具

汽车修理时要求使用各种测量仪器，这些量具只有使用得当才能保证工作安全和测量准确。不仅要了解量具的功能和用法，还要能根据测量对象和其他条件，正确选择合适的量具。还要注意培养良好的工作习惯，如保持量具放置有序，用后清洁、涂油并放回正确的位置等。

一、常用量具

（一）钢直尺

钢直尺是一种最简单的长度量具，它的长度有 150mm、300mm、500mm 和 1000mm 四种规格，一般分度值位 1mm，标度单位为 cm，读数时可以准确读到 mm 位，mm 位以下的数值是估计值。合格的钢直尺必须符合表 1-1 所示的误差。

150mm 钢直尺

表 1-1　钢直尺规格

钢直尺规格（mm）	150	300	500	1000
允许误差（mm）	± 0.1		± 0.15	± 0.2

钢直尺可用于测量零件的长度、螺距、宽度、内外孔直径、深度以及零件加工制造的划线等。如果用钢直尺直接去测量零件的直径尺寸（轴径或孔径），则测量精度较低。其原因是：除了钢直尺本身的读数误差比较大以外，还由于钢直尺无法放在零件直径的正确位置。所以，零件直径尺寸的测量，最好利用钢直尺和内外卡钳配合起来进行。

注意事项：

（1）尽量使待测物贴近钢尺的刻度线，读数时视线要垂直钢尺。

（2）一般不要用钢尺的端点作为测量的起点，因为端边易受磨损而给测量带来误差。

（3）钢尺的刻度可能不够均匀，在测量时要选取不同起点进行多次测量，然后取平均值。

 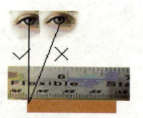

正确的钢直尺读数方法

（二）卡钳

卡钳是间接读数量具，按用途不同，卡钳分为内卡钳和外卡钳两种；按结构不同，卡钳分为紧轴式卡钳和弹簧式卡钳两种。内卡钳是用来测量内径和凹槽的，外卡钳是用来测量外径和平行面的。它们本身都不能直接读出测量结果，而是把测量的长度尺寸（直径也属于长度尺寸）在钢直尺上进行读数，或在钢直尺上先取下所需尺寸，再去检验零件的直径是否符合。

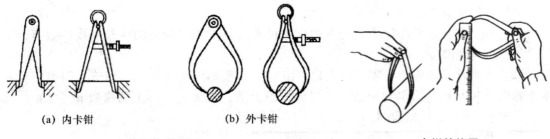

(a) 内卡钳   (b) 外卡钳

常用卡钳类型   卡钳的使用

测量时操作卡钳的方法对测量结果影响很大。正确的操作方法是：用内卡钳时，用拇指和食指轻轻捏住卡钳的销轴两侧，将卡钳送入孔或槽内。用外卡钳时，用右手的中指挑起卡钳，用拇指和食指撑住卡钳的销轴两边，使卡钳在自身的重量下两量爪滑过被测表面。卡钳与被测表面的接触情况，凭手的感觉。手有轻微感觉即可，不宜过松，也不要用力使劲卡卡钳。

使用大卡钳时，要用两只手操作，右手握住卡钳的销轴，左手扶住一只量爪进行测量。测量轴类零件的外径时，须使卡钳的两只量爪垂直于轴心线，即在被测件的径向平面内测量。测量孔径时，应使一只量爪与孔壁的一边接触，另一量爪在径向平面内左右摆动找最大值。

校好尺寸后的卡钳轻拿轻放，防止尺寸变化。把量得的卡钳放在钢直尺、游标卡尺或千分尺上量取尺寸。测量精度要求高的用千分尺，一般用游标卡尺，测量毛坯之类的用钢直尺校对卡钳即可。

注意事项：

（1）改变卡钳两脚尖之间的微小距离时，不要直接用手拉动。可把卡钳的某一脚在较硬的物体上轻轻敲动即可（增大间距，敲内侧；减小间距，敲外侧）。

（2）从圆筒上取下卡钳时，必须小心操作，不能用力和震动，以防两脚尖之间的距离发生改变而增大测量误差。

（三）塞尺

塞尺又称厚薄规。主要用来检验活塞与气缸、活塞环槽和活塞环、气门间隙、齿轮啮合间隙等两个结合面之间的间隙大小。塞尺是由许多层厚薄不一的薄钢片组成，每把塞尺中的每片具有两个平行的测量平面，且都有厚度标记，以供组合使用。

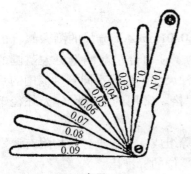

塞尺

测量时，根据结合面间隙的大小，用一片或数片重叠在一起塞进间隙内。例如用 0.04mm 的一片能插入间隙，而 0.05mm 的一片不能插入间隙，这说明间隙为 0.04 ~ 0.05mm，所以塞尺也是一种界限量规。

注意事项：

（1）根据结合面的间隙情况选用塞尺片数，但片数愈少愈好。

（2）测量时不能用力太大，以免塞尺遭受弯曲和折断。

（3）不能测量温度较高的工件。

（四）游标卡尺

游标卡尺读数方法：

（1）先读整数。看游标零线的左边，主尺上与游标零线最近的一条刻线的数值，即被测尺寸的整数部分。

（2）再读小数。看游标零线的右边，游标第 n 条刻线与主尺刻线对齐，则被测尺寸的小数部分为 $n \times i$［简单判断游标卡尺分度值方法：先确定游标上的格数 n（可直接读出），分度值等于游标格数的倒数，即 $i = 1/n$］。

（3）得出被测尺寸。整数部分 + 小数部分。

例：读出下图游标卡尺的读数。

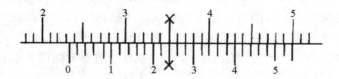

游标卡尺（0.02mm）的读数

整数部分：23mm；小数部分：$12 \times 0.02 = 0.24$mm；被测尺寸：$23 + 0.24 = 23.24$（mm）

注意事项：

（1）游标卡尺使用前，应该先将游标卡尺的卡口合拢，检查游标尺的零线和主刻度尺的零线是否对齐。若对不齐说明卡口有零误差，应调零。

（2）推动游标刻度尺时，不要用力过猛，卡住被测物体时松紧应适当，更不能卡住物体后再移动物体，以防卡口受损。

（3）用完后两卡口要留有间隙，绝不可将副尺固定螺丝锁定，然后将游标卡尺放入包装盒内，不能随便放在桌上，更不能放在潮湿的地方。

（五）千分尺（螺旋测微器）

千分尺是一种比游标卡尺更精密的量具，测量精度为 0.01mm，千分尺的测微螺杆的移动量为 25mm，所以百分尺的测量范围一般为 25mm。为了使百分尺能测量更大范围的长度尺寸，以满足工业生产的需要，百分尺的尺架做成各种尺寸，形成不同测量范围的百分尺。测量范围有 0 ~ 25mm、25 ~ 50mm、50 ~ 75mm 等规格。常用的千分尺分为外径千分尺和内径千分尺。

千分尺主要由尺架、测量装置、测力装置和锁紧装置等组成。一般千分尺均附有调零的专用小扳手，测量下限不为零的千分尺还附有用于调整零位的标准棒。

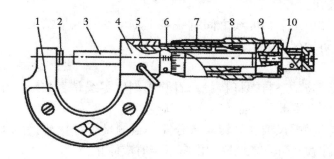

1—尺架；2—砧座；3—测微螺杆；4—锁紧装置；5—螺纹轴套；6—固定套管；
7—微分筒；8—螺母；9—接头；10—测力装置
外径千分尺

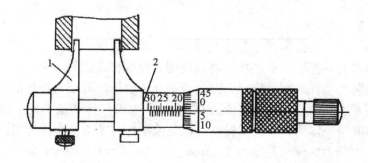

1—尺框；2—量尺
内径千分尺

外径千分尺固定套管上有两组刻线，两组刻线之间的横线为基线，基线以下为毫米刻线，基线以上为半毫米刻线；活动套管上沿圆周方向有 50 条刻线，每一条刻线表示 0.01mm。

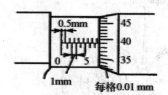

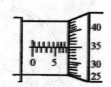

固定套管读数：7.5mm；   固定套管读数：8.0mm
微分筒读数：$39 \times 0.01 = 39$（mm）   微分筒读数：$35 \times 0.01 = 0.35$（mm）
被测尺寸：$7.5 + 0.39 = 7.89$（mm）   被测尺寸：$8.0 + 0.35 = 8.35$（mm）

外径千分尺的读数方法

外径千分尺的读数方法：

（1）以微分筒的端面为准线，读出固定套管下刻度线的分度值。

（2）以固定套管上的水平横线作为读数准线，读出可动刻度上的分度值，读数时应估读到最小刻度的 1/10，即 0.001mm。

（3）如微分筒的端面与固定刻度的下刻度线之间无上刻度线，测量结果为下刻度线的数值加可动刻度的值。

（4）如微分筒端面与下刻度线之间有一条上刻度线，测量结果为下刻度线的数值加上 0.5mm，再加上可动刻度的值。

注意事项：

（1）校对零点。将砧座与螺杆接触，看圆周刻度零线是否与纵向中线对齐，且微分筒左侧棱边与尺身的零线重合，如有误差应调整。

（2）合理操作。手握尺架，先转动微分筒，当测量螺杆快要接触工件时，必须使用端部棘轮，严禁再拧微分筒。当棘轮发出嗒嗒声时应停止转动。

（3）防止回程误差。由于螺丝和螺母不可能完全密合，螺旋转动方向改变时它的接触状态也改变，两次读数将不同，由此产生的误差叫回程误差。为防止此误差，测量时应向同一方向转动，使十字线和目标对准，若移动十字线超过了目标，就要多退回一些，重新再向同一方向转动。

（六）百分表

百分表常用来测量机器零件的各种几何形状偏差和表面相互位置偏差，也可测量工件的长度尺寸。其具有外廓尺寸小、重量轻和使用方便等特点。

工作原理是将测量杆的直线位移，经过齿条和齿轮传动转变为指针的角位移，百分表的刻度盘圆周刻成 100 等分，其分度值为 0.01mm，当大指针转动 1 周，则测杆的位移为 1mm，表盘和表圈是一体的，可任意转动，以便使指针对零位，小指针用以指示大指针的回转圈数。常见百分表的测量范围为 0～3mm、0～5mm 和 0～10mm 等。

在使用时，百分表一般要固定在表架上。用百分表进行测量时，必须首先调整表架，使测杆与零件表面保持垂直接触且有适当的预缩量，并转动表盘使指针对正表盘上的"0"刻度线，然后按一定方向缓慢移动或转动工件，测杆则会随零件表面的移动自动伸缩。测杆伸长时，表针顺时针转动，读数为正值；测杆缩短时，表针逆时针转动，读数为负值。

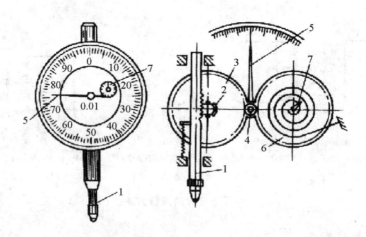

1—测量杆；2、4—小齿轮；3、6—大齿轮；5—大指针；7—小指针

百分表的结构

注意事项：

（1）使用前，应检查测量杆活动的灵活性。

（2）要严格防止水、油和灰尘渗入表内，测量杆上也不要加油，免得粘有灰尘的油污进入表内，影响表的灵活性。

（3）不使用时，应使测量杆处于自由状态，免使表内的弹簧失效。如内径百分表上的百分表，在不使用时，应拆下来保存。

(a) 普通表座　　　　　　(b) 万能表座　　　　　　(c) 磁力表座

安装在专用夹持架上的百分表

（七）内径百分表（又称量缸表）

内径百分表是内量杠杆式测量架和百分表的组合，它是用比较法来测量孔径及其几何形状偏差。其主要是用来测量气缸的尺寸精度和形状精度，也可以用来测量轴孔。

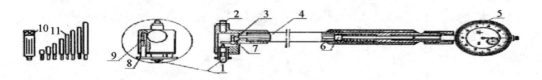

1—活动测头；2—可换测量头；3—三通管；4—连杆；5—百分表；6—活动杆；
7—杠杆；8—定心护桥；9—弹簧；10—加长接杆；11—接杆

内径百分表

由内径百分表测量架的内部结构可见，在三通管3的一端装着活动测量头1，另一端装着可换测量头2，垂直管口一端，通过连杆4装有百分表5。活动测头1的移动，使传动杠杆7回转，通过活动杆6，推动百分表的测量杆，使百分表指针产生回转。由于杠杆7的两侧触点是等距离的，当活动测头移动1mm时，活动杆也移动1mm，推动百分表指针回转一圈。所以，活动测头的移动量，可

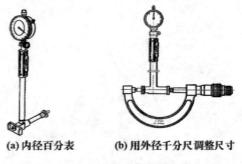

(a) 内径百分表　　(b) 用外径千分尺调整尺寸

内径百分表的使用

以在百分表上读来。两触点量具在测量内径时，不容易找正孔的直径方向，定心护桥8和弹簧9就起了一个帮助找正直径位置的作用，使内径百分表的两个测量头正好在内孔直径的两端。活动测头的测量压力由活动杆6上的弹簧控制，保证测量压力一致。为测量不同缸径，常备有不同的接杆及加长接杆。量缸表的规格是按测量直径的范围来划分的，如

18～35mm、35～50mm、50～160mm 等，汽车维修作业中常用 50～160mm 这种。

　　测量时首先根据气缸（或轴承孔）直径选择长度尺寸合适的接杆，并将接杆固定在量缸表下端的接杆座上；然后校正量缸表，将外径千分尺调到被测气缸（或轴承孔）的标准尺寸，再将量缸表校正到外径千分尺的尺寸，并使伸缩杆有 2mm 左右的压缩行程，旋转表盘使指针对准零位后即可进行测量。

　　注意事项：

　　测量过程中，必须前后摆动量缸表以确定读数最小时的直径位置，同时还应在一定角度内转动量缸表以确定读数最大时的直径位置。

　　（八）弹簧秤（弹簧测力计）

　　弹簧秤是利用弹簧的形变与外力成正比的关系制成的测量作用力大小的装置。

　　弹簧秤分压力和拉力两种类型，压力弹簧秤的托盘承受的压力等于物体的重力，秤盘指针旋转的角度指示所受压力的数值。拉力弹簧秤的下端和一个钩子连在一起（这个钩子是与弹簧下端连在一起的），弹簧的上端固定在壳顶的环上。将被测物挂在钩上，弹簧即伸长，而固定在弹簧上的指针随着下降。由于在弹性限度内，弹簧的伸长与所受之外力成正比，因此作用力的大小或物体重力可从弹簧秤的指针指示的外壳上的标度数值直接读出。

　　注意事项：

　　（1）在使用时应注意所测的重力或力不要超过弹簧秤的量度范围。

　　（2）检查在弹簧秤未挂物体时指针是否指在零刻度，若不在零刻度可进行修正。

　　（3）未挂物体前，最好轻轻地来回拉动挂钩几次，防止弹簧指针卡在外壳上。

　　（4）勿使弹簧和指针跟外壳摩擦，以免误差过大。

汽车常见故障及维修技巧

常见故障一：汽油消耗量过大是何原因？

汽车行驶在路上难免会出现这样和那样的问题，如果你对汽车有一些了解的话，一些小的问题自己还是可以解决的。

（1）机械因素。汽车故障导致效率下降，请回厂检修确定有无故障。汽车发动机磨损老旧：大修发动机。

（2）胎压不足。请时常注意轮胎状况，保持胎压，不但省油且增长使用寿命。刹车咬住：可自行作慢速空挡滑行测试，确定刹车无此状况。

（3）人为操作因素。温车过久：在发动后至多30秒钟，确认所有警示灯熄灭即可上路。狂暴驾驶：急踩油门加速又紧急刹车，或飙至极速，除了耗油外，机械亦加速磨损，应尽量避免。开冷气睡觉或长时间怠速而不熄火，除了耗油高外发动机还容易积碳。长时间使用不必要的电器，如除雾线、加强雾灯等，电力的消耗也会转嫁于汽油消耗。空调制冷效率下降。

（4）交通因素。短程使用：发动机可能尚未加热至正常工作温度，即抵达目的地，由于冷机效率低，燃料大半消耗于将发动机及冷却水加温，耗油是不可避免的，此种用车状况亦会导致发动机积碳。市区行车：市区行车因堵车及红绿灯，停停行行耗油量甚至数倍于高速公路行车。

常见故障二：排气管冒黑烟是什么原因？冒白烟是什么原因？冒蓝烟是什么原因？

1. 排气管冒黑烟

说明发动机混合气过浓导致燃烧不充分。当空气滤清器过脏、火花塞不良、点火线圈故障等，均会造成发动机冒黑烟。

2. 排气管冒白烟

说明喷油器雾化不良或滴油使部分汽油不燃烧；汽油中有水；气缸盖和气缸套有肉眼看不见的裂纹，气缸垫损坏使气缸内进水；机温太低。

可以通过以下方法解决：清洗或更换喷油器，调整喷油压力；清除油箱和油路中水分；不买低价劣质油；更换气缸垫、气缸套、气缸盖。

3. 排气管冒蓝烟

说明机油进入燃烧室参加燃烧，活塞环与气缸套未完全磨合，机油从缝隙进入；活塞环黏合在槽内，活塞环的锥面装反，失去刮油的作用；活塞环磨损过度，机油从开口间隙跑进燃烧室；油底壳油面过高；气门与导管磨损，间隙过大。

可以通过以下方法解决：新车或大修后的机车都必须按规定磨合发动机，使各部零件能正常啮合；看清楚装配记号，正确安装活塞环；调换合格或加大尺寸的活塞环；查清油底壳油面升高的原因，放出油底壳多余的机油；减少滤清器油盘内机油；更换气门导管。

常见故障三：动力转向变沉重是何原因？

（1）轮胎气压不足，尤其前轮气压不足，转向会比较吃力。

（2）助力转向液不足，需添加助力转向液。

（3）前轮定位不准，需进行四轮定位检测。

（4）转向机或转向球节磨损严重，需要维修或更换。

常见故障四：车辆油耗增加应怎样判断和修理？

（1）轮胎充压力。如果轮胎亏气将导致行驶阻力增加，造成油耗上升；相反，如果在轮胎气压规定值内适当增加轮胎气压，将有利于降低油耗。

（2）轮胎花纹。不同类型花纹的轮胎的燃油消耗率不同，选择折线花纹轮胎有助于节省燃油。

（3）四轮定位。始终保持车轮定位值正确，可以保证较低的燃油消耗率。

（4）行驶环境。车辆行驶中怠速和低挡位对于整个行驶周期的时间占用率越低，越有利于降低油耗。所以在市区拥堵路面油耗居高不下。

（5）道路情况。路面阻力越大，上下坡路况越多，燃油消耗率越高。所以尽量选择铺装的、平坦的大路行驶。

（6）车辆载重。尽量减少车内和行李箱内不必要的物品，有助于降低油耗。

（7）平稳加速。急加速时的瞬时燃油消耗率比平稳加速时高一半，所以我们应尽量避免急加速、避免紧急制动。

（8）车速适中。明确经济车速，车速过高于过低都将使车辆燃油经济性变差。

（9）发动机技术状况。如果发动机的技术状况不良，将导致发动机功率下降，造成大量燃油的浪费。

常见故障五：如何判断和维修雨刮器和玻璃喷洗器故障？

（1）雨刮器的常见故障有：①完全不工作。②无间歇挡或间歇时间不对。③无低速挡。④无高速挡。⑤关闭开关后雨刷不能自动回位。

维修技巧：对于此类常规电气系统故障，应首先检查系统电源电路，此类故障大部分由于保险丝烧断或接地点不良导致。

（2）玻璃清洗器的常见故障有：①完全不工作。没有清洗液或电机损坏。②喷出的清洗液量不足。管路有堵塞。喷头出水口被灰尘、泥土堵塞，可用大头针等物品疏通。③清洗液的喷射方向不对。调整正确喷射角度。

常见故障六：刹车为什么会软绵绵的？

刹车作为汽车安全行驶的关键部分，每位驾驶者都应特别重视。每次驾驶前，可以试验一下刹车踏板的工作状态。在未启动发动机之前刹车踏板会很硬，发动机正常启动后，刹车踏板轻微下沉一点，这是正常的。

有时踩下踏板会感觉刹车软绵绵的，制动距离明显加长，刹车无力。这种情况必须加以重视，一般情况下，原因有以下几种：不同品牌制动液混合使用，造成制动效能下降；超过厂家规定更换期限继续使用制动液造成制动液变质，沸点下降。制动液内含有气体。

制动软管外表橡胶破损或起包造成泄压。制动总泵和分泵渗油，密封不良等。除此之外，还要检查一下制动片是否为原装产品。

常见故障七：驾驶中水温过高怎么办？

行驶过程中冷却液沸腾（开锅了）时的处理方法如下：

（1）应立即将车停到安全的地方。

（2）关闭空调系统，打开发动机机舱盖，使发动机怠速运转（在这个过程中注意，千万不要试图打开冷却液的加注口盖。在冷却液沸腾时加注口盖一旦打开，冷却系统中的液体会喷出，造成人身伤害）。

（3）检查散热器风扇的运转是否正常，如不动，应同经销店联系。

（4）水温表指针下降后，将发动机熄火。

（5）待发动机冷却后，将水箱盖打开，检查冷却液的液位，如缺液应进行补充。

（6）如水温表指针一直没有下降的趋势，则立即将发动机熄火，同经销店联系。

建议：当出现冷却液沸腾的故障时，建议应同经销店联系，获取指导，最好不要擅自处理。

常见故障八：蓄电池没电了怎么应急？

蓄电池电力不足表现为下列几种情况：

（1）起动机不转或转动微弱，不能启动发动机。

（2）前大灯比平时暗。

（3）喇叭音量小或不响。

遇到上述问题可通过下列方法应急：

（1）连接跨接电缆。跨接电缆按照以下顺序连接：①将没电的蓄电池的正极端子与救援车电池的正极端子连接。②将救援车电池的负极端子与没电汽车的蓄电池负极端子或发动机室内的金属部分连接（接地线）。

（2）应急充电并起动发动机起动救援车的发动机，稍微提高发动机的转速，约5分钟后，可向没电的蓄电池应急充电。

（3）取下跨接电缆与连接跨接电缆的顺序相反。

第二单元

模具制造技术专业

认识专业

一、什么是模具

模具是现代工业生产的重要装备，利用模具成型技术可以把金属、非金属材料制造成任意几何形状和具有一定尺寸精度的、用途各异的零件和工艺品，而且生产效率极高。

由于模具成型技术的优越性，各行各业生产的各种产品都离不开模具。

例如，以零件总数的百分比来计算：汽车、拖拉机零件的60%～70%，无线电通信、机电产品中的60%～75%，运载工具、钟表、家电、器皿和装饰品的95%以上都是通过模具生产出来的。

模具技术集中了机、电加工的精华，模具制造属于知识和技术密集型行业，模具生产是一种高技术的活动。

二、模具能做什么

三、认识模具

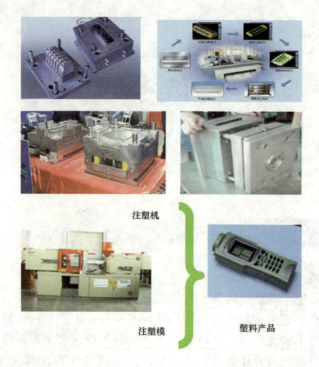

注塑机

注塑模　　　　　　　　塑料产品

四、模具加工应具备知识介绍

首先它由模具设计人员根据产品（零件）的使用要求，把模具结构设计出来，绘出图纸，再由技术工人按图纸要求通过各种机械的加工（如车床、刨床、铣床、磨床、电火花、线切割）做好模具上的每个零件，然后组装调试，直到能生产出合格的产品，所以模具工作需要掌握很高、很全面的知识和技能，模具做得好，产品质量就好，模具结构合理，生产效率就高。

（一）专业的理论知识

（1）学会看图与绘图。

（2）学习机械基础。

（3）学习关于模具的专业理论知识。

（4）学习绘图与编程加工的常用软件。如 AutoCAD Proe UG。

（二）模具加工设备

看图加工需要哪些机床呢？下面跟大家依次介绍。

1. 铣床

铣床

主要用来加工零件的一些规则面，如平面、斜面、内孔柱面等，可以用来加工的特征有六面体、框、孔、台阶等。但因为其加工精度一般在 0.02 左右，所以，多用来进行粗加工。

2. 车床

主要用来加工零件的回转面，如圆柱面、圆锥面、孔、螺纹等。

3. 精密平面磨床

车床

精密平面磨床

主要用来对铣床加工好的零件进行精加工，其精度可达到 0.001 级。

五、所学课程

主要课程有机械制图、机械设计与基础、冷冲模设计与制造、注塑模设计与制造、数控技术与编程、模具加工机械、机械 CAD/CAM 等。

六、发展目标

模具制造行业在产品制造体系中占有特殊地位，其发展水平决定了制造业整体水平。"十二五"期间，我国战略性新兴产业智能模具制造装备发展的总目标是以发展智能化模具来带动高效、精密、高性能模具总体水平的提高，以满足"智能制造"配套要求来带动模具为战略性新兴产业服务总体水平的提高，使智能模具水平得到大幅度的提升，为我国模具行业到 2020 年步入世界模具强国奠定坚实的基础。

七、就业形势

近年来模具企业在大量采购数控设备的同时更迫切需要大量的模具设计、数控编程、数控机床操作、维护的技术人员。然而，具备这些专业知识的人才并不多。据有关人士介绍，由于很多人都不了解模具是怎样一个行业，而不少求职者又有着很深的"白领"情结，尤其是学历比较高或者重点高校的毕业生，他们对于从事模具行业这类"蓝领"工作并不感兴趣，人才市场上的这类人才储备并不大。加上行业需求的模具设计和数控加工人才需要有一定的技能和工作经验，如有些企业的人员比较精干，更加需要既精通数控加工工艺、编程，又能熟练操作数控机床，同时对数控机床的维护、维修有一定基础的复合型技术人才，企业要在人才市场上寻觅合适的人才显得比较困难。

八、升学与就业案例

（一）升学

李海婷、黄秋健，2010 年毕业于田东职业技术学校模具班，考取南宁职业技术学院。

陆冬梅，2010 年毕业于田东职业技术学校模具班，考取广西机电职业技术学院。

秦军、黄世宝、唐龙宗、黄玉航等，2013 年毕业于田东职业技术学校模具班，分别考取广西机电职业技术学院和广西水利电力职业技术学院。

马贵明（西林县人）、黄韬（右江区人）、覃小妹（田阳县人），2013 年毕业于田东职业技术学校模具班，考取北京应用大学。

黄莹雁、梁珍（乐业县人），孔李雷（田阳县人），黄顺心（凌云县人），陆春色（德保县人），周荣检（田东县人），2014 年毕业于田东职业技术学校模具班，考取北京应用大学。

（二）就业

麦丽婕，女，2008 年毕业于田东职业技术学校模具班，现任杭州立新科技有限公司工程部经理职务，年薪 50 多万元人民币。

李厅，2010 年毕业于田东职业技术学校模具班，现任深圳富康有限公司手机外壳生产线代班班长职务，年薪 15 万多元人民币。

唐廷真，2011 年毕业于田东职业技术学校模具班，现任深圳富康有限公司品检线代班班长职务，年薪 15 万多元人民币。

黄龙才，2010 年年毕业于田东职业技术学校模具班，现在田东创业购买挖机承包工程，年薪 20 多万元人民币。

任务二 模具的构造

一、模具的定义

模具是用来成型物品的工具，这种工具有各种零件构成，不同的模具由不同的零件构成。它主要通过所成型材料物理状态的改变来实现物品外形的加工。在冲裁、成型冲压、模锻、冷镦、挤压、粉末冶金件压制、压力铸造，以及工程塑料、橡胶、陶瓷等制品的压塑或注塑的成型加工中，用以在外力作用下使坯料成为有特定形状和尺寸的制件的工具。

二、模具分类

按所成型的材料的不同，模具可分为金属模具和非金属模具。金属模具又分为铸造模具（有色金属压铸、钢铁铸造）、冲压模具和锻造模具等；非金属模具又分为塑料模具和无机非金属模具。

按加工方法与用途分类，模具可分为合金模具、钣金模具、塑料模具、冲压模具、橡胶模具、铸造模具、锻造模具、挤出模具、压铸模具、汽车模具、滚丝模具等。

三、模具材料

模具材料最重要的因素是热强度和热稳定性，常用模具材料如表2-1所示。

表2-1 常用模具材料

工作温度	成型材料	模具材料
<300℃	锌合金	Cr12、Cr12MoV、S-136、SLD、NAK80、GCr15、T8、T10
300～500℃	铝合金、铜合金	5CrMnMo、 3Cr2W8、 9CrSi、 W18Cr4V、 5CrNiMo、W6Mo5Cr4V2、M2
500～800℃	铝合金、铜合金、钢钛	GH130、GH33、GH37
800～1000℃	钛合金、钢、不锈钢、镍合金	K3、K5、K17、K19、GH99、IN100、ЖС-6NX88、MAR-M200、TRW-NASA、WA
>1000℃	镍合金铜基合金模具、硬质合金模具	

四、模具的典型结构

（一）模具整体结构和分解图

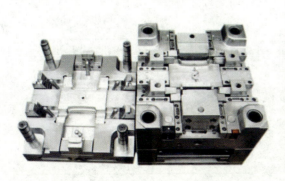

模具整体结构

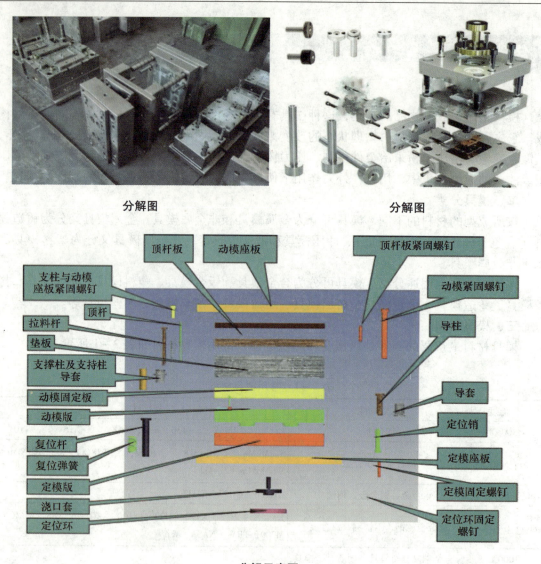

分解图　　　　　　　　　　　　　　　分解图

分解示意图

（二）模具各零部件图

1. 动模、定模

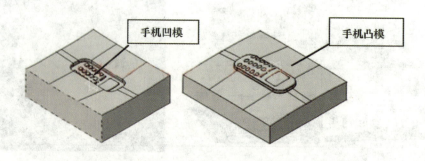

手机的凹凸模

2. 成型零部件

成型零部件

（三）浇注系统

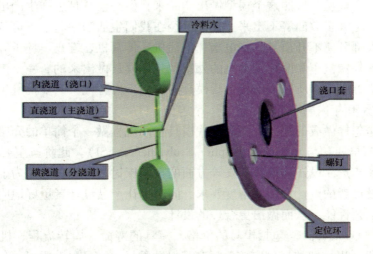

普通浇注系统

（四）导向定位机构

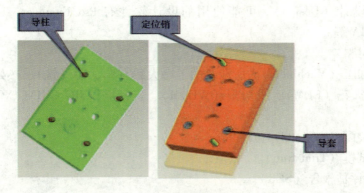

导向和定位

（五）脱模机构

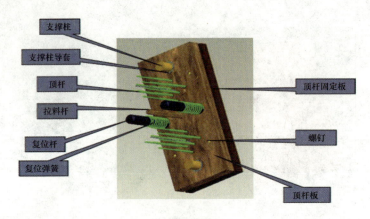

支撑柱
支撑柱导套
顶杆
拉料杆
复位杆
复位弹簧
顶杆固定板
螺钉
顶杆板

脱模机构

五、模具的生产流程

模具就是一个模型，按照这个模型做出产品来，但是模具是怎样生产出来的呢？可能除了模具专业人士大多数回答不出来。模具已经在我们生活当中起了不可替代的作用，我们的生活用品大部分离不开模具，如电脑、电话机、传真机、键盘、杯子等这些塑胶制品就不用说了，另外像汽车和摩托发动机的外罩也是用模具做出来的，一个汽车各种各样的模具就要用到 2 万多个。所以说现代生活模具的作用不可替代，只要批量生产就离不开模具，至少在最近 50 年内离不开。

那么模具是怎样做成的呢？下面对现代模具生产流程做一个简单的介绍。

（1）供应商早期参与（Earlier Supplier Evolvement，ESI）。此阶段主要是客户与供应商之间进行的关于产品设计和模具开发等方面的技术探讨，主要目的是为了让供应商清楚地领会到产品设计者的设计意图及精度要求，同时也让产品设计者更好地明白模具生产的能力，产品的工艺性能，从而做出更合理的设计。

（2）报价（Quotation）。包括模具的价格、模具的寿命、周转流程、机器要求吨数以及模具的交货期（更详细的报价应该包括产品尺寸重量、模具尺寸重量等信息）。

（3）订单（Purchase Order）。客户订单、订金的发出以及供应商订单的接受。

（4）模具生产计划及排工安排（Production Planning and Schedule Arrangement）。此阶段需要针对模具的交货的具体日期向客户作出回复。

（5）模具设计（Design）。可能使用的设计软件有 Pro/Engineer、UG、Solidworks、AutoCAD、CATIA 等。

（6）采购材料。

（7）模具加工（Machining）。所涉及的工序大致有车、锣（铣）、热处理、磨、电脑锣（CNC）、电火花（EDM）、线切割（WEDM）、坐标磨（JIG GRINGING）、激光刻字、抛光等。

（8）模具装配（Assembly）。

（9）模具试模（Trial Run）。

（10）样板评估报告（SER）。

（11）样板评估报告批核（SER Approval）。

基本技能

任务一　常用量具的使用

量具是生产加工中测量工件尺寸、角度、形状的专用工具，一般可分为通用量具、标准量具、专用量具以及量仪、极限量规。车工在加工零件等各项工作中都需要使用量具对工件尺寸、形状、位置等进行检查。常用的通用量具（如游标卡尺、螺纹千分尺、百分表、万能角度尺）、标准量具（如量块、刀口角尺）和极限量规（如螺纹量规）。

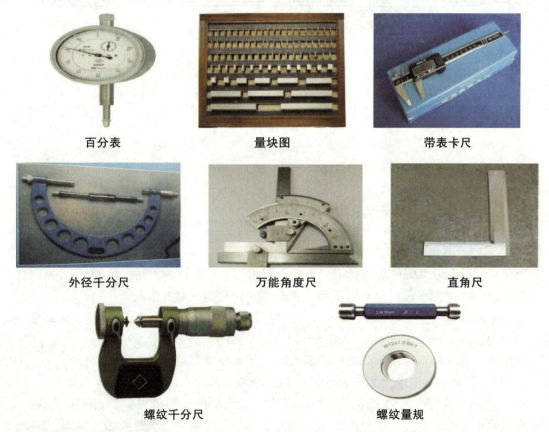

百分表	量块图	带表卡尺
外径千分尺	万能角度尺	直角尺
螺纹千分尺	螺纹量规	

熟悉量具的结构、性能、刻线原理、使用方法，能正确使用、保养量具，是车工的一项基本技能。

任务二　练习使用游标类量具

应用游标读数原理制成的量具有：游标卡尺，高度游标卡尺、深度游标卡尺、游标量角尺（如万能量角尺）和齿厚游标卡尺等，用以测量零件的外径、内径、长度、宽度，厚度、高度、深度、角度以及齿轮的齿厚等，应用范围非常广泛。

一、基础知识

下图所示为带测深杆的游标卡尺各部分结构名称，游标卡尺可以用外测量爪测量工件的外径、长度、宽度、厚度等，用内测量爪测量工件的内径、槽宽等，用测深杆测量孔深度、高度等。

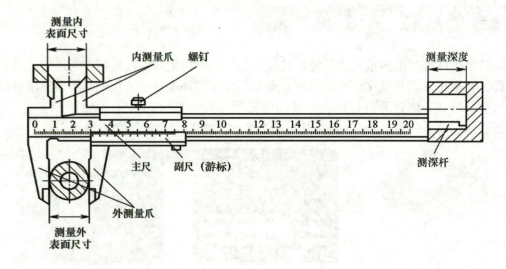

游标卡尺

二、常用量具的使用

（一）游标卡尺的刻线原理及读数方法

游标卡尺的测量范围可分为 0 ~ 125mm、0 ~ 150mm、0 ~ 200mm、0 ~ 300mm、0 ~ 500mm 等多种。测量精度可分为 0.1mm、0.05mm 和 0.02mm 三种。

下面以精度为 0.02mm 的游标卡尺为例介绍游标卡尺的读数方法。

擦净并合拢游标卡尺两量爪测量面，观察主、副尺刻线对齐情况。

副尺 50 格对准主尺 49 格（49mm），则副尺每格长度为 49 ÷ 50 = 0.98（mm），主、副尺每格差值为 1mm − 0.98mm = 0.02mm。

利用主、副尺每格差值，该游标卡尺的最小读数精确值就是 0.02mm。

（二）使用游标卡尺测量零件尺寸时的注意事项

（1）测量前应把卡尺揩干净，检查卡尺的两个测量面和测量刃口是否平直无损，把两个量爪紧密贴合时，应无明显的间隙，同时游标和主尺的零位刻线要相互对准。这个过程称为校对游标卡尺的零位。

（2）移动尺框时，活动要自如，不应过松或过紧，更不能有晃动现象。用固定螺钉固定尺框时，卡尺的读数不应有所改变。在移动尺框时，不要忘记松开固定螺钉，亦不宜过松以免掉了。

（3）当测量零件的外尺寸时，卡尺两测量面的连线应垂直于被测量表面，不能歪斜。测量时，可以轻轻摇动卡尺，放正垂直位置。否则，量爪若在错误位置上，将使测量结果 a 比实际尺寸 b 要大；先把卡尺的活动量爪张开，使量爪能自由地卡进工件，把零件贴靠在固定量爪上，然后移动尺框，用轻微的压力使活动量爪接触零件。如卡尺带有微动装置，此时可拧紧微动装置上的固定螺钉，再转动调节螺母，使量爪接触零件并读取尺寸。决不可把卡尺的两个量爪调节到接近甚至小于所测尺寸，把卡尺强制地卡到零件上去。这样做会使量爪变形，或使测量面过早磨损，使卡尺失去应有的精度。

测量外尺寸时正确与错误的位置

测量沟槽时，应当用量爪的平面测量刃进行测量，尽量避免用端部测量刃和刀口形量爪去测量外尺寸。而对于圆弧形沟槽尺寸，则应当用刀口形量爪进行测量，不应当用平面形测量刃进行测量。

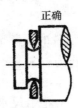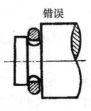

测量沟槽时正确与错误的位置

测量沟槽宽度时，也要放正游标卡尺的位置，应使卡尺两测量刃的连线垂直于沟槽，不能歪斜。否则，量爪若在错误的位置上，也将使测量结果不准确（可能大也可能小）。

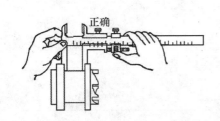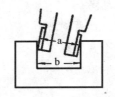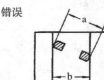

测量沟槽宽度时正确与错误的位置

（4）当测量零件的内尺寸时，要使量爪分开的距离小于所测内尺寸，进入零件内孔后，再慢慢张开并轻轻接触零件内表面，用固定螺钉固定尺框后，轻轻取出卡尺来读数。

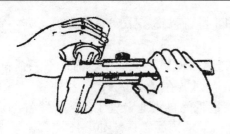

内孔的测量方法

取出量爪时，用力要均匀，并使卡尺沿着孔的中心线方向滑出，不可歪斜，免使量爪扭伤、变形和受到不必要的磨损；同时会使尺框走动，影响测量精度。

卡尺两测量刃应在孔的直径上，不能偏歪。当量爪在错误位置时，其测量结果，将比实际孔径 D 要小。

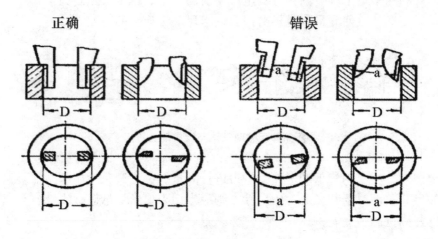

测量内孔时正确与错误的位置

（5）用游标卡尺测量零件时，不允许过分地施加压力，所用压力应使两个量爪刚好接触零件表面。如果测量压力过大，不但会使量爪弯曲或磨损，且量爪在压力作用下产生弹性变形，使测量得的尺寸不准确（外尺寸小于实际尺寸，内尺寸大于实际尺寸）。

在游标卡尺上读数时，应把卡尺水平地拿着，朝着亮光的方向，使人的视线尽可能和卡尺的刻线表面垂直，以免由于视线的歪斜造成读数误差。

（6）为了获得正确的测量结果，可以多测量几次。即在零件的同一截面上的不同方向进行测量。对于较长零件，则应当在全长的各个部位进行测量，务使获得一个比较正确的测量结果。

为了使读者便于记忆，更好地掌握游标卡尺的使用方法，把上述提到的几个主要问题，整理成顺口溜，供读者参考。

量爪贴合无间隙，主尺游标两对零。

尺框活动能自如，不松不紧不摇晃。

测力松紧细调整，不当卡规用力卡。

量轴防歪斜，量孔防偏歪，

测量内尺寸，爪厚勿忘加。

面对光亮处，读数垂直看。

三、拓展训练

下列各图是用游标卡尺测长度时，游标尺和主尺位置图，右图是左图的放大图（放大块对齐的那一部分），请你根据图中所示，写出测量结果。

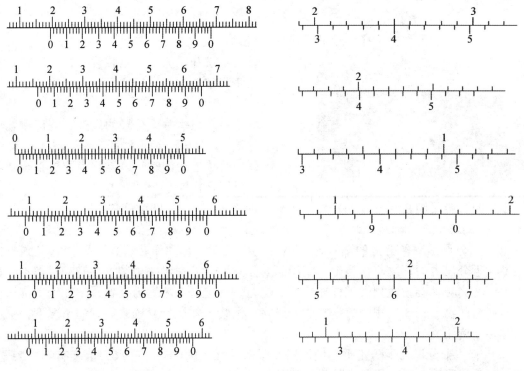

次数	1	2	3	4	5	6
结果	19.40mm	16.44mm	1.42mm	8.94mm	13.60mm	8.36mm

任务三　练习使用千分尺

一、基本方法

（一）外径千分尺的测量方法

步骤一：将被测物擦干净，千分尺使用时轻拿轻放。

步骤二：松开千分尺锁紧装置，校准零位，转动旋钮，使测砧与测微螺杆之间的距离略大于被测物体。

步骤三：一只手拿千分尺的尺架，将待测物置于测砧与测微螺杆的端面之间，另一只手转动旋钮，当螺杆要接近物体时，改旋测力装置直至听到喀喀声后再轻轻转动 0.5~1 圈。

步骤四：旋紧锁紧装置（防止移动千分尺时螺杆转动），即可读数。

（二）使用千分尺时的注意事项

（1）千分尺是一种精密的量具，使用时应小心谨慎，动作轻缓，不要让它受到打击和碰撞。千分尺内的螺纹非常精密，使用时要注意：①旋钮和测力装置在转动时都不能过分用力；②当转动旋钮使测微螺杆靠近待测物时，一定要改旋测力装置，不能转动旋钮使螺杆压在待测物上；③当测微螺杆与测砧已将待测物卡住或旋紧锁紧装置的情况下，决不能强行转动旋钮。

（2）有些千分尺为了防止手温使尺架膨胀引起微小的误差，在尺架上装有隔热装置。实验时应手握隔热装置，尽量少接触尺架的金属部分。

（3）使用千分尺测同一长度时，一般应反复测量几次，取其平均值作为测量结果。

（4）分尺用毕后，应用纱布擦干净，在测砧与螺杆之间留出一点空隙，放入盒中。如长期不用可抹上黄油或机油，放置在干燥的地方。注意不要让它接触腐蚀性的气体。

（三）外径千分尺的保养及保管

外径千分尺的保养及保管：①轻拿轻放。②将测砧、微分筒擦拭干净，避免切屑粉末、灰尘影响。③将测砧分开，拧紧固定螺丝，以免长时间接触而造成生锈。④不得放在潮湿、温度变化大的地方。⑤禁止将千分尺测量运转或高温物件。⑥严禁将千分尺当卡钳用或当锤子用敲击他物。

 思考与练习

请读出下面千分尺所示的读数。

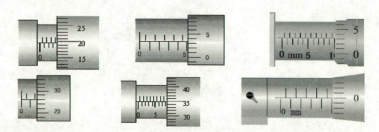

任务四　普通机床（车床、磨床、铣床）

一、认识普通机床分解图结构名称

（一）普通车的结构

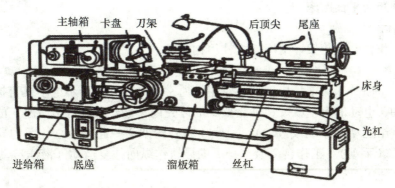

（二）车床的功能

可采用各种车刀以及钻头、扩孔钻、铰刀、丝锥、板牙、滚花刀等。

可车削外圆柱面、圆锥体、曲面、打中心孔、钻孔、镗孔、铰孔、车端面、切槽、车螺纹、攻丝、滚花等工作。

（三）卧式车床的典型加工工序

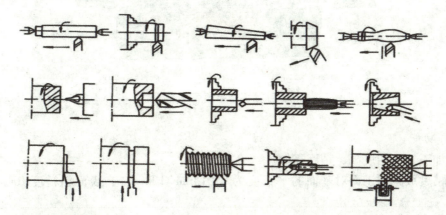

二、普通立式、卧式铣床结构

（一）立式铣床

X5032 其中 X 表示铣床，5 表示组别（5 表示立式铣床，6 表示卧式铣床），0 表示型别（升降台铣床型），32 指主参数（工作台宽度 320mm），故此称立式铣床。

立式铣床的主轴垂直布置，除了主轴布置不同以外，其加工范围也不同，工作台可以上下升降，立式铣床用的刀相对灵活，适用范围较广。

立式铣床的功能：铣键槽、铣平面、镗孔、钻

立式铣床

孔等。

（二）卧式铣床

卧式铣床也可使用上面各种刀具，但不如立铣方便，主要是可使用挂架增强刀具，主要是三面刃铣刀、片状铣刀等。

卧式铣床的功能：铣槽、铣平面、切断等。

三、卧轴矩台平面磨床

（一）结构

床身、工作台、砂轮架、滑座、立柱等构成。

（二）原理

卧轴矩台平面磨床，这种机床的砂轮主轴通常是由内连式异步电动机直接带动的。电机轴就是主轴，电动的定子就装在砂轮架 3 的体壳内。砂轮架 3 可沿滑座 4 的燕尾导轨作间歇的横向进给运动（手动或液动）。滑座 4 和砂轮架 3 一起，沿立柱 5 的导轨作间歇的竖直切入运动（手动）。工作台 2 沿床身 1 的导轨作纵向往复运动（液压传动）。

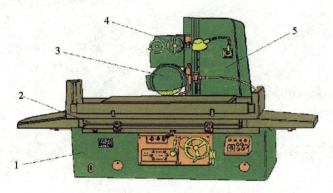

1—床身；2—工作台；3—砂轮架；4—滑座；5—立柱

卧轴矩台平面磨床

（三）功能

平面加工，光洁度高、精度高等。

普通精度级：加工面对基面的平行度为 0.015mm/1000mm，表面粗糙度 Ra = 0.32 ~ 0.63μm。

高精度级：加工面对基面的平行度为 0.005mm/1000mm，表面粗糙度 Ra = 0.04 ~ 0.01μm。

实训练习

任务一　模具的拆装

一、训练目的与要求

（一）训练目的

（1）增进对模具内部构造的认识，培养实践动手能力。

（2）了解模具零件相互之间的装配形式及配合关系。

（3）了解模具的拆卸过程及装配步骤。

（二）训练要求

（1）对所拆模具零件进行测绘，按要求画出相应的零件结构图。

（2）对所拆模具零件进行分析，了解模具的工作原理及各零件的作用。

（3）简述拆卸过程及有关操作规则。

二、实训内容和步骤

（一）拆装时的注意事项

（1）不准用铁锤直接敲打模具，以防模具变形。

（2）在拆卸过程中切忌损坏模具，老师指出不能拆卸的部位，不能强行拆卸。有少量损坏的零件应及时修复，严重损坏的零件应更换。

（3）导柱和导套不要拆下，否则难以还原。

（二）对模具结构进行观察和分析

（1）模具类型的分析。对模具进行类型分析和确定。

（2）工序与制件分析。通过对模具的分析，了解模具所完成的工序，确定被加工工件几何形状和尺寸。

（3）模具的工作原理。对注塑模具、冷冲压模具的了解，分析其导向方式、定位方式、卸料方式、出件方式等。

（4）模具的零部件。分析并记录模具各零件地名称、功能、相互间装配方式。

（三）拟定模具拆卸顺序及其方法

（1）拆卸模具前，应先根据指导老师的讲解分清可拆卸件和不可拆卸件，针对各种模具具体分析其结构特点，制定模具拆卸顺序及方法和方案，在指导老师审查同意后方可拆卸。

（2）一般冷冲压模具的导柱、导套以及用浇注或铆接方法固定的凸模等不可拆卸件或不宜拆卸件不拆。拆卸时一般首先将上下模分开，然后分别将上下模做紧固的紧固螺钉拧松，再打出销钉，用拆卸工具将模芯各板块拆下，最后从固定板中压出凸模、凸凹模等，达到可拆卸件全部分离。

（四）拆卸过程

（1）按拟定的拆卸顺序进行模具拆卸。对每一个拆卸下来的零件进行观察、测量并做记录。记录下零件的位置，按一定顺序摆放好，避免在组装时出现错误及遗漏零件。

（2）测绘主要零件，对模具中拆下的凸模、凹模、凸凹模等主要零件进行测绘。要求测量基本尺寸。

（3）拆卸注意事项，准确使用拆卸工具和测量工具，拆卸配合时要分别采用拍打、压出等不同方法对待不同的配合关系的零件。注意保护模具，使其受力平衡，切不可盲目用力敲打，严禁用铁锤直接敲打模具零件。不可拆卸的零件和不宜直接拆卸的零件不要拆卸。拆卸过程中特别注意操作安全，避免损坏模具各器械。拆装遇到其他困难时先分析原因，并请教指导老师。遵守课堂纪律，服从教师安排。

（五）拟定装配顺序及方法

（1）按顺序装配模具。按拟定的顺序将全部模具零件装回原来位置。注意正反方向，防止漏装，其他注意事项与拆卸模具相同，遇到零件受损不能进行装配时，应在老师指导下使用工具修复受损零件后再装配。

（2）装配后检查。观察装配后模具是否与拆卸前一致，检查是否有错装和漏装等现象。

（3）绘制模具总装图。绘制模具草图时在图上记录有关尺寸。

（六）模具测绘步骤

第一步，画出本模具的结构草图，并测量总体尺寸。

第二步，拆卸后对照实样，构画各模具零部件的结构草图。

第三步，选择模具基准，设计各模具零件的尺寸标注方案。对于相关零件的相关尺寸，建议用彩笔标出，以便测量时引起重视。

第四步，根据设计好的尺寸标注方案，测量所需尺寸数据，并做好记录。在查阅有关技术资料的基础上，再进行尺寸数值的"圆整"工作。

第五步，完成所拆卸模具的装配图。

第六步，根据指导教师的具体要求，完成重要模具零件的结构图。

三、时间安排

时间	内容
第一天	任务安排、准备工作
第二天	各模具小组拆卸模具、整理零件并做记录
第三天	对各零件进行测绘、分析
第四天	图纸整理
第五天	对模具进行装配整理，并做记录装配过程

四、成绩评定

评价项目	分　数	得　分
运用所学知识和技能的能力	20	
任务完成情况	20	
学习态度	10	
图样质量	30	
出勤情况	20	
综合评分	100	
成绩		

任务二　模具拆装实验

一、目的与要求

（1）掌握冷冲模装配及调整的基本方法。

（2）了解冷冲模各大组成部分的结构及功用。

（3）测量给定冷冲模的刃口尺寸，间隙和闭合高度。

（4）熟悉塑料注射模的拆卸步骤与装配方法。

（5）进一步掌握、巩固注射模设计的有关理论知识。

（6）了解注射模的典型结构及主要组成部分。

二、实验装备及测试仪器

（1）游标卡尺、钢皮尺。

（2）内六角扳手。

（3）铜棒、销钉冲子、榔头。

（4）钳工台。

（5）干净棉纱。

（6）注射模实物、台钳、拆装工具及有关量具。

三、实验内容及步骤

（1）分开上、下模，仔细观察模具结构。

（2）合上模具，冲裁模试冲纸张，观察模具在冲裁过程中各零件的作用；塑料模合拢定模和动模。

（3）分别拆卸上、下模。

（4）仔细观察所拆下各零件的结构，并画下零件草图，并进行模具测绘。

（5）按原顺序装配上下模。

四、模具的测绘

（1）画出模具的结构草图，并测量总体尺寸。

（2）拆卸后对照实样勾画出各模具零部件的结构草图。

（3）选择基准，确定各模具零件的尺寸标注方案。对于相关零件尺寸，建议用彩笔标出，以便测量时引起重视。

（4）根据设计好的尺寸标注方案，测量所需尺寸数据，并做好记录。

（5）完成所测绘模具的装配草图及零件草图。

五、编写实验报告书要求

（1）画出所拆装模具的标准总装配图，并标出各零件名称。

（2）分析所拆装模具结构的特点（优缺点）。

（3）实习记录与成绩评定（见表2－4）。

表 2-2　冲压模零件配合关系测量表

序号	相关配合零件	配合松紧程度	配合要求	配合尺寸测量值	配合尺寸
1	凸模与凹模		凸模实体小于凹模洞口一个间隙		
2	凸模与凸模固定板		H7/n6 或 H7/m6		
3	上模座模柄		H7/r6 或 H7s6		
4	上模座与导套		H7/r6 或 H7s6		
5	下模座与导柱		H7/r6 或 H7s6		
6	导柱导套		H7/h5 或 H7/h6		
7	卸料板与凸模		卸料板孔大于凸模实体 0.2~0.6		
8	销钉与待定位模板		H7/n6 或 H7/m6		

表 2-3　塑料模零件配合关系测量表

序号	相关配合零件	配合松紧程度	配合要求	配合尺寸测量值	配合尺寸
1	导柱与导向孔	间隙	H7/n6 或 H7/m6		
2	导柱与导柱固定板	过盈	H7/m6		
3	导柱与导套		H7/f6		
4	推杆与推杆配合孔	间隙	H8/f6		
5	浇口套与定模座板	过盈	H7/m6		
6	推件板与型芯或凸模		H7/h5 或 H7/h6		
7	推件板与导柱		H7/f7		

表 2-4　成绩评定表

项次	项目与技术要求	配分	评定方法	实测记录	评分
1	穿工作服、戴手套	10	没有穿戴，一次性扣 10 分		
2	无工具、零件掉落地上	5	每掉落一次扣 1 分 扣完 5 分为止		
3	无乱敲乱打、站上桌等野蛮操作行为	5	出现一次扣完 5 分		
4	无安全事故	10	出现零件损坏或工伤，扣完 10 分		
5	30 分钟完成项目操作	10	每提前 1 分钟，加 0.5 分； 每延时 1 分钟，扣 0.5 分		
6	工具使用正确	10	不正确每次扣 2 分		
7	工艺顺序正确	10	不正确扣 2~10 分		
8	现场整洁	10	现场凌乱扣 2~10 分		
9	模具拆装结构正确	15	不正确扣 5~15 分		
10	团结协作精神强	15	协作精神不强扣 5~15 分		

任务三　模具的保养与维修

一、模具的保护

由于模具具有专一性、精密性、易损性等特性。因此，进行模具的安全保护至关重要，总体归纳有以下几个方面：

（1）防锈：防止注塑机模具有漏水、冷凝水、雨淋、手印等而造成的生锈现象。

（2）防撞：防止模具因顶针有断裂、未回退到位而造成的撞坏等现象。

（3）除刺：防止模具因布抹、料冲、手抹、水口钳碰、刀碰而造成的毛刺。

（4）缺件：防止模具因缺少拉杆、垫圈等零件而造成使用过程中的损坏。

（5）防压：防止模具因仍残留有产品而锁模而造成的压伤。

（6）欠压：防止模具因低压保护压力过大造成的伤害。

其中因顶针有断裂、顶针未回退到位、模具残留有产品、缺少辅件造成的模具损坏的比例较高，且因发生较为频繁，因此85%以上的模具损伤都是因此原因造成的，而模具的维修费用一般较高，因此怎样避免此类情况的发生直接关系到注塑行业的利益。

为了防止模具损坏造成的生产延误，以及高昂的维修费用，同时也为了更好地节省人工资源，视觉龙科技经过不断地研究与改进，采用机器视觉技术开发出了一款产品，称为"模具保护器"。

二、模具维修注意事项

（1）拆卸模具时，避免碰伤和淋水，移动要平稳。

（2）喷热模，再喷少量脱模剂。

（3）要对模具进行全面检查并且进行防锈处理：小心抹干型腔、型芯、顶出机构和行位等部位的水分与杂物，并喷洒模具防锈剂和涂抹黄油。

三、模具的保养

（一）模具的一级保养

模具的一级保养是指在生产中对模具进行的日常保养，主要内容为清擦、润滑和检查。

1. 装模时的保养

（1）装模前要对模具的上下表面进行清擦，保证模具安装面和压机工作台面不受压伤及模具在生产中上下安装面的平行度。

（2）模具装好后将模具打开，将模具各部分清擦干净，特别是导向机构，对于表面件模具，其型面要清擦干净，以保证制件的质量。

（3）对模具各滑动部分进行润滑，涂润滑脂。

（4）模具各部分的检查，特别是安全件。如安全侧销、安全螺钉、侧护板、冲孔废料道等。

2. 生产中的保养

（1）生产中定期对模具的相应部分进行涂油。如拉延模的压料圈、圆角；修边模的刀口部位；翻边刀块部分等。

（2）定期对修边冲孔模的小孔废料道进行废料的清理。

3. 生产后的保养

（1）生产结束后要对模具进行全面的检查。

（2）对模具进行全面的清擦，保证模具的清洁度。

（3）将模具内的废料清理干净，保证废料盒中无废料。

（二）模具的二级保养

模具的二级保养是指根据模具的技术状态和复杂程度而制定的对模具进行定期的系统的保养。此项保养工作由模修人员完成，并根据保养情况作好记录。以下就不同的零件叙述其二级保养的要求和方法：

（1）拉延模凸模、凹模。拉延模的凸模、凹模主要出现的问题是拉毛及型面的压坑，保养时主要对模具的圆角拉毛部位进行抛光。如果出现压坑，要对模具进行补焊后，再进行修顺。

（2）导向零件（导柱、导套及导板等）。模具在工作中会出现拉痕等现象。产生的主要原因有润滑油脏及导向间隙偏等。导向零件产生拉痕时，采取用油石推顺后抛光的办法进行消除。

（3）修边刀口。模具在使用过程中刀口部分易出现崩刃和刃口塌陷现象，此时要对模具损坏的部位进行补焊修配。

（4）弹簧等弹性零件。模具在使用过程中，弹簧是最易损坏的零件之一，通常出现断裂和变形现象。采取的办法是更换，但是更换过程中一定要注意弹簧的规格和型号，弹簧的规格型号通过颜色、外径和长度三项确定，只有在此三项都相同的情况下才可以更换。

（5）冲头、冲套。模具上使用的冲头、冲套大部分都采用标准件，模具在使用过程中冲头易出现折断、弯曲和啃坏现象，冲套一般都是啃坏的。冲头和冲套的损坏一般都用相同规格的零件进行更换。冲头的参数主要有工作部分尺寸、安装部分尺寸、长度尺寸等。

（6）紧固零件。检查紧固零件是否松动、损坏现象。采取的办法是找相同规格的零件进行更换。

（7）压料及卸料零件。压料零件如压料板、优力胶等，卸料零件如卸料板、气动顶料装置等。保养时检查各部分的装配关系有无损坏，对损坏的部分进行修复。检查气动顶料有无漏气现象，并对具体的情况采取措施，如气管损坏进行更换等。

第三单元

数控技术应用专业

认识专业

近年来，数控技术的发展十分迅速，数控机床在机械制造业中得到了广泛应用。因此，急需培养大批能熟练掌握现代数控机床编程、操作、维修的工程技术人员。

一、数控机床的概念

数控机床（NC Machine）是采用了数控技术的机床，或者说是装备了数控系统的机床。它是一种综合应用计算机技术、自动控制技术、精密测量技术、通信技术和精密机械技术等先进技术的典型的机电一体化产品；是一种装有程序控制系统的机床，该系统能逻辑地处理具有特定代码和其他符号编码指令规定的程序。常用的数控机床有数控电火花机床、数控车床、数控铣床等。

数控电火花机床

数控车床

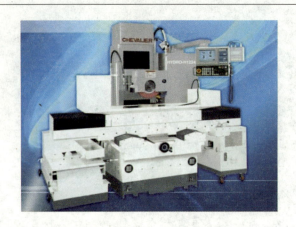

数控铣床（CNC，又称电脑锣床）

二、数控技术定位

本专业培养德、智、体、美全面发展，掌握现代制造的基本理论、方法和技术，掌握数控加工工艺和数控加工程序编制，掌握典型数控机床的结构和工作原理等基本知识，具备数控机床的操作、编程、管理与检测维修技术技能，获得中级职业资格证书，能在现代制造行业生产一线从事加工制造、技术管理等工作的高素质高技能人才。以数控加工操作与数控加工程序编制应用技能，CAD/CAM 软件应用技能，数控设备的安装调试维修、技术服务应用技能为主线方案。

三、从事的职业岗位

（一）数控加工企业生产一线的技术岗位

（1）从事数控加工的工艺组织、编程实施的技术与管理工作。

（2）从事数控机床（数控车床、数控铣床、电火花机、线切割机等）的调整、操作、常规维护及管理工作。

（3）从事数控机床（数控车床、数控铣床、电火花机、线切割机等）的技术改造工作。

（4）从事车间班组及其他基层部门管理工作。

（二）机械加工、设计行业的计算机辅助设计岗位

（1）从事机械零件加工工艺编制及产品制造。

（2）从事各种机械加工零件图及产品装配图的绘制工作。

（3）从事产品设计与开发、模具设计（塑胶模、五金模）工作。

（三）计算机辅助设计与制造（CAD/CAM）软件及设备的应用技术岗位

从事计算机辅助设计与制造软件及设备的调试、使用、客户服务等工作。

四、就业前景

数控行业从业人员大致可分为三个层次：

（一）蓝领层

即数控操作技工，精通机械加工和数控加工工艺知识，熟练掌握数控机床的操作和手工编程，了解自动编程和数控机床的简单维护维修，此类人员市场需求量大，适合作为车间的数控机床操作工人，但由于知识较单一，其工资待遇不会太高。

（二）灰领层

（1）数控编程员。掌握数控加工工艺知识和数控机床的操作，熟悉复杂模具的设计和制造专业知识，熟练掌握三维 CAD/CAM 软件，如 UG、PRO/E 等；熟练掌握数控自动编程、手工编程技术。此类人员需求量大，尤其在模具行业非常受欢迎，待遇也很高。

（2）数控机床维护、维修人员。掌握数控机床的机械结构和机电联调，掌握数控机床的操作与编程，熟悉各种数控系统的特点、软硬件结构、PLC 和参数设置。精通数控机床的机械和电气的调试和维修。此类人员需求量相对少一些，但培养此类人员非常不易，需要大量实际经验的积累，目前非常缺乏，其待遇也较高。

（三）金领层

属于数控通才，具备并精通数控操作技工、数控编程员和数控维护、维修人员所需掌握的综合知识，并在实际工作中积累了大量实际经验，知识面很广。精通数控机床的机械结构设计和数控系统的电气设计，掌握数控机床的机电联调。能自行完成数控系统的选型、数控机床电气系统的设计、安装、调试和维修。能独立完成机床的数控化改造。是企业（特别是民营企业）的抢手人才，其待遇非常之高。模具设计、CAD/CAM 工程师、数控编程、数控加工等是我国各人才市场招聘频率最高的职位之一。我国高级技工正面临着"青黄不接"的严重局面，原有技工年龄已大，中年技工为数不多，青年技工尚未成熟。在制造业，能够熟练操作现代化机床的人才已成稀缺，据统计，目前，我国技术工人中，高级技工占 3.5%、中级工占 35%、初级工占 60%。而发达国家的技术工人中，高级工占 35%、中级工占 50%、初级工占 15%。随着产业布局、产品结构的调整，就业结构也将发生变化。企业对较高层次的第一线应用型人才的需求将明显增加。

五、升学与就业案例

（一）升学

杨玉龙（隆林县人）、雷祖财、唐龙宗，2016 年毕业于田东职业技术学校数控专业，分别考取广西师范大学、广西工业职业技术学院、广西机电职业技术学院。

张群、杨永琪（隆林县人），罗炳灵、岑锐（凌云县人），黄丽萍（田阳县人），2014 年毕业于田东职业技术学校百川数控 1 班，2014 年考取北京应用技术大学信息服务专业。

（二）就业

罗忠克（田东县人），2012 年毕业于田东职业技术学校数控专业，现在广州承包线切割车间。

刘甫练（田东县人），2012 年毕业于田东职业技术学校数控专业，现在深圳合资创办数铣加工厂。

 思考与练习

（1）什么是数控机床？

（2）说一说企业常用哪几种机床。

（3）数控技术岗位有哪些？

基本技能

一、分类（见表 3-1）

表 3-1　数控电火花机床分类

类别	工艺方法	特点	用途	备注
1	电火花穿孔成形加工	（1）工具和工件主要有一个相对的伺服进给运动 （2）工具为成形电极，与被加工表面有相同的截面或形状	（1）型腔加工：加工各类型腔模及各种复杂的型腔零件 （2）穿孔加工：加工各种冲模、挤压模、粉末冶金模、各种异形孔及微孔等	约占电火花机床总数的30%，典型机床有 D7125、D7140 等电火花穿孔成形机床
2	电火花线切割加工	（1）工具电极为沿着其轴线方向移动着的线状电极 （2）工具与工件在两水平方向同时有相对伺服进给运动	（1）切割各种冲模和具有直纹面的零件 （2）下料、截割和窄缝加工 （3）直接加工出零件	约占电火花机床总数的60%，典型机床有 DK7725、DK7740 等数控电火花线切割机床
3	电火花内孔、外圆和成形磨削	（1）工具与工件有相对的旋转运动 （2）工具与工件间有径向和轴向的进给运动	（1）加工高精度、表面粗糙度值小的小孔，如拉丝模、挤压模、微型轴承内环、钻套等 （2）加工外圆、小模数滚刀	约占电火花机床总数的3%，典型机床有 D6310 电火花小孔内圆磨床
4	电火花同步共轭回转加工	（1）成形工具与工件均作旋转运动，但两者角速度相等或成整数倍，接近的放电点可有切向相对运动速度 （2）工具相对工件可作纵、横向进给运动	以同步回转、展成回转、倍角速度回转等不同方式，加工各种复杂形面的零件，如高精度的异形齿轮，精密螺纹环规、高精度、高对称、表面粗糙度值小的内、外回转体表面等	约占电火花机床总数的1%以下，典型机床有 JN-2、JN-8 等内外螺纹加工机床

二、数控电火花机床的认识

电火花加工的脉冲电源有 RC、RLC、闸流管式和电子管式，晶闸管式和晶体管式脉冲电源等。脉冲电源对电火花加工的生产率、表面质量、加工精度、加工过程的稳定性和工具电极损耗等方面都有很大的影响。电火花加工常采用单电极平动、多电极复合、分解电极等方法。

电火花穿孔机

快走丝线切割机床

环保型中走丝机床

慢走丝线切割机床

三、成型火花机用途

（1）直接加工成型刀具。

（2）加工各种复杂形状的型孔及型腔工件，包括加工圆孔、方孔、多变孔、异形孔、曲线孔、螺纹孔、微孔、深孔等型孔工件及各种型面的型腔工件。例如，手机塑胶外壳模。

（3）各种工件与材料的切割，包括材料的切断特殊结构零件的切断，切割微细窄缝及由微缝组成的零件，如金属栅网、慢波结构、异形孔喷丝板、激光器件。

（4）加工各种成型刀、样板、工具、量具、螺纹等。

（5）工件的磨削，包括小孔、深孔、内圆、外圆、平面磨削等。

（6）刻写打印铭牌和标记。

（7）辅助用途，如去除折断在零件中的锥丝、钻头，修复磨损件、跑合齿轮啮合等。

金属栅网

四、数控电火花线切割机床的用途与加工范围

（一）加工产品

（1）数控线切割加工是轮廓切割加工，无须设计和制造成型工具电极，大大降低了加工费用，缩短了生产周期。

（2）直接利用电能进行脉冲放电加工，工具电极和工件不直接接触，无机械加工中的宏观切削力，适宜于加工低刚度零件及细小零件。

（3）无论工件硬度如何，只要是导电或半导电的材料都能进行加工。

（4）切缝可窄仅 0.005mm，只对工件材料沿轮廓进行"套料"加工，材料利用率高，能有效节约贵重材料。

（5）移动的长电极丝连续不断地通过切割区，单位长度电极丝的损耗量较小，加工精度高。

（6）一般采用水基工作液，可避免发生火灾，安全可靠，可实现昼夜无人值守连续加工。

（7）通常用于加工零件上的直壁曲面，通过 X－Y－U－V 四轴联动控制，也可进行锥度切割和加工上下截面异形体、形状扭曲的曲面体和球形体等零件。

（8）不能加工盲孔及纵向阶梯表面。

（二）加工零件

可用于加工材料试验样件、各种型孔、特殊齿轮凸轮、样板、成型刀具等复杂形状零件及高硬材料的零件，可进行微细结构、异形槽和标准缺陷的加工；试制新产品时，可在坯料上直接割出零件；加工薄件时可多片叠在一起加工。

（三）加工模具

适用于加工各种形状的冲模、塑胶模、挤压模、粉末冶金模、弯曲模等。

五金连续成型冲压模

胡须刀外壳模

铝制产品挤压模

粉末冶金模

五、电火花线切割机床的基本操作步骤

（1）打开机床总电源。

（2）打开机床电脑，进入线切割软件界面。

（3）设置电参数。

（4）检查机床钼丝是否在导轮导电块上。

（5）按运丝开关。

（6）开高频（HL 系统——按 F11；HF 系统——按键盘上的字母"I"）。

（7）校钼丝垂直工件表面。

（8）设置好电参数。

（9）调入线切割图形程序。

（10）机床手轮刻度对零。

（11）点击加工。

 思考与练习

（1）电火花分为哪几种大类？其特点和用途是什么？

（2）数控线切割主要加工范围有哪些？

（3）数控线切割机床与电火花成型机床有何异同？

（4）成型电火花机床主要用途有哪些？

任务二　数控车床

一、认识数控车床

数控车床是一种高精度、高效率的自动化机床。配备多工位刀塔或动力刀塔，机床具有广泛的加工艺性能，可加工直线圆柱、斜线圆柱、圆弧和各种螺纹、槽、蜗杆等复杂工件。具有直线插补、圆弧插补各种补偿功能，并在复杂零件的批量生产中发挥了良好的经济效果。

（一）数控车床的组成与分类

1. 组成

数控车床由数控装置、床身、主轴箱、刀架进给系统、尾座、液压系统、冷却系统、润滑系统、排屑器等组成。数控车床分为立式数控车床和卧式数控车床两种。立式数控车床用于回转直径较大的盘类零件车削加工；卧式数控车床用于轴向尺寸较长或小型盘类零件的车削加工。卧式数控车床按功能可进一步分为经济型数控车床、普通数控车床和车削加工中心。

2. 分类

（1）经济型数控车床。采用步进电动机和单片机对普通车床的车削进给系统进行改造后形成的简易型数控车床。成本较低，自动化程度和功能都比较差，车削加工精度也不高，适用于要求不高的回转类零件的车削加工。

（2）普通数控车床。根据车削加工要求在结构上进行专门设计，配备通用数控系统而形成的数控车床。数控系统功能强，自动化程度和加工精度也比较高，适用于一般回转类零件的车削加工。这种数控车床可同时控制两个坐标轴，即 X 轴和 Z 轴。

（3）车削加工中心。在普通数控车床的基础上，增加了 C 轴和动力头，更高级的机床还带有刀库，可控制 X、Z 和 C 三个坐标轴，联动控制轴可以是（X、Z）、（X、C）或（Z、C）。由于增加了 C 轴和铣削动力头，这种数控车床的加工功能大大增强，除可以进行一般车削外，还可以进行径向和轴向铣削、曲面铣削、中心线不在零件回转中心的孔和径向孔的钻削等加工。

3. 配件

（1）液压卡盘和液压尾架。液压卡盘是数控车削加工时夹紧工件的重要附件，对一般回转类零件可采用普通液压卡盘；对零件被夹持部位不是圆柱形的零件，则需要采用专用卡盘；用棒料直接加工零件时需要采用弹簧卡盘。数控轴承车床对轴向尺寸和径向尺寸的比值较大的零件，需要采用安装在液压尾架上的活顶尖对零件尾端进行支撑，才能保证对零件进行正确的加工。尾架有普通液压尾架和可编程液压尾架。

（2）刀架。①专用刀架。由车床生产厂商自己开发，所使用的刀柄也是专用的。这种刀架的优点是制造成本低，但缺乏通用性。②通用刀架。根据一定的通用标准（如VDI，德国工程师协会）而生产的刀架，数控车床生产厂商可以根据数控车床的功能要求进行选择配置。

（3）铣削动力头。数控车床刀架上安装铣削动力头后可以大大扩展数控车床的加工能力。如利用铣削动力头进行轴向钻孔和铣削轴向槽。

（4）数控车床的刀具。在数控车床或车削加工中心上车削零件时，应根据车床的刀架结构和可以安装刀具的数量，合理、科学地安排刀具在刀架上的位置，并注意避免刀具在静止和工作时，刀具与机床、刀具与工件以及刀具相互之间的干涉现象。

（二）数控车床型号代码的含义

数控车床的型号标记和普通车床类似，都是采用字母及一组数字组成。数控车床CKA6140 各代码的含义如下：

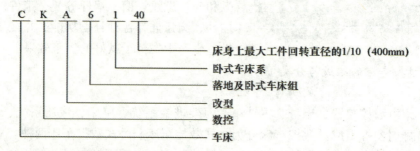

床身上最大工件回转直径的1/10（400mm）
卧式车床系
落地及卧式车床组
改型
数控
车床

二、数控车床操作面板介绍

（一）华中数控系统

华中数控系统

（二）法兰克系统

法兰克系统

三、数控车床开机及回零

1. 数控车床的开机

数控车床的开机步骤：①检查机床。②开启数控车床的供电空气开关。③开启数控车床的总电源开关。④检查机床各冷却风扇是否正常，检查润滑油泵是否工作正常。⑤开启数控系统电源开关。⑥数控系统自检后，进入开机界面或待机状态。⑦旋开急停开关。

2. 数控车床的回参考点（回零）

操作步骤：①按"手动会参考点"键，屏幕左下角显示"REF"。②按下"＋X"、"＋Z"键，当机床面板上的"X零点"或"Z零点"的指示灯亮，表示该轴已返回参点。

3. 数控车床的关机

关机操作步骤：①清理机床上的切屑，卸下工件和刀具。②给导轨进行充分润滑。③将溜板移动到床鞍的上部。④按下急停按钮，关闭数控系统电源。⑤关闭机床总电源开关。⑥关闭机床空气开关。

四、面板实训操作

（一）创建程序

创建程序的步骤：①进入"EDIT 方式"。②按"PROG"键。③按地址键"OP"并输入欲存储程序的程序名。④按"INSERT"键。

（二）程序名的检索

当存储器中有很多程序时，可检索需要的程序，常见的方法有两种。

方法一：①选择"EDIT"或"MEMORY"方式。②按"PROG"键显示程序画面。③键入地址"O"。④键入要检索的程序名。⑤按"OSRH"键。⑥检索操作完成后，在CRT屏幕的右上角显示被检索的程序名。如果程序未找到，发生 P/S 报警 71 号。

方法二：①选择"EDIT"或"MEMORY"方式。②按"PROG"键显示程序画面。③按"OSRH"键。

（三）字的插入、修改和删除

（1）字的插入。①在插入字之前检索或扫描字。②键入要插入的地址。③键入数据。④按"INSERT"键。

（2）字的修改。①检索或扫描要修改的字。②键入要插入的地址。③键入数据。④按"ALTER"键。

（3）字的删除。①检索或扫描要删除的字。②按"DELETE"键。

（四）程序的复制

程序的复制步骤如下：①按"EDIT"键，机床处于编辑工作模式下。②按"PROG"键，显示程序画面。③按操作软键。④按扩展键。⑤按软键"EX－EDT"。⑥检查复制的程序是否已经选择，并按软键"COPY"。⑦按软键"ALL"。⑧输入新建的程序名（只输入数字，不输地址"O"），并按"INPUT"键。⑨按软键"EXEC"即可。

（五）程序段的删除

（1）单个程序段的删除。①检索或扫描要删除的程序段的地址 N。②键入"EOB"键。③按"DELETE"键。

（2）多个程序段删除。①检索或扫描要删除部分的第一个程序段的字。②键入地址"N"。③键入要删除部分的最后一个程序段的顺序号。④按"DELETE"键。

（六）光标移到程序头

光标移到程序头的方法有两种。

方法一：在"EDIT"方式选择程序画面时，按"RESET"（复位键）。当光标已经返回到程序开始处时，在画面上从头开始显示程序的内容。

方法二：①选择"MEMORY"或"EDIT"方式。②按"PROG"键。③按"OSRH"键。④按"REWIND"键。

（七）后台编辑

（1）进入"MEMORY"或"EDIT"方式。

（2）按功能键。

（3）按软键"OPRT"，然后再按软键"BG–EDT"，显示后台编辑画面，在屏幕的左下角显示 PROGRAM（BG–EDIT）。

（4）在后台编辑画面，用通常的程序编辑方式编辑程序。

（5）编辑完成后，按软键"OPRT"，然后按软键"BG–END"，编辑程序被存到前台程序存储器中。

五、数控车床的自动运行

1. JOG 运行

（1）按"点动键"进入 JOG 运行方式，按"？X"、"＋X"、"？Z"、"＋Z"键，使刀架按照相应的坐标轴运行。

（2）按"快速运行叠加"键，同时按动相应的坐标轴键，则刀架带动刀具以快进速度运行。

（3）按"增量选择"键，可以进行增量选择，再按"×1"、"×10"、"×100"、"×1000"键刀架以步进增量方式进行增量运动，按"×1"键移动量为 0.001mm，按"×10"键移动量为 0.01mm，按"×100"键移动量为 0.1mm，按"×1000"键移动量为 1mm。

2. MDI 运行方式

（1）按机床操作面板上的"手动数据"键，进入 MDI 模式。

（2）按系统操作面板上的"程序"键，按软键"MDI"，进入输入窗口。

（3）在数据输入行输入一个程序段，按"换行"键，再按"插入"键确定。

（4）按"程序启动"键，立即执行输入的程序段。

3. 自动运行方式

（1）按"自动方式"键，进入自动运行方式。

（2）屏幕左下角显示"MEM"，选择要执行的程序。

（3）在屏幕右上角显示程序名称，按"程序启动"键，程序开始运行。

4. DNC 运行方式

（1）按"DNC"运行方式键。

（2）按 MDI 面板上的"PROG"键。

（3）按机床操作面板上的"程序启动"键。

（4）光标闪烁时，等待"QUICK"输出一个程序。

（5）在计算机中通过"QUICK"软件将加工程序传输给 CNC。

（6）按"程序启动"键，即可进行 DNC 加工。

5. 自动加工运行中断、恢复中断及恢复操作具体步骤

（1）正常加工中，按"进给保持"按钮，机床进给停止，运行程序中断。

（2）将"自动运行"方式变成"手动运行"方式。

（3）用"点动"或"手摇"操作方式将刀具退离工件。

（4）按"主轴停转"按钮，使主轴停止转动。

（5）进行工件的检测或其他工作。

（6）按"主轴启动"键，启动主轴旋转，使其转向与原转向一致。

（7）用"点动"或"手摇"操作方式将刀具返回原来位置。

（8）将"手动运行"方式变成"自动运行"方式。

（9）按"循环启动"按钮，解除进给保持状态，中断的程序将重新启动继续进行零件加工。

6. 机床锁住循环

（1）按机床操作面板上"机床锁住"键，机床不移动，但显示器上各轴位置在改变，有些机床各个轴都有一个机床锁住开关，对于这类机床，按各轴的锁住开关，相应轴不动。

（2）按下机床操作面板上辅助功能锁住开关后，M、S和T指令无效，不被执行。

7. 倍率开关控制循环

改变进给倍率的步骤如下：

（1）在自动运行之前或运行中，将机床控制面板上"进给修调倍率"刻度盘设定到希望得到的百分值（％）。

（2）在螺纹切削加工期间，倍率无效，并维持由程序指定的进给速度。

8. 机床空运转循环

（1）旋转方式选择开关到"自动循环"处。

（2）按机床控制面板上的"空运行"键，机床便快速移动，速度大小可用快速移动开关来控制。

9. 单段执行循环

（1）按机床控制面板上的"单程序段"键，当前程序段被执行之后机床停止。

（2）按"循环启动"键，执行下一个程序段，程序执行完后机床停止。

（3）直至加工程序结束或取消单程序段运行方式（再按单段程序段按键，至灯灭）。

10. 跳段执行循环

自动加工中，系统可跳过某些指定的程序段，称为跳段执行。

思考与练习

（1）数控车床是由哪几部分组成的？

（2）数控车床分为哪两类？按功能又分为哪几类？

（3）试写出数控车床开机步骤。

（4）试写出数车回参考点操作顺序。

（5）试写出机床关机操作步骤。

（6）利用课余时间自己制作一张面板，并将各自英文的中文含义写出来。

（7）机床自动运行有哪些方式？

任务三　数控铣床

一、数控铣床按构造分类

1. 工作台升降式数控铣床

工作台升降式数控铣床采用工作台移动、升降，而主轴不动的方式。小型数控铣床一般采用此种方式。

2. 主轴头升降式数控铣床

主轴头升降式数控铣床采用工作台纵向和横向移动，且主轴沿垂向溜板上下运动；主轴头升降式数控铣床在精度保持、承载重量、系统构成等方面具有很多优点，已成为数控铣床的主流。

工作台升降式数控铣床

主轴头升降式数控铣床

3. 龙门式数控铣床

龙门式数控铣床

龙门式数控铣床的主轴可以在龙门架的横向与垂向溜板上运动，而龙门架则沿床身作纵向运动。大型数控铣床因要考虑到扩大行程，缩小占地面积及刚性等技术上的问题，往往采用龙门架移动式。

二、数控铣床加工

（一）数控铣床加工的基本概念

随着数控技术的发展，数控机床不仅在宇航、造船、军工等领域广泛使用，而且也进入了汽车、机床等民用机械制造行业。目前，在机械制造行业中，单件、小批量的生产所占有的比例越来越大，机械产品的精度和质量也在不断地提高。所以，普通机床越来越难以满足加工精密零件的需要。同时，由于生产水平的提高，数控机床的价格在不断下降，因此，数控机床在机械行业中的使用已很普遍。

1. 数控技术

数字控制技术（Numerical Control），简称数控技术，是指用数字化的信息实现加工自动化的控制技术。控制对象不仅可以是位移、角度、速度等机械量，也可以是温度、压力、流量、颜色等物理量，这些量的大小不仅是可以测量的，而且可以经 A/D 或 D/A 转换，用数字信号来表示。数控技术是近代发展起来的一种自动控制技术，是机械加工现代化的重要基础与关键技术。

2. 计算机数控技术

计算机数控技术（Computer Numerical Control），是采用存储程序的专用计算机或通用计算机来实现部分或全部数控功能。

3. 数控加工

数控加工是指采用数字信息对零件加工过程进行定义，并控制机床进行自动运行的一种自动化加工方法。数控加工技术是 20 世纪 40 年代后期为适应加工复杂外形零件而发展起来的一种自动化技术。1947 年，美国帕森斯（Parsons）公司为了精确地制作直升机机翼、桨叶和飞机框架，提出了用数字信息来控制机床自动加工外形复杂零件的设想，该公司利用电子计算机对机翼加工路径进行数据处理，并考虑到刀具直径对加工路径的影响，使得加工精度达到 ±0.0015 英寸（0.0381mm），这在当时的水平来看是相当高的。1949 年，美国空军为了能在短时间内制造出经常变更设计的火箭零件，与帕森斯公司和麻省理工学院（MIT）伺服机构研究所合作，于 1952 年研制成功世界上第一台数控机床——三坐标立式铣床，可控制铣刀进行连续空间曲面的加工，揭开了数控加工技术的序幕。

（二）数控铣床加工的特点

（1）具有复杂形状加工能力。复杂形状零件在飞机、汽车、造船、模具、动力设备和国防军工等制造部门具有重要地位，其加工质量直接影响整机产品的性能。数控加工运动的任意可控性使其能完成普通加工方法难以完成或者无法进行的复杂型面加工。

（2）高质量。数控加工是用数字程序控制实现自动加工，排除了人为误差因素，且加工误差还可以由数控系统通过软件技术进行补偿校正。因此，采用数控加工可以提高零件加工精度和产品质量。

（3）高效率。与采用普通机床加工相比，采用数控加工一般可提高生产率 2~3 倍，在加工复杂零件时生产率可提高十几倍甚至几十倍。特别是五面体加工中心和柔性制造单元等设备，零件一次装夹后能完成几乎所有表面的加工，不仅可消除多次装夹引起的定位误差，还可大大减少加工辅助操作，使加工效率进一步提高。

（4）高柔性。只需改变零件程序即可适应不同品种的零件加工，且几乎不需要制造专用工装夹具，因而加工柔性好，有利于缩短产品的研制与生产周期，适应多品种、中小批量的现代生产需要。

（5）减轻劳动强度，改善劳动条件。数控加工是按事先编好的程序自动完成的，操作者不需要进行繁重的重复手工操作，劳动强度和紧张程度大为改善，劳动条件也相应得到改善。

（6）有利于生产管理。数控加工可大大提高生产率、稳定加工质量、缩短加工周期、易于在工厂或车间实行计算机管理。数控加工技术的应用，使机械加工的大量前期准备工作与机械加工过程联为一体，使零件的计算机辅助设计（CAD）、计算机辅助工艺规划（CAPP）和计算机辅助制造（CAM）的一体化成为现实，宜于实现现代化的生产管理。

（7）数控机床价格昂贵，维修较难。数控机床是一种高度自动化机床，必须配有数控装置或电子计算机，机床加工精度因受切削用量大、连续加工发热多等影响，使其设计要求比通用机床更严格，制造要求更精密，因此数控机床的制造成本较高。此外，由于数控机床的控制系统比较复杂，一些元件、部件精密度较高以及一些进口机床的技术开发受到条件的限制，所以对数控机床的调试和维修都比较困难。

（三）数控铣床的组成部分

数控铣床一般由铣床主机、控制部分、驱动部分及辅助部分等组成。

（1）铣床主机。铣床主机是数控铣床的机械本体，包括床身、主轴箱、工作台和进给机构等。

（2）控制部分。控制部分是数控铣床的控制核心，本书讲述的是 CNC 系统为 BEI-JING – FANUC 0i – MB 系统。

（3）驱动部分。驱动部分是数控铣床执行机构的驱动部件，包括主轴电动机和进给伺服电动机等。

（4）辅助部分。辅助部分是数控铣床的一些配套部件，包括刀库、液压装置、气动装置、冷却系统、润滑系统和排屑装置等。

三、Fanuc 0i Mate – MC 数控系统简介

（一）操作面板的认识

Fanuc 0i Mate – MC 数控系统面板由系统操作面板和机床控制面板三部分组成。

1. 系统操作面板

系统操作面板包括 CRT 显示区、MDI 编辑面板（见表 3 – 2）。

（1）CRT 显示区。位于整个机床面板的左上方，包括显示区和屏幕相对应的功能软键。

Fanuc 0i Mate – MC
数控系统 CRT/MDI 面板

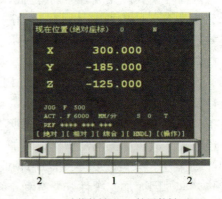

1—功能软键；2—扩展软键
Fanuc 0i Mate – MC 数控系统 CRT 显示区

（2）编辑操作面板（MDI 面板）。一般位于 CRT 显示区的右侧。MDI 面板上键的位置和各按键的名称及功能如表 3 – 2 所示。

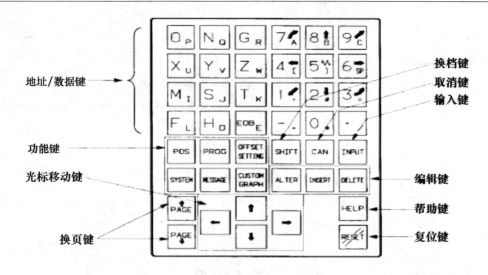

MDI 面板

表 3 – 2　Fanuc 0i Mate – MC 系统 MDI 面板上主功能键与功能说明

序号	按键符号	名称	功能说明
1	POS	位置显示键	显示刀具的坐标位置
2	PROG	程序显示键	在 EDIT 模式下显示存储器内的程序；在 MDI 模式下，输入和显示 MDI 数据；在 AOTO 模式下，显示当前待加工或者正在加工的程序
3	OFFSET SETTING	参数设定/显示键	设定并显示刀具补偿值、工件坐标系以及宏程序变量
4	SYSTEM	系统显示键	系统参数设定与显示以及自诊断功能数据显示等
5	MESSAGE	报警信息显示键	显示 NC 报警信息
6	CUSTOM GRAPH	图形显示键	显示刀具轨迹等图形
7	RESET	复位键	用于所有操作停止或解除报警，CNC 复位
8	HELP	帮助键	提供与系统相关的帮助信息
9	DELETE	删除键	在 EDIT 模式下，删除已输入的字及 CNC 中存在的程序

续表

序号	按键符号	名称	功能说明
10	INPUT	输入键	加工参数等数值的输入
11	CAN	取消键	清除输入缓冲器中的文字或者符号
12	INSERT	插入键	在 EDIT 模式下，在光标后输入字符
13	ALTER	替换键	在 EDIT 模式下，替换光标所在位置的字符
14	SHIFT	上档键	用于输入处在上档位置的字符
15	PAGE PAGE	光标翻页键	向上或者向下翻页
16	程序编辑键		用于 NC 程序的输入
17	光标移动键		用于改变光标在程序中的位置

2. 机床控制面板

Fanuc 0i Mate – MC 数控系统的控制面板通常在 CRT 显示区的下方，各按键（旋钮）的名称及功能如表3–3所示。

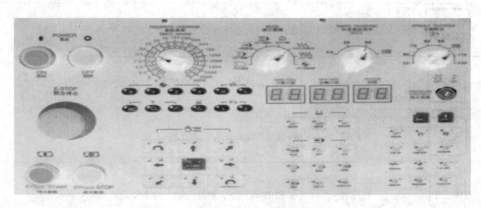

Fanuc 0i Mate – MC 数控系统的控制面板

表3-3 Fanuc Oi Mate-MC 数控系统的控制面板各按键及功能

序号	按键、旋钮符号	按键、旋钮名称	功能说明
1	POWER	系统电源开关	(1) 按下左边绿色键，机床系统电源开 (2) 按下右边红色键，机床系统电源关
2	EMERGENCY STOP	急停 按键	紧急情况下按下此键，机床停止一切运动
3	CYCLE START	循环启动键	在 MDI 或者 MEM 模式下按下此键，机床自动执行当前程序
4	FEED HOLD	循环启动停止键	在 MDI 或者 MEM 模式下按下此键，机床暂停自动运行程序，直接再一次按下循环启动键
5		进给倍率旋钮	以给定的 F 指令进给时，可在 0～150% 的范围内修改进给率。JOG 方式时，亦可用其改变 JOG 速率
6		机床的工作模式	(1) DNC：DNC 工作方式 (2) EDIT：编辑方式 (3) MEM：自动方式 (4) MDI：手动数据输入方式 (5) MPG：手轮进给方式 (6) RAPID：手动快速进给方式 (7) JOG：手动进给方式 (8) ZRN：手动返回机床参考零点方式
7	RAPID TRAVERSE	快速倍率旋钮	用于调整手动或者自动模式下快速进给速度：在 JOG 模式下，调整快速进给及返回参考点时的进给速度。在 MEM 模式下，调整 G00、G28、G30 指令进给速度
8	SPINDLE OVERRIDE	主轴倍率旋钮	在自动或者手动操作主轴时，转动此旋钮可以调整主轴的转速
9		轴进给 方向键	在 JOG 或者 RAPID 模式下，按下某一运动轴按键，被选择的轴会以进给倍率的速度移动，松开按键则轴停止移动
10	SPD.CW	主轴顺时针转按键	按下此键，主轴顺时针旋转
11	SPD.CCW	主轴逆时针转按键	按下此键，主轴逆时针旋转

续表

序号	按键、旋钮符号	按键、旋钮名称	功能说明
12		机床锁定开关键	在 MEM 模式下，此键 ON 时（指示灯亮），系统连续执行程序，但机床所有的轴被锁定，无法移动
13		程序跳段开关键	在 MEM 模式下，此键 ON 时（指示灯亮），程序中"/"的程序段被跳过执行；此键"OFF"时（指示灯灭），完成执行程序中的所有程序段
14		Z 轴锁定开关键	在 MEM 模式下，此键 ON 时（指示灯亮），机床 Z 轴被锁定
15		选择停止开关键	在 MEM 模式下，此键 ON 时（指示灯亮），程序中的 M01 有效，此键 OFF 时（指示灯灭），程序中 M01 无效
16		空运行开关键	在 MEM 模式下，此键 ON 时（指示灯亮），程序以快速方式运行；此键 OFF 时（指示灯灭），程序以 F 所指令的进给速度运行
17		单段执行开关键	在 MEM 模式下，此键 ON 时（指示灯亮），每按一次循环启动键，机床执行一段程序后暂停；此键 OFF 时（指示灯灭），每按一次循环启动键，机床连续执行程序段
18		辅助功能开关键	在 MEM 模式下，此键 ON 时（指示灯亮）机床辅助功能指令无效
19		空气冷气开关键	按此键可以控制空气冷却的打开或者关闭
20		冷却液开关键	按此键可以控制冷却液的打开或者关闭
21		机床润滑键	按下此键，机床会自动加润滑油
22		机床照明开关键	此键 ON 时，打开机床的照明灯；此键 OFF 时，关闭机床照明灯

（二）实训操作

1. 开机

在操作机床前必须检查机床是否正常，并使机床通电，开机顺序如下：

（1）打开机床总电源。

（2）打开机床稳压器电源。

（3）打开机床电源。

（4）打开数控系统电源（按控制面板上的 POWER ON 按钮）。

（5）把系统急停键旋起。

2. 机床手动返回参考点

CNC 机床上有一个确定机床位置的基准点，这个点叫作参考点。通常机床开机以后，第一件要做的事情就是使机床返回到参考点位置。如果没有执行返回参考点就操作机床，机床的运动将不可预料。行程检查功能在执行返回参考点之前不能执行。机床的误动作有可能造成刀具、机床本身和工件的损坏，甚至伤害到操作者。机床返回参考点有手动返回和自动返回两种方式。一般情况下都使用手动返回参考点。

手动返回参考点就是用操作面板上的开关或者按钮将刀具移动到参考点位置。具体操作如下：

（1）将机床工作模式旋转到方式。

（2）按机床控制面板上的 +Z 轴，使 Z 轴回到参考点（指示灯亮）。

（3）再按 +X 轴和 +Y 轴，两轴可以同时进行返回参考点。

自动返回参考点就是用程序指令将刀具移动到参考点。

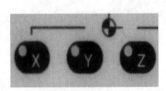

参考点指示灯

例如执行程序：G91 G28 Z0（Z 轴返回参考点）；X0 Y0（X、Y 轴返回参考点）。

注意：为了安全起见，机床回参考点时，必须先使 Z 轴回到机床参考点后才可以使 X、Y 返回参考点。X、Y、Z 三个坐标轴的参考点指示灯亮起时，说明三条轴分别回到了机床参考点。

3. 关机步骤

（1）按下数控系统控制面板的急停按钮。

（2）按下 POWER OFF 按钮关闭系统电源。

（3）关闭机床电源。

（4）关闭稳压器电源。

（5）关闭总电源。

注：在关闭机床前，尽量将 X、Y、Z 轴移动到机床的大致中间位置，以保持机床的重心平衡。同时也方便下次开机后返回参考点时，防止机床移动速度过大而超程。

4. 手动模式操作

手动模式操作有手动连续进给和手动快速进给两种。

在手动连续（JOG）方式中，按住操作面板上的进给轴（+X、+Y、+Z 或者 −X、−Y、−Z），会使刀具沿着所选轴的所选方向连续移动。JOG 进给速度可以通过进给速率按钮进行调整。

在快速移动（RIPID）模式中，按住操作面板上的进给轴及方向，会使刀具快速移动。RIPID 移动速度通过快速速率按钮进行调整。

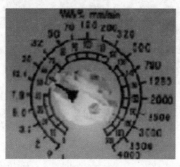

JOG 进给速率按钮

RIPID 快速进给速率

手动连续进给（JOG）操作的步骤如下：

（1）按下手动连续（JOG）选择开关。

（2）通过进给轴（+X、+Y、+Z 或者 -X、-Y、-Z），选择将要使刀具沿其移动的轴和方向。按下相应的按钮时，刀具以参数指定的速度移动。释放按钮，移动停止。

快速移动进给（RIPID）的操作与 JOG 方式相同，只是移动的速度不一样，其移动的速度跟程序指令 G00 的一样。

注意：手动进给和快速进给时，移动轴的数量可以是 XYZ 中的任意一个轴，也可以是 XYZ 三个轴中的任意两个轴一起联动，甚至是三个轴一起联动，这个是根据数控系统参数设置而定。

5. 手轮模式操作

在 Fanuc Oi Mate - MC 数控系统中，手轮是与数控系统以数据线相连的独立个体，由控制轴旋钮、移动量旋钮和手摇脉冲发生器组成。

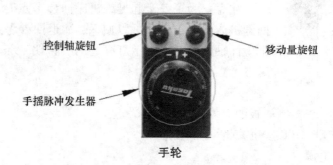

手轮

在手轮进给方式中，刀具可以通过旋转机床操作面板上的手摇脉冲发生器微量移动。手轮旋转一个刻度时，刀具移动的距离根据手轮上的设置有三种不同的移动距离，分别为 0.001mm、0.01mm、0.1mm。具体操作如下：

（1）将机床的工作模式拧到手轮（MPG）模式。

（2）在手轮中选择要移动的进给轴，并选择移动一个刻度移动轴的移动量。

（3）旋转手轮的转向，向对应的方向移动刀具，手轮转动一周时刀具的移动相当于 100 个刻度的对应值。

注意：手轮进给操作时，一次只能选择一个轴的移动。手轮旋转操作时，请按每秒 5 转以下的速度旋转手轮。如果手轮旋转的速度超过了每秒 5 转，刀具有可能在手轮停止旋转后还不能停止下来或者刀具移动的距离与手轮旋转的刻度不相符。

6. 手动数据输入（MDI 模式）

在 MDI 方式中，通过 MDI 面板，可以编制最多 10 行的程序并被执行，程序的格式和普通程序一样。MDI 运行使用于简单的测试操作，如检验工件坐标位置，主轴旋转等一些简短的程序。MDI 方式中编制的程序不能被保存，运行完 MDI 上的程序后，该程序会消失。

使用 MDI 键盘输入程序并执行的操作步骤如下：

（1）将机床的工作方式设置为 MDI 方式。

（2）按下 MDI 操作面板上的"PROG"功能键选择程序屏幕。通过系统操作面板输入一段程序，例如使主轴转动程序输入：S1000 M03。

（3）按下 EOB 键，再按下 INPUT 键，则程序结束符号被输入。

（4）按循环启动按钮，则机床执行之前输入好的程序。如 S1000 M03，该程序段的意思是主轴顺时针旋转 1000r/min。

7. 程序创建和删除

（1）程序的创建。首先进入 EDIT 编辑方式，然后按下 PROG 键，输入地址键 O，输入要创建的程序号，如 O0001，最后按下"INSERT"键，输入的程序号被创建。然后再按编制好的程序输入相应的字符和数字，再按下 INPUT 键，程序段内容被输入。

（2）程序的删除。让系统处于 EDIT 方式，按下功能键"PROG"，显示程序显示画面，输入要删除的程序名：如 O0001；再按下"DELETE"键，则程序 O0001 被删除。如果要删除存储器里的所有程序则输入：O-9999，再按下"DELETE"键即可。

8. 刀具补偿参数的输入

刀具长度补偿量和刀具半径补偿量由程序中的 H 或者 D 代码指定。H 或者 D 代码的值可以显示在画面上，并借助画面上进行设定。设定和显示刀具补偿值的步骤如下：

（1）按下功能键"OFFSET/SETTING"。

（2）按下软键"OFFSET"或者多次按下"OFFSET/SETTING"键直到显示刀具补偿画面。

（3）通过页面键和光标键将光标移到要设定和改变补偿值的地方，或者输入补偿号码。

（4）要设定补偿值，输入一个值并按下软键"INPUT"。要修改补偿值，输入一个将要加到当前补偿值的值（负值将减小当前的值）并按下"+INPUT"。或者输入一个新值，并按下"INPUT"键。

```
OFFSET                    O0001 N00000
NO.     GEOM(H)   WEAR(H)    GEOM(D)    WEAR(D)
001               0.000      0.000      0.000
002     -1.000    0.000      0.000      0.000
003     0.000     0.000      0.000      0.000
004     20.000    0.000      0.000      0.000
005     0.000     0.000      0.000      0.000
006     0.000     0.000      0.000      0.000
007     0.000     0.000      0.000      0.000
008     0.000     0.000      0.000      0.000
ACTUAL POSITION (RELATIVE)
        X     0.000       Y      0.000
        Z     0.000

>
MDI **** *** ***            16:05:59
[OFFSET] [SETING] [WORK] [        ] [(OPRT)]
```

H 和 D 补偿的显示界面

9. 程序自动运行操作

机床的自动运行也称机床的自动循环。确定程序及加工参数正确无误后，选择自动加工模式，按下数控启动键运行程序，对工件进行自动加工。程序自动运行操作如下：

（1）按下"PROG"键显示程序屏幕。

（2）按下地址键"O"以及用数字键输入要运行的程序号，并按下"O SRH"键。

（3）按下机床操作面板上的循环启动键（CYCLE START）。所选择的程序会启动自动运行，启动键的灯会亮。当程序运行完毕后，指示灯会熄灭。

在中途停止或者暂停自动运行时，可以按下机床控制面板上的暂停键（FEED HOLD），暂停进给指示灯亮，并且循环指示灯熄灭。执行暂停自动运行后，如果要继续自动执行该程序，则按下循环启动键（CYCLE START），机床会接着之前的程序继续运行。

要终止程序的自动运行操作时，可以按下 MDI 面板上的"RESET"键，此时自动运行被终止，并进入复位状态。当机床在移动过程中，按下复位键"RESET"时，机床会减速直到停止。

（三）刀具的安装

1. 刀柄

数控铣床/加工中心上用的立铣刀和钻头大多采用弹簧夹套装夹方式安装在刀柄上，刀柄由主柄部、弹簧夹套、夹紧螺母组成。

刀柄的结构

2. 铣刀的装夹顺序

（1）把弹簧夹套装置在夹紧螺母里。

（2）将刀具放进弹簧夹套里。

（3）将前面做的刀具整体放到与主刀柄配合的位置上并用扳手将夹紧螺母拧紧使刀具夹紧。

（4）将刀柄安装到机床的主轴上。

由于铣刀使用时处于悬臂状态，在铣削加工过程中，有时可能出现立铣刀从刀夹中逐渐伸出，甚至完全掉落，致使工件报废的现象，其原因一般是刀夹内孔与立铣刀刀柄外径之间存在油膜，造成夹紧力不足所致。立铣刀出厂时通常都涂有防锈油，如果切削时使用非水溶性切削油，弹簧夹套内孔也会附着一层雾状油膜，当刀柄和弹簧夹套上都存在油膜时，弹簧夹套很难牢固夹紧刀柄，在加工中立铣刀就容易松动掉落。所以在立铣刀装夹前，应先将立铣刀柄部和弹簧夹套内孔用清洗液清洗干净，擦干后再进行装夹。

当立铣刀的直径较大时，即使刀柄和刀夹都很清洁，还是可能发生掉刀事故，这时应选用带削平缺口的刀柄和相应的侧面锁紧方式。

立铣刀夹紧后可能出现的另一问题是加工中立铣刀在刀夹端口处折断，其原因一般是因为刀夹使用时间过长，刀夹端口部已磨损成锥形。

（四）对刀

在加工程序执行前，调整每把刀的刀位点，使其尽量重合某一理想基准点，这一过程称为对刀。对刀的目的是通过刀具或对刀工具确定工件坐标系与机床坐标系之间的空间位置关系，并将对刀数据输入到相应的存储位置。它是数控加工中最重要的工作内容，其准确性将直接影响零件的加工精度。对刀作分为 X、Y 向对刀和 Z 向对刀。

1. 对刀方法

根据现有条件和加工精度要求选择对刀方法，可采用试切法、寻边器对刀、机内对刀仪对刀、自动对刀等。其中试切法对刀精度较低，加工中常用寻边器和 Z 向设定器对刀，效率高，能保证对刀精度。

2. 对刀工具

（1）寻边器。寻边器主要用于确定工件坐标系原点在机床坐标系中的 X、Y 值，也可以测量工件的简单尺寸。寻边器有偏心式和光电式等类型，其中以偏心式较为常用。偏心式寻边器的测头一般为 10mm 和 4mm 两种圆柱体，用弹簧拉紧在偏心式寻边器的测杆上。光电式寻边器的测头一般为 10mm 的钢球，用弹簧拉紧在光电式寻边器的测杆上，碰到工件时可以退让，并将电路导通，发出光信号。通过光电式寻边器的指示和机床坐标位置可得到被测表面的坐标位置。

（2）Z 轴设定器。Z 轴设定器主要用于确定工件坐标系原点在机床坐标系的 Z 轴坐标，或者说是确定刀具在机床坐标系中的高度。

Z 轴设定器有光电式和指针式等类型。通过光电指示或指针判断刀具与对刀器是否接触，对刀精度一般可达 0.005mm。Z 轴设定器带有磁性表座，可以牢固地附着在工件或夹具上，其高度一般为 50mm 或 100mm。

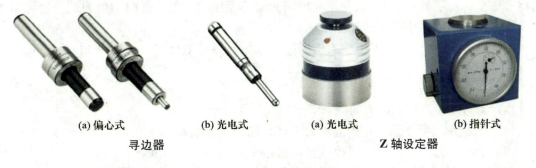

(a) 偏心式　　　　(b) 光电式　　　　(a) 光电式　　　　(b) 指针式

寻边器　　　　　　　　　　　　　　Z 轴设定器

3. 对刀实例

以精加工过的零件毛坯，采用寻边器对刀，其详细步骤如下：

（1）X，Y 向对刀。

1）将工件通过夹具装在机床工作台上，装夹时，工件的四个侧面都应留出寻边器的测量位置。

2）快速移动工作台和主轴，让寻边器测头靠近工件的左侧。

3）改用手轮操作，让测头慢慢接触到工件左侧，直到目测寻边器的下部侧头与上固定端重合，将机床坐标设置为相对坐标值显示，按 MDI 面板上的按键 X，然后按下 IN-PUT，此时当前位置 X 坐标值为 0。

4）抬起寻边器至工件上表面之上，快速移动工作台和主轴，让测头靠近工件右侧。

5）改用手轮操作，让测头慢慢接触到工件右侧，直到目测寻边器的下部侧头与上固定端重合，记下此时机械坐标系中的 X 坐标值，若测头直径为 10mm，则坐标显示为 110.000。

6）提起寻边器，然后将刀具移动到工件的 X 中心位置，中心位置的坐标值 110.000 ÷ 2 = 55，然后按下 X 键，再按 INPUT 键，将坐标设置为 0，查看并记下此时机械坐标系中的 X 坐标值。此值为工件坐标系原点 W 在机械坐标系中的 X 坐标值。

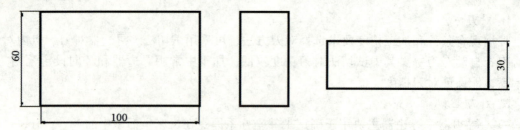

100×60×30 的毛坯

7）同理可测得工件坐标系原点 W 在机械坐标系中的 Y 坐标值。

（2）Z 向对刀。

1）卸下寻边器，将加工所用刀具装上主轴。

2）准备一支直径为 10mm 的刀柄（用以辅助对刀操作）。

3）快速移动主轴，让刀具端面靠近工件上表面低于 10mm，即小于辅助刀柄直径。

4）改用手轮微调操作，使用辅助刀柄在工件上表面与刀具之间的地方平推，一边用手轮微调 Z 轴，直到辅助刀柄刚好可以通过工件上表面与刀具之间的空隙，此时的刀具断面到工件上表面的距离为一把辅助刀柄的距离（10mm）。

5）在相对坐标值显示的情况下，将 Z 轴坐标"清零"，将刀具移开工件正上方，然后将 Z 轴坐标向下移动 10mm，记下此时机床坐标系中的 Z 值，此时的值为工件坐标系原点 W 在机械坐标系中的 Z 坐标值。

（3）将测得的 X、Y、Z 值输入机床工件坐标系存储地址中（一般使用 G54 – G59 代码存储对刀参数）。

4. 注意事项

在对刀过程中需注意以下问题：

（1）根据加工要求采用正确的对刀工具，控制对刀误差。

（2）在对刀过程中，可通过改变微调进给量来提高对刀精度。

（3）对刀时需小心谨慎，尤其要注意移动方向，避免发生碰撞危险。

（4）对 Z 轴时，微量调节的时候一定要使 Z 轴向上移动，避免向下移动使刀具、辅助刀柄和工件相碰撞，造成损坏刀具，甚至出现危险。

（5）对刀数据一定要存入与程序对应的存储地址，防止因调用错误而产生严重后果。

5. 刀具补偿值的输入和修改

根据刀具的实际尺寸和位置，将刀具半径补偿值和刀具长度补偿值输入到与程序对应的存储位置。

需注意的是，补偿的数据正确性、符号正确性及数据所在地址正确性都将威胁到加工，从而导致撞车危险或加工报废。

思考与练习

（1）数控铣床分为哪几类？

（2）数控铣床加工有哪些特点？

（3）利用课余时间，用白纸制作一张机床操作面板，考考自己能记住多少个按键的英文和对应的中文。

（4）试写出控制面板的操作顺序。

第四单元

机电技术应用专业

认识专业

一、概述

机电技术应用是培养德、智、体、美、劳等全面发展，从事机电设备使用、维护、维修、设备的管理与设计等工作，具有综合职业能力的初、中级技术人才的专业。本专业学制三年，其中，在校学习两年，带资顶岗实习一年。

二、培养目标

本专业培养具备从事机电技术必需的理念知识和综合职业能力的机电设备、自动化设备和生产线的运行与维护人员。

三、主要专业课程

机械制图、机械基础、电工电子技术及应用、电焊技术、机电设备概论、液压与气压传动、电器及 PLC 控制技术、微机控制技术及应用、传感器及应用、自动化设备及生产线调试与维修、工厂供电、制冷技术等。

四、考取资格证

电工上岗证、中级维修电工证、中级电焊证。

五、就业去向

从事机电设备、自动化设备和生产线的安装、调试、运行、维修与检测工作，也可从事机电产品的营销与技术服务等与机电技术应用相关的工作。

六、专业发展前景

随着我国的市场开放，国际公司来华投资办厂和我国国内企业的发展和技术设备的不断更新，急需大量具有一定专业技术和较强动手能力的技术人员和设备维修管理人员，充实到生产第一线，制造现代化的机器设备，管理现代化的机器设备。

七、升学和就业案例

（一）升学

龚绍吉（乐业县人），2015 年毕业于田东职业技术学校机电专业，同年考取广西机电技术职业学院。

林元慧（田林县人），2016 年毕业于田东职业技术学校机电专业，同年考取广西电力职业技术学院。

凌海级、何忠正（田东县人），2016 年毕业于田东职业技术学校机电专业，同年考取广西工业职业技术学院。

李诚恩（田林县人）、区楚华（贵港市人），2016 年毕业于田东职业技术学校机电专业，同年考取广西农业职业技术学院。

向怀志（田林县人），2016 年毕业于田东职业技术学校机电专业，同年考取柳州城市职业学院。

（二）就业

黄居德（田东祥周人），2007 年毕业于田东职业技术学校机电专业，现于祥周镇街道开电动机维修部。

李耀鲜（田东思林镇人），2008 年毕业于田东职业技术学校机电专业，现就职于广东京滨大洋冷暖工业（大连）有限公司佛山分公司。

欧阳兆革（田东那拔镇人），2008 年毕业于田东职业技术学校机电专业，现为田东中信大锰厂电工。

黄承福（田东思林人），2012 年毕业于田东职业技术学校机电专业，现为田东锦升钙业有限公司电工。

农常炼（田东思林镇人），2012 年毕业于田东职业技术学校机电专业，现于广东深圳市新德针织厂做电工。

陆高位（百色右江区人），2015 年毕业于田东职业技术学校机电专业，现就职于百色电力公司。

农智、何丽萍（田东县人），2015 年毕业于田东职业技术学校机电专业，现就职于广东兴发铝业有限公司。

家庭照明电路的安装与检测

任务一　常用电工工具及仪表的使用

一、常用电工工具及使用

（一）试电笔

使用试电笔时，必须手指触及笔尾的金属部分，并使氖管小窗背光且朝自己，以便观测氖管的亮暗程度，防止因光线太强造成误判断。

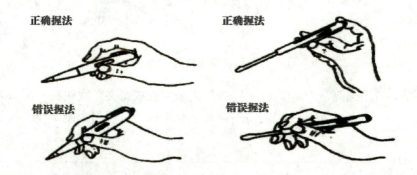

正确握法　　　　　　　　　**正确握法**

错误握法　　　　　　　　　**错误握法**

试电笔的使用方法

当用电笔测试带电体时，电流经带电体、电笔、人体及大地形成通电回路，只要带电体与大地之间的电位差超过 60V 时，电笔中的氖管就会发光。低压验电器检测的电压范围是 60V～500V。

注意事项：

（1）验电时，手指必须触及笔尾的金属体，否则带电体也会误判为非带电体。

（2）验电时，要防止手指触及笔尖的金属部分，以免造成触电事故。

（二）电工刀

（1）在使用电工刀时，不得用于带电作业，以免触电。

（2）应将刀口朝外剖削，并注意避免伤及手指。

（3）剖削导线绝缘层时，应使刀面与导线成较小的锐角，以免割伤导线。

（4）使用完毕，随即将刀身折进刀柄。

（三）螺丝刀

（1）螺丝刀较大时，除大拇指、食指和中指要夹住握柄外，手掌还要顶住柄的末端以防旋转时滑脱。

（2）螺丝刀较小时，用大拇指和中指夹住握柄，同时用食指顶住柄的末端用力旋动。

（3）螺丝刀较长时，用右手压紧手柄并转动，同时左手握住起子的中间部分（不可放在螺钉周围，以免将手划伤），以防止起子滑脱。

注意事项：

（1）带电作业时，手不可触及螺丝刀的金属杆，以免发生触电事故。

（2）作为电工，不应使用金属杆直通握柄顶部的螺丝刀。

（3）为防止金属杆触到人体或邻近带电体，金属杆应套上绝缘管。

（四）钢丝钳

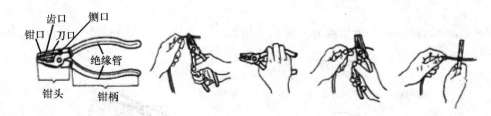

钢丝钳的使用

钢丝钳在电工作业时，用途广泛。钳口可用来弯绞或钳夹导线线头；齿口可用来紧固或起松螺母；刀口可用来剪切导线或钳削导线绝缘层；侧口可用来铡切导线线芯、钢丝等较硬线材。

注意事项：

（1）使用前，应检查钢丝钳绝缘是否良好，以免带电作业时造成触电事故。

（2）在带电剪切导线时，不得用刀口同时剪切不同电位的两根线（如相线与零线、相线与相线等），以免发生短路事故。

（五）尖嘴钳

尖嘴钳因其头部尖细，适用于在狭小的工作空间操作。尖嘴钳可用来剪断较细小的导线；可用来夹持较小的螺钉、螺帽、垫圈、导线等；也可用来对单股导线整形（如平直、弯曲等）。若使用尖嘴钳带电作业，应检查其绝缘是否良好，并在作业时金属部分不要触及人体或邻近的带电体。

（六）剥线钳

尖嘴钳

剥线钳

剥线钳是专用于剥削较细小导线绝缘层的工具，使用剥线钳剥削导线绝缘层时，先将要剥削的绝缘长度用标尺定好，然后将导线放入相应的刃口中（比导线直径稍大），再用手将钳柄一握，导线的绝缘层即被剥离。

二、常用电工仪表及使用

（一）模拟式万用表

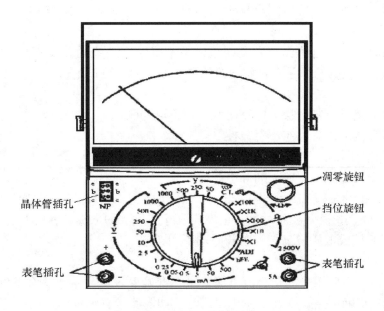

MF－47 型万用表面板

1. 使用前的检查与调整

（1）外观应完好无破损，当轻轻摇晃时，指针应摆动自如。

（2）旋动转换开关，应切换灵活无卡阻，挡位应准确。水平放置万用表，转动表盘指针下面的机械调零螺丝，使指针对准标度尺左边的 O 位线。

（3）测量电阻前应进行电调零（每换挡一次，都应重新进行电调零）。即将转换开关置于欧姆挡的适当位置，两支表笔短接，旋动欧姆调零旋钮，使指针对准欧姆标度尺右边的 O 位线。如指针始终不能指向 O 位线，则应更换电池。

（4）检查表笔插接是否正确。黑表笔应接"－"极或"＊"插孔，红表笔应接"＋"极插孔。

（5）检查测量机构是否有效，即应用欧姆挡，短时碰触两表笔，指针应偏转灵敏。

2. 直流电阻的测量

（1）断开被测电路的电源及连接导线。若带电测量，将损坏仪表；若在路测量，将影响测量结果。

（2）合理选择量程挡位，以指针居中或偏右为最佳。测量半导体器件时，不应选用 R×1 挡和 R×10K 挡。

（3）测量时表笔与被测电路应接触良好；双手不得同时触至表笔的金属部分，以防将人体电阻并入被测电路造成误差。

（4）正确读数并计算出实测值。

（5）切不可用欧姆挡直接测量微安表头、检流计、电池内阻。

3. 电压的测量

（1）测量电压时，表笔应与被测电路并联。

（2）测量直流电压时，应注意极性。若无法区分正、负极，则先将量程选在较高挡位，用表笔轻触电路，若指针反偏，则调换表笔。

（3）合理选择量程。若被测电压无法估计，先应选择最大量程，视指针偏摆情况再作调整。

（4）测量时应与带电体保持安全间距，手不得触至表笔的金属部分。测量高电压时（500V～2500V），应戴绝缘手套且站在绝缘垫上使用高压测试笔进行。

4. 电流的测量

（1）测量电流时，应与被测电路串联，切不可并联。

（2）测量直流电流时，应注意极性。

（3）合理选择量程。

（4）测量较大电流时，应先断开电源再撤表笔。

注意事项：①测量过程中不得换挡。②读数时，应三点成一线（眼睛、指针、指针在刻度中的影子）。③根据被测对象，正确读取标度尺上的数据。④测量完毕应将转换开关置空挡或 OFF 挡或电压最高挡。若长时间不用，应取出内部电池。

（二）钳形表

钳形表的最基本使用是测量交流电流，虽然准确度较低（通常为 2.5 级或 5 级），但因在测量时无须切断电路，因而使用仍很广泛。如需测量直流电流，则应选用交直流两用钳形表。

1. 使用方法

使用钳形表测量前，应先估计被测电流的大小以合理选择量程。使用钳形表时，被测载流导线应放在钳口内的中心位置，以减小误差；钳口的结合面应保持接触良好，若有明显噪声或表针振动厉害，可将钳口重新开合几次或转动手柄；在测量较大电流后，为减小剩磁对测量结果的影响，应立即测量较小电流，并把钳口开合数次；测量较小电流时，为使该数较准确，在条件允许的情况下，可将被测导线多绕几圈后再放进钳口进行测量（此时的实际电流值应为仪表的读数除以导线的圈数）。

被测导线

次级线圈

手柄

钳形表

使用时，将量程开关转到合适位置，手持胶木手柄，用食指勾紧铁心开关，便于打开铁芯。将被测导线从铁芯缺口引入到铁芯中央，然后放松食指，铁芯即自动闭合。被测导线的电流在铁芯中产生交变磁通，表内感应出电流，即可直接读数。在较小空间内（如配电箱等）测量时，要防止因钳口的张开而引起相间短路。

2. 注意事项

（1）使用前应检查外观是否良好，绝缘有无破损，手柄是否清洁、干燥。

（2）测量时应戴绝缘手套或干净的线手套，并注意保持安全间距。

（3）测量过程中不得切换挡位。

（4）钳形电流表只能用来测量低压系统的电流，被测线路的电压不能超过钳形表所规定的使用电压。

（5）每次测量只能钳入一根导线。

（6）若不是特别必要，一般不测量裸导线的电流。

（7）测量完毕应将量程开关置于最大挡位，以防下次使用时，因疏忽大意而造成仪表的意外损坏。

 思考与练习

（1）利用试电笔辨别出电工实训台上的电源插座孔哪个是相线（火线），哪个是中性线（零线）。

（2）万用表的用途很多，请正确使用万用表测出下面的物理量，并记录下来。

自己的左手与右手间的电阻	实训台上 U、V 相间电压	实训台上 V、W 相间电压	实训台上 U、N 相间电压

任务二 导线的连接及绝缘恢复

一、导线连接的基本要求

导线连接是电工作业的一项基本工序，也是一项十分重要的工序。导线连接的质量直接关系到整个线路能否安全可靠地长期运行。对导线连接的基本要求是：连接牢固可靠、接头电阻小、机械强度高、耐腐蚀耐氧化、电气绝缘性能好。

二、常用连接方法

需连接的导线种类和连接形式不同，其连接的方法也不同。常用的连接方法有绞合连接、紧压连接、焊接等。连接前应小心地剥除导线连接部位的绝缘层，注意不可损伤其芯线。绞合连接是指将需连接导线的芯线直接紧密绞合在一起。铜导线常用绞合连接。

（一）连接

1. 单股铜导线的直接连接

小截面单股铜导线连接方法：先将两导线的芯线线头作 X 形交叉，再将它们相互缠绕 2~3 圈后扳直两线头，然后将每个线头在另一芯线上紧贴密绕 5~6 圈后剪去多余线头即可。大截面单股铜导线连接方法如下图所示，先在两导线的芯线重叠处填入一根相同直径的芯线，再用一根截面约 1.5mm^2 的裸铜线在其上紧密缠绕，缠绕长度为导线直径的 10 倍左右，然后将被连接导线的芯线线头分别折回，再将两端的缠绕裸铜线继续缠绕 5~6 圈后剪去多余线头即可。

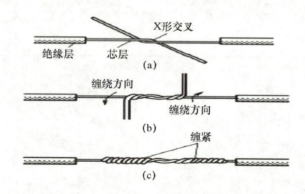

小截面单股铜导线的连接方法

不同截面单股铜导线连接方法：先将细导线的芯线在粗导线的芯线上紧密缠绕 5~6 圈，然后将粗导线芯线的线头折回紧压在缠绕层上，再用细导线芯线在其上继续缠绕 3~4 圈后剪去多余线头即可。

2. 单股铜导线的分支连接

单股铜导线的 T 字分支连接：将支路芯线的线头紧密缠绕在干路芯线上 5~8 圈后剪去多余线头即可。对于较小截面的芯线，可先将支路芯线的线头在干路芯线上打一个环绕结，再紧密缠绕 5~8 圈后剪去多余线头即可。

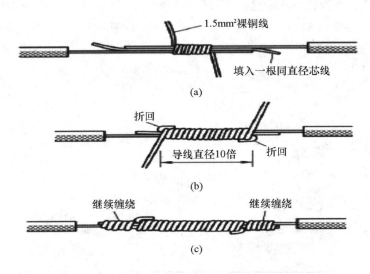

不同截面的单股铜导线的连接方法

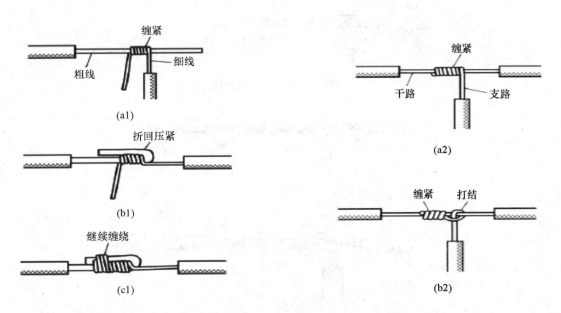

单股铜导线的分支连接方法

3. 多股铜导线的直接连接

　　首先将剥去绝缘层的多股芯线拉直，将其靠近绝缘层的约 1/3 芯线绞合拧紧，而将其余 2/3 芯线成伞状散开，另一根需连接的导线芯线也如此处理。接着将两伞状芯线相对着互相插入后捏平芯线，然后将每一边的芯线线头分作 3 组，先将某一边的第 1 组线头翘起并紧密缠绕在芯线上，再将第 2 组线头翘起并紧密缠绕在芯线上，最后将第 3 组线头翘起并紧密缠绕在芯线上。以同样方法缠绕另一边的线头。

4. 多股铜导线的分支连接

　　多股铜导线的 T 字分支连接有两种方法，一种方法是将支路芯线 90°折弯后与干路芯线并行，然后将线头折回并紧密缠绕在芯线上即可。

另一种方法是将支路芯线靠近绝缘层的约 1/8 芯线绞合拧紧，其余 7/8 芯线分为两组，一组插入干路芯线当中，另一组放在干路芯线前面，并朝右边按图（b）所示方向缠绕 4~5 圈。再将插入干路芯线当中的那一组朝左边按图（c）所示方向缠绕 4~5 圈，连接好的导线如图（d）所示。

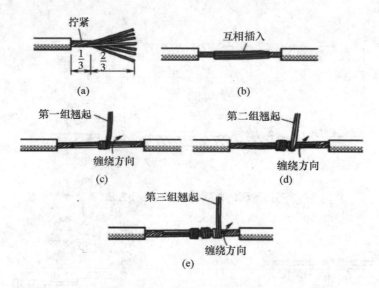

多股铜导线的直接连接方法

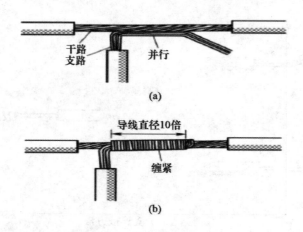

多股铜导线的 T 字分支连接（一）

5. 双芯或多芯电线电缆的连接

双芯护套线、三芯护套线或电缆、多芯电缆在连接时，应注意尽可能将各芯线的连接点互相错开位置，可以更好地防止线间漏电或短路。如图（a）所示为双芯护套线的连接情况，如图（b）所示为三芯护套线的连接情况，如图（c）所示为四芯电力电缆的连接情况。

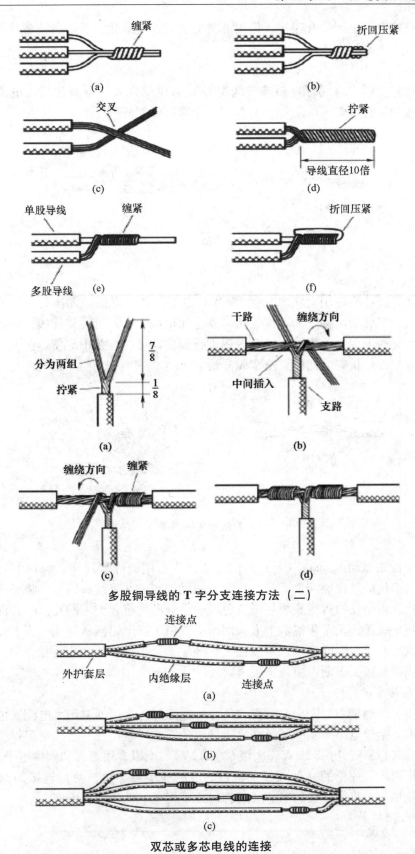

多股铜导线的 T 字分支连接方法（二）

双芯或多芯电线的连接

铝导线虽然也可采用绞合连接，但铝芯线的表面极易氧化，日久将造成线路故障，因此铝导线通常采用紧压连接。

（二）焊接

焊接是指将金属（焊锡等焊料或导线本身）熔化融合而使导线连接。电工技术中导线连接的焊接种类有锡焊、电阻焊、电弧焊、气焊、钎焊等。

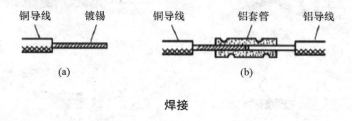

焊接

1. 铜导线接头的锡焊

较细的铜导线接头可用大功率（如150W）电烙铁进行焊接。焊接前应先清除铜芯线接头部位的氧化层和玷污物。为增加连接可靠性和机械强度，可将待连接的两根芯线先行绞合，再涂上无酸助焊剂，用电烙铁蘸焊锡进行焊接即可。焊接中应使焊锡充分熔融渗入导线接头缝隙中，焊接完成的接点应牢固光滑。

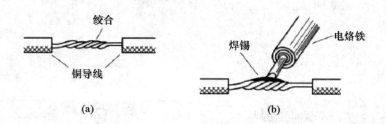

细铜导线接头的锡焊

较粗（一般指截面16mm² 以上）的铜导线接头可用浇焊法连接。浇焊前同样应先清除铜芯线接头部位的氧化层和玷污物，涂上无酸助焊剂，并将线头绞合。将焊锡放在化锡锅内加热熔化，当熔化的焊锡表面呈磷黄色说明锡液已达符合要求的高温时，即可进行浇焊。浇焊时将导线接头置于化锡锅上方，用耐高温勺子盛上锡液从导线接头上面浇下。刚开始浇焊时因导线接头温度较低，锡液在接头部位不会很好渗入，应反复浇焊，直至完全焊牢为止。浇焊的接头表面也应光洁平滑。

2. 铝导线接头的焊接

铝导线接头的焊接一般采用电阻焊或气焊。电阻焊是指用低电压大电流通过铝导线的连接处，利用其接触电阻产生的高温高热将导线的铝芯线熔接在一起。电阻焊应使用特殊的降压变压器（1kVA、初级220V、次级6V～12V），配以专用焊钳和碳棒电极。

气焊是指利用气焊枪的高温火焰，将铝芯线的连接点加热，使待连接的铝芯线相互熔融连接。气焊前应将待连接的铝芯线绞合，或用铝丝、铁丝绑扎固定。

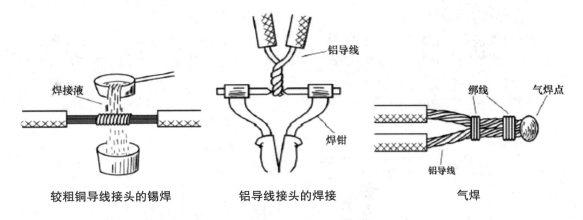

| 较粗铜导线接头的锡焊 | 铝导线接头的焊接 | 气焊 |

三、导线连接处的绝缘处理

为了进行连接，导线连接处的绝缘层已被去除。导线连接完成后，必须对所有绝缘层已被去除的部位进行绝缘处理，以恢复导线的绝缘性能，恢复后的绝缘强度应不低于导线原有的绝缘强度。

导线连接处的绝缘处理通常采用绝缘胶带进行缠裹包扎。一般电工常用的绝缘带有黄蜡带、涤纶薄膜带、黑胶布带、塑料胶带、橡胶带等。常用的绝缘胶带的宽度为20mm，使用较为方便。

（一）一般导线接头的绝缘处理

一字形连接的导线接头可先包缠一层黄蜡带，再包缠一层黑胶布带进行绝缘处理。将黄蜡带从接头左边绝缘完好的绝缘层上开始包缠，包缠两圈后进入剥除了绝缘层的芯线部分。包缠时黄蜡带应与导线成55°左右倾斜角，每圈压叠带宽的1/2［见图（b）］，直至包缠到接头右边两圈距离的完好绝缘层处。然后将黑胶布带接在黄蜡带的尾端，按另一斜叠方向从右向左包缠［见图（c）、（d）］，仍每圈压叠带宽的1/2，直至将黄蜡带完全包缠住。包缠处理中应用力拉紧胶带，注意不可稀疏，更不能露出芯线，以确保绝缘质量和用电安全。对于220V线路，也可不用黄蜡带，只用黑胶布带或塑料胶带包缠两层。在潮湿场所应使用聚氯乙烯绝缘胶带或涤纶绝缘胶带。

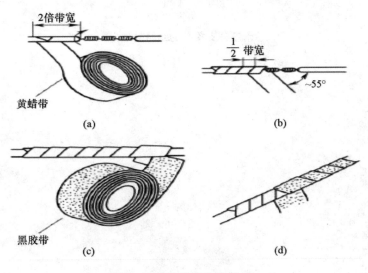

一般导线接头的绝缘处理

（二）T 字分支接头的绝缘处理

导线分支接头的绝缘处理基本方法同上，T 字分支接头的包缠方向为走一个 T 字形的来回，使每根导线上都包缠两层绝缘胶带，每根导线都应包缠到完好绝缘层的两倍胶带宽度处。

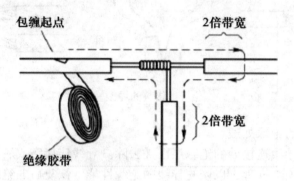

包缠起点　　　　　　　　　2倍带宽

2倍带宽

绝缘胶带

T 字分支接头的绝缘处理

（三）十字分支接头的绝缘处理

对导线的十字分支接头进行绝缘处理时，包裹方向为走一个十字形的来回，使每根导线上都包缠两层绝缘胶带，每根导线也都应包缠到完好绝缘层的两倍胶带宽度处。

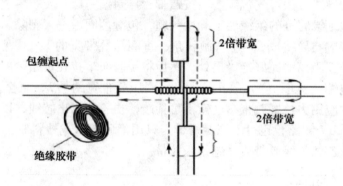

2倍带宽

包缠起点

2倍带宽

绝缘胶带

十字分支接头的绝缘处理

任务三　照明电路的安装

照明电路的组成包括电源的引入、单相电能表、漏电保护器、熔断器、插座、灯头、开关、照明灯具和各类电线及配件辅料。

一、照明开关和插座的接线

（1）照明开关是控制灯具的电气元件，起控制照明电灯的亮与灭的作用（即接通或断开照明线路）。开关有明装和安装之分，现家庭一般是暗装开关。

注意：相线（火线）进开关。

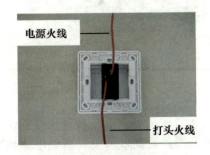

电源火线

打头火线

开关的接线

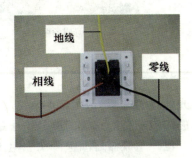

地线

相线

零线

单相三孔插座的接线

（2）根据电源电压的不同，开关和插座的接线插座可分为三相四孔插座和单相三孔或二孔插座；家庭一般都是单相插座，实验室一般要安装三相插座。根据安装形式不同，插座又可分为明装式和暗装式，现家庭一般都是暗装插座。单相两孔插座有横装和竖装两种。横装时，接线原则是左零右相；竖装时，接线原则是上相下零；单相三孔插座的接线原则是左零右相上接地。另外，在接线时也可根据插座后面的标识，L端接相线，N端接零线，E端接地线。

注意：根据标准规定，相线（火线）是红色线，零线（中性线）是黑色线，接地线是黄绿双色线。

二、照明开关和插座的安装

首先在准备安装开关和插座的地方钻孔，然后按照开关和插座的尺寸安装线盒，接着按接线要求，将盒内甩出的导线与开关、插座的面板连接好，将开关或插座推入盒内对正盒眼，用螺丝固定。固定时要使面板端正，并与墙面平齐。

(a) 安装好的开关

(b) 安装好的插座

安装好的开关和插座

三、灯座（灯头）的安装

插口灯座上的两个接线端子，可任意连接零线和来自开关的相线；但是螺口灯座上的接线端子，必须把零线连接在连通螺纹圈的接线端子上，把来自开关的相线连接在连通中心铜簧片的接线端子上。

(a) 灯座的接线   (b) 灯座的固定

灯座的安装

四、日光灯（荧光灯）的安装

日光灯的镇流器有电感镇流器和电子镇流器两种。目前，许多日光灯的镇流器都采用电子镇流器，电感镇流器逐渐被淘汰，电子镇流器具有高效节能、启动电压较宽、启动时间短（0.5s）、无噪声、无频闪等优点。

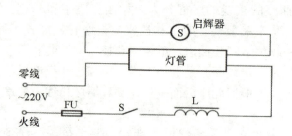

采用电感镇流器的日光灯电路接线图

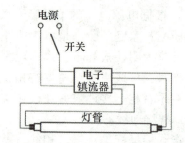

采用电子镇流器的日光灯电路接线图

日光灯的安装步骤：

（1）根据采用电子镇流器（或电感镇流器）的日光灯电路接线图将电源线接入日光灯电路中。

（2）将日光灯的灯座固定在相应位置。

（3）安装日光灯灯管。先将灯管引脚插入有弹簧一端的灯脚内并用力推入，然后将另一端对准灯脚，利用弹簧的作用力使其插入灯脚内。

五、漏电保护器（漏电断路器）的接线与安装

漏电保护器对电器设备的漏电电流极为敏感。当人体接触了漏电的用电器时，产生的漏电电流只要达到 10～30mA，就能使漏电保护器在极短的时间（如0.1s）内跳闸，切断电源，有效地防止了触电事故的发生。漏电保护器还有断路器的功能，它可以在交、直流低压电路中手动或电动分合电路。

1. 漏电保护器的接线

电源进线必须接在漏电保护器的正上方，即外壳上标有"电源"或"进线"端；出

线均接在下方，即标有"负载"或"出线"端。倘若把进线、出线接反了，将会导致保护器动作后烧毁线圈或影响保护器的接通、分断能力。

2. 漏电保护器的安装

（1）漏电保护器应安装在进户线截面较小的配电盘上或照明配电箱内。安装在电度表之后，熔断器之前。

（2）所有照明线路导线（包括中性线在内），均必须通过漏电保护器，且中性线必须与地绝缘。

（3）应垂直安装，倾斜度不得超过5°。

（4）安装漏电保护器后，不能拆除单相闸刀开关或熔断器等。这样一是维修设备时有一个明显的断开点；二是在刀闸或熔断器起着短路或过负荷保护作用。

漏电保护器的接线

配电盘上的漏电保护器

六、熔断器的安装

低压熔断器广泛用于低压供配电系统和控制系统中，主要用作电路的短路保护，有时也可用于过负载保护。常用的熔断器有瓷插式、螺旋式、无填料封闭式和有填料封闭式。使用时串联在被保护的电路中，当电路发生短路故障，通过熔断器的电流达到或超过某一规定值时，熔断器以其自身产生的热量使熔体熔断，从而自动分断电路，起到保护作用。

熔断器的安装要点：

（1）安装熔断器时必须在断电情况下操作。

（2）安装位置及相互间距应便于更换熔件。

（3）应垂直安装，并应能防止电弧飞溅在邻近带电体上。

低压熔断器及接线

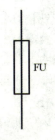

FU

低压熔断器的符号

（4）螺旋式熔断器在接线时，为了更换熔断管的安全，下接线端应接电源，而连螺口的上接线端应接负载。

（5）瓷插式熔断器安装熔丝时，熔丝应顺着螺钉旋紧方向绕过去，同时注意不要划伤熔丝，也不要把熔丝绷紧，以免减小熔丝截面尺寸或拉断熔丝。

（6）有熔断指示的熔管，其指示器方向应装在便于观察侧。

（7）更换熔体时应切断电源，并应换上相同额定电流的熔体，不能随意加大熔体。

（8）熔断器应安装在线路的各相线（火线）上，在三相四线制的中性线上严禁安装熔断器；单相二线制的中性线上应安装熔断器。

单相电能表的接线

七、单相电能表（电度表）的安装

（一）单相电能表的接线

单相电能表接线盒里共有四个接线桩，从左至右按1、2、3、4编号。直接接线方法是按编号1、3接进线（1接相线，3接零线），2、4接出线（2接相线，4接零线）。

注意：在接线时，应以电能表接线盒盖内侧的线路图为准。

（二）电能表的安装要点

（1）电能表应安装在箱体内或涂有防潮漆的木制底盘、塑料底盘上。

（2）为确保电能表的精度，安装时表的位置必须与地面保持垂直，其垂直方向的偏移不大于1°。表箱的下沿离地高度应在1.7~2m，暗式表箱下沿离地1.5m左右。

（3）单相电能表一般应装在配电盘的左边或上方，而开关应装在右边或下方。与上、下进线间的距离大约为80mm，与其他仪表左右距离大约为60mm。

（4）电能表的安装部位，一般应在走廊、门厅、屋檐下，切忌安装在厨房、厕所等潮湿或有腐蚀性气体的地方。现住宅多采用集表箱安装在走廊。

（5）电能表的进线出线应使用铜芯绝缘线，线芯截面不得小于1.5mm。接线要牢固，但不可焊接，裸露的线头部分，不可露出接线盒。

（6）由供电部门直接收取电费的电能表，一般由其指定部门验表，然后由验表部门在表头盒上封铅封或塑料封，安装完后，再由供电局直接在接线桩头盖上或计量柜门封上铅封或塑料封。未经允许，不得拆掉铅封。

八、照明电路安装要求

（一）照明电路安装的技术要求

（1）灯具安装的高度，室外一般不低于3m，室内一般不低于2.5m。

（2）照明电路应有短路保护。照明灯具的相线必须经开关控制，螺口灯头中心触应接相线，螺口部分与零线连接。不准将电线直接焊在灯泡的接点上使用。绝缘损坏的螺口灯头不得使用。

（3）室内照明开关一般安装在门边便于操作的位置，拉线开关一般应离地2~3m，暗装翘板开关一般离地1.3m，与门框的距离一般为0.15~0.20m。

（4）明装插座的安装高度一般应离地1.3~1.5m。暗装插座一般应离地0.3m，同一场所暗装的插座高度应一致，其高度相差一般应不大于5mm，多个插座成排安装时，其高度应不大于2mm。

（5）照明装置的接线必须牢固，接触良好，接线时，相线和零线要严格区别，将零线接灯头上，相线须经过开关再接到灯头。

（6）应采用保护接地（接零）的灯具金属外壳，要与保护接地（接零）干线连接完好。

（7）灯具安装应牢固，灯具质量超过3kg时，必须固定在预埋的吊钩或螺栓上。软线吊灯的重量限于1kg以下，超过时应加装吊链。固定灯具需用接线盒及木台等配件。

（8）照明灯具须用安全电压时，应采用双圈变压器或安全隔离变压器，严禁使用自耦（单圈）变压器。安全电压额定值的等级为42V、36V、24V、12V、6V。

（9）灯架及管内不允许有接头。

（10）导线在引入灯具处应有绝缘保护，以免磨损导线的绝缘，也不应使其承受额外的拉力；导线的分支及连接处应便于检查。

（二）照明电路安装的具体要求

（1）布局。根据设计的照明电路图，确定各元器件安装的位置，要求符合要求，布局合理，结构紧凑，控制方便，美观大方。

（2）固定器件。将选择好的器件固定在网板上，排列各个器件时必须整齐。固定的时候，先对角固定，再两边固定。要求元器件固定可靠，牢固。

（3）布线。先处理好导线，将导线拉直，消除弯、折，布线要横平竖直，整齐，转弯成直角，并做到高低一致或前后一致，少交叉，应尽量避免导线接头。多根导线并拢平行走。而且在走线的时候牢记"左零右火"的原则（即左边接零线，右边接火线）。

（4）接线。由上至下，先串后并；接线正确，牢固，各接点不能松动，敷线平直整齐，无漏铜、反圈、压胶，每个接线端子上连接的导线根数一般不超过两根，绝缘性能好，外形美观。红色线接电源火线（L），黑色线接零线（N），黄绿双色线专作地线（PE）；火线过开关，零线一般不进开关；电源火线进线接单相电能表端子"1"，电源零线进线接端子"3"，端子"2"为火线出线，端子"4"为零线出线。进出线应合理汇集在端子排上。

（5）检查线路。用肉眼观看电路，看有没有接出多余线头。参照设计的照明电路安装图检查每条线是否严格按要求来接，每条线有没有接错位，注意电能表有无接反，漏电保护器、熔断器、开关、插座等元器件的接线是否正确。

（6）通电。送电由电源端开始往负载依次顺序送电，先合上漏电保护器开关，然后合上控制白炽灯的开关，白炽灯正常发亮；合上控制日光灯开关，日光灯正常发亮；插座可以正常工作，电能表根据负载大小决定表盘转动快慢，负荷大时，表盘就转动快，用电就多。

（7）故障排除。操作各功能开关时，若不符合要求，应立即停电，判断照明电路的故障，可以用万用表欧姆挡检查线路，要注意人身安全和万用表挡位。

九、照明电路的常见故障

常见故障主要有断路、短路和漏电三种。

（一）断路

相线、零线均可能出现断路。断路故障发生后，负载将不能正常工作。三相四线制供电线路负载不平衡时，如零线断线会造成三相电压不平衡，负载大的一相电压低，负载小的一相电压增高，如负载是白炽灯，则会出现一相灯光暗淡，而接在另一相上的灯又变得很亮，同时零线断路负载侧将出现对地电压。

产生断路的原因：主要是熔丝熔断、线头松脱、断线、开关没有接通、铝线接头腐蚀等。

断路故障的检查：如果一个灯泡不亮而其他灯泡都亮，应首先检查是否灯丝烧断；若灯丝未断，则应检查开关和灯头是否接触不良、有无断线等。为了尽快查出故障点，可用验电器测灯座（灯头）的两极是否有电，若两极都不亮说明相线断路；若两极都亮（带灯泡测试），说明中性线（零线）断路；若一极亮一极不亮，说明灯丝未接通。对于日光灯来说，应对启辉器进行检查。如果几盏电灯都不亮，应首先检查总保险是否熔断或总闸是否接通，也可按上述方法及验电器判断故障。

（二）短路

短路故障表现为熔断器熔丝爆断；短路点处有明显烧痕、绝缘碳化，严重的会使导线绝缘层烧焦甚至引起火灾。

造成短路的原因：①用电器具接线不好，以致接头碰在一起。②灯座或开关进水，螺口灯头内部松动或灯座顶芯歪斜碰及螺口，造成内部短路。③导线绝缘层损坏或老化，并在零线和相线的绝缘处碰线。

当发现短路打火或熔丝熔断时应先查出发生短路的原因，找出短路故障点，处理后更换保险丝，恢复送电。

（三）漏电

漏电不但造成电力浪费，还可能造成人身触电伤亡事故。

产生漏电的原因：主要有相线绝缘损坏而接地、用电设备内部绝缘损坏使外壳带电等。

漏电故障的检查：漏电保护装置一般采用漏电保护器。当漏电电流超过整定电流值时，漏电保护器动作切断电路。若发现漏电保护器动作，则应查出漏电接地点并进行绝缘处理后再通电。照明线路的接地点多发生在穿墙部位和靠近墙壁或天花板等部位。查找接地点时，应注意查找这些部位。

（1）判断是否漏电。在被检查建筑物的总开关上接一只电流表，接通全部电灯开关，取下所有灯泡，进行仔细观察。若电流表指针摇动，则说明漏电。指针偏转的多少，取决于电流表的灵敏度和漏电电流的大小。若偏转多则说明漏电大，确定漏电后可按下一步继续进行检查。

（2）判断漏电类型。是火线与零线间的漏电，还是相线与大地间的漏电，或者两者兼而有之。以接入电流表检查为例，切断零线，观察电流的变化：电流表指示不变，是相线与大地之间漏电；电流表指示为零，是相线与零线之间的漏电；电流表指示变小但不为零，则表明相线与零线、相线与大地之间均有漏电。

（3）确定漏电范围。取下分路熔断器或拉下开关刀闸，电流表若不变化，则表明是总线漏电；电流表指示为零，则表明是分路漏电；电流表指示变小但不为零，则表明总线与分路均有漏电。

（4）找出漏电点。按前面介绍的方法确定漏电的分路或线段后，依次拉断该线路灯具的开关，当拉断某一开关时，电流表指针回零或变小，若回零则是这一分支线漏电，若变小则除该分支漏电外还有其他漏电处；若所有灯具开关都拉断后，电流表指针仍不变，则说明是该段干线漏电。

（1）设计一照明电路，控制要求如下：一个开关控制一盏白炽灯，电路中须安装一插座，但插座不受开关控制。

（2）设计一照明电路，要求两个开关控制一盏灯。

（3）按照下面的家庭电路原理图进行电路安装。

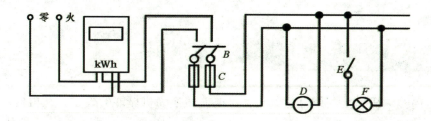

电动机及使用

电动机简称电机，是利用电能做功，将电能转换为机械能的设备。在机械、冶金、石油、煤炭、化学、航空、交通、农业、国防、文教、医疗、日常生活中（现代化的家电工业），电动机都起着不可或缺的作用。本节主要介绍电动机的分类、结构及铭牌和型号。

一、电动机的种类

1. 按结构特点分类

电动机 $\begin{cases} \text{变压器} \\ \text{旋转电动机} \begin{cases} \text{直流电动机} \\ \text{交流电动机} \begin{cases} \text{异步电动机} \\ \text{同步电动机} \end{cases} \end{cases} \end{cases}$

2. 按工作电源的不同分类

电动机 $\begin{cases} \text{直流电动机} \\ \text{交流电动机} \begin{cases} \text{单相电动机} \\ \text{三相电动机} \end{cases} \end{cases}$

3. 按功能的不同分类

按功能不同可分为电动机、发电控制电机和变压器。

二、电动机的结构

电动机的种类较多，不同的电动机结构也有所不同，但基本上是由静止和转动两大部分组成。

三相异步电动机由定子和转子两大部分组成。其中静止的部分为定子，旋转的部分为转子。定子和转子之间，留有相对运动所必需的空隙。

（一）定子

定子可分为定子铁心、定子绕组、机座及端盖等几个部分组成。定子铁心是异步电动机主磁通磁路的一部分。它一般是由 0.5mm 厚的导磁性能良好的硅钢片叠压成的圆筒形铁芯，硅钢片表面涂有绝缘漆，作用是可能使片与片之间相互绝缘，这样可以减小铁心的

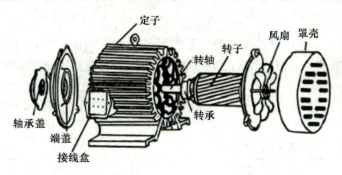

三相鼠笼异步电动机的结构

涡流损耗。而在定子铁心的内圆上冲有均匀分布的槽口，可以用来嵌放三相 Y 对称定子绕组。

定子绕组由带绝缘的铜线制成，它是电动机的电路部分，按一定的规律连接成三组独立的绕组，并且在定子铁芯中对称分布，可以称为三相对称绕组。三相绕组的 6 个引出端分别接至机座外侧接线盒的 6 个接线端子上，每相对称绕组的首、末两端分别标记为 U1、V1、W1；U2、V2、W2，根据电动机额定电压及三相电源电压的具体情况三相绕组可以接成星形（Y）或三角形（△）。

（二）转子

转子主要分为转子铁心、转子绕组和转轴等几部分。其中的转子铁心是电动机磁路的一部分，由 0.5mm 厚的硅钢片叠压而成，其整个铁心呈圆柱状，外圆表面均匀分布的槽口可以用来嵌放转子绕组。转子铁心是直接安装在转轴上的。转子铁心冲片，根据构造不同可以分为绕线式电动机和鼠笼式电动机两种。但是由于绕线式异步电动机的结构异常复杂，在此仅介绍鼠笼式电动机。

鼠笼式电动机转子绕组是将铜条嵌入在转子铁心的每个槽内作导体，分别焊接两个铜环到铜条的两端上形成闭合回路。铜条和铜环构成的绕组。由于形状像笼子，因此，被称为笼形电动机。

转轴一般由中碳钢制成，主要是用来支撑转子和传递力矩，保证有足够的机械强度和刚度。

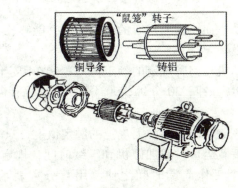

转子

此外，还有端盖、轴承盖、轴承、接线盒、吊环、风罩和风扇等其他组成部分。

三、铭牌和型号

以三相异步电动机为例，在异步电动机的机座外侧是它的铭牌，上面标有这台电动机的使用条件、型号、额定运行数据等。只有了解了其铭牌上的数据，才能正确选择和使用异步电动机。铭牌如表 4 – 1 所示。

表 4 – 1　铭牌

三相异步电动机					
型号	Y90L – 4	电压	380V	接法	Y
容量	1.5kW	电流	3.7A	工作方式	连续
转速	1400r/min	功率因数	0.79	温升	90℃
频率	50Hz	绝缘等级	B	出厂年月	×年×月
×××电机厂		产品编号		重量	kg

（1）额定电压（380V）。电动机在额定运行时，输入定子三相绕组的线电压。单位为伏特，符号为 V。当铭牌上有两个电压数据时，分别表示定子绕组在两种不同接法时的线电压。

（2）额定功率或容量（1.5kW）。电动机在额定运行时，转轴输出的机械功率，单位为瓦或千瓦，符号为 W 或 kW。

（3）额定转速（1400r/min）。电动机在额定运行时的转速，单位为转/分钟，符号为 r/min。

（4）额定频率（50Hz）。额定运行情况下电动机所接交流源的频率，单位为赫兹，符号为 Hz。

（5）额定电流（3.7A）。电动机在额定运行时，定子三相绕组线电流的大小，单位为安培，符号为 A。当铭牌上标有两个电流数据时，分别表示定子绕组在两种不同接法时的线电流。

（6）工作方式或定额（连续）。工作制是说明能承受负载的情况，根据电动机的运行情况，分为多种工作制。连续工作制、短时工作制和继续周期工作制三种基本的工作制，是用户选择电动机的重要方面。

连续工作制是指该电动机在铭牌上规定的额定值下，能够长时间连续运行。适用于水泵、鼓风机等恒定负载的设备。

短时工作制是指该电动机在铭牌规定的额定值下，能在限定时间内短时运行。规定的标准短时持续时间定额有 10 分钟、30 分钟、60 分钟和 90 分钟四种。适用于转炉倾炉装置及闸门等的驱动。

继续周期工作制是指该电动机在铭牌上规定的额定值上，只能断续周期性地运行。一个工作周期为电动机恒定负载运行时间加停机和继续时间，规定为 10 分钟。负载持续率（额定负载持续时间与一个工作周期时间之比，用百分数表示）规定的标准有 15%、25%、40% 及 60% 四种。适用于升降机、起重机等负载设备。

（7）接法（Y）。电动机的接法为星形联接方法，一般三相异步电动机有星星形（Y）联接和三角形（△）联接两种。

（8）绝缘等级（B级）。电动机所使用绝缘材料的耐热等级。具体为：B级绝缘的允许极限温度为130℃；E级绝缘的允许极限温度为120℃；F级绝缘的允许极限温度为155℃。

（9）温升（90℃）。电动机额定运行时的极限温度。

（10）型号及含义。

Y90L—4

Y——异步电动机

90——中心高度为90mm

L——长机座（中机座为M，短机座为S）

4——电动机的极数为4极

 思考与练习

（1）观察电动机的结构，说出铭牌上各数据的含义。

（2）把电动机联接成星形或三角形。

（3）把电动机接入对应的电源进行直接起动。

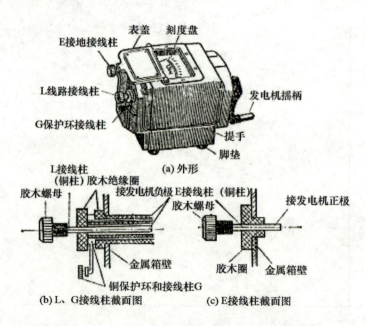

任务二　电动机检测

对于新安装或久未运行的电动机，在通电使用前必须先作检查，检查内容有以下几项：

一、外观检查

（1）看电动机是否清洁，开启式电动机还要注意内部有无灰尘或脏物等，一般可用0.2MPa（2个大气压）得干燥压缩空气吹净；如无压缩空气，也可用手风箱吹，或用干布抹去灰尘。不应用湿布或沾有汽油、煤油、机油的布去抹灰尘。

（2）对于绕线转子电动机，要检查电刷与滑环的接触是否良好（接触面不少于电刷全面积的3/4），电刷压力是否适当（14.7～24.5kPa，150～250g/cm），提刷装置手柄是否在启动位置。

（3）对照电动机铭牌参数，检查定制绕组连接是否正确（星行连接或角接），电源的电压是否与电动机铭牌值相符。

（4）检查电动机接地或接零装置地方良好。

（5）用手扳电动机转子或传动装置，检查是否有被卡和相互摩擦的地方，轴承的润滑情况。

（6）电动机通风系统完好无堵塞，所以紧固件完好不松动。

二、绝缘检查

电动机绝缘电阻检测的专用仪器是兆欧表，俗称摇表。

1. 兆欧表的结构原理

兆欧表除了可以测量电动机的绝缘电阻外，还可以用来检测电气设备、供电线路绝缘电阻，它是一种可携式仪表。其标尺刻度以兆欧（M）为单位，可较准确地测出绝缘电阻

兆欧表的外形与结构

值。兆欧表主要是由手摇直流发电机和磁电系电流比率式测量机构（流比计）组成。手摇直流发电机的额定输出电压有 250V、500V、1kV、2.5kV、5kV 等几种规格。兆欧表的测量机构有两个互成一定角度的可动线圈，装在一个有缺口的圆柱铁芯外边，并与指针一起固定在同一转轴上，置于永久磁铁的磁场中。由于指针上没有力矩弹簧，在仪表不用时，指针可停留在任何位置。

2. 兆欧表的选择

选择兆欧表时，其额定电压一定要与被测电气设备或线路的工作电压相适应，测量范围也要与被测绝缘电阻的范围相吻合。

测量 500V 以下电气设备，可选用额定电压为 500V 或 1kV 的兆欧表，测量高压电气设备，须选用额定电压为 2.5kV 或 5kV 的兆欧表。不能用额定电压低的兆欧表测量高压电气设备，否则测量结果不能反映工作电压下的绝缘电阻，但也不能用额定电压过高的兆欧表测量低压设备，否则会产生电压击穿而损坏设备。检测何种电气设备应当选用何种规格的兆欧表，可参见表 4-2。

表 4-2　兆欧表的规格

被测对象	设备的额定电压（V）	兆欧表额定电压（V）	兆欧表的量程（MΩ）
普通线圈的绝缘电阻	500 以下	500	0~200
变压器和电动机线圈的绝缘电阻	500 以上	1000~2500	0~200
发电机线圈的绝缘电阻	500 以下	1000	0~200
低压电气设备的绝缘电阻	500 以下	500~1000	0~200
高压电气设备的绝缘电阻	500 以上	2500	0~2000
瓷瓶、高压电缆、刀闸		2500~5000	0~2000

3. 使用前的准备

（1）测量前须先校表，将兆欧表平稳放置，先使 L、E 两端开路，摇动手柄使发电机达到额定转速，这时表头指针应指在"∞"刻度处。然后将 L、E 两端短路，缓慢摇动手柄，指针应指在"0"刻度上。若指示不对，说明该兆欧表不能使用，应进行检修。

（2）用兆欧表测量线路或设备的绝缘电阻，必须在不带电的情况下进行，决不允许带电测量。测量前应先断开被测线路或设备的电源，并对被测设备进行充分放电，清除残存静电荷，以免危及人身安全或损坏仪表。

4. 兆欧表的使用

（1）兆欧表放置平稳牢固，被测物表面擦干净，以保证测量正确。

（2）正确接线。兆欧表有三个接线柱：线路（L）、接地（E）、屏蔽（G）。根据不同测量对象，作相应接线。测量线路对地绝缘电阻时，E 端接地，L 端接于被测线路上；测量电机或设备绝缘电阻时，E 端接电机或设备外壳，L 端接被测绕组的一端；测量电机或变压器绕组间绝缘电阻时先拆除绕组间的连接线，将 E、L 端分别接于被测的两相绕组上；测量电缆绝缘电阻时 E 端接电缆外表皮（铅套）上，L 端接线芯，G 端接芯线最外层绝缘层上。

（3）由慢到快摇动手柄，直到转速达 120r/min 左右，保持手柄的转速均匀、稳定，一般转动 1min，待指针稳定后读数。

（4）测量完毕，待兆欧表停止转动和被测物接地放电后方能拆除连接导线。

5. 注意事项

因兆欧表本身工作时产生高压电，为避免人身及设备事故必须重视以下几点：

（1）不能在设备带电的情况下测量其绝缘电阻。测量前被测设备必须切断电源和负载，并进行放电；已用兆欧表测量过的设备如要再次测量，也必须先接地放电。

（2）兆欧表测量时要远离大电流导体和外磁场。

（3）与被测设备的连接导线应用兆欧表专用测量线或选用绝缘强度高的两根单芯多股软线，两根导线切忌绞在一起，以免影响测量准确度。

（4）测量过程中，如果指针指向"0"位，表示被测设备短路，应立即停止转动手柄。

（5）被测设备中如有半导体器件，应先将其插件板拆去。

（6）测量过程中不得触及设备的测量部分，以防触电。

（7）测量电容性设备的绝缘电阻时，测量完毕，应对设备充分放电。

6. 实训内容

（1）电源变压器的绝缘电阻测量训练。

（2）三相电动机的绝缘电阻测量训练。

（3）低压电缆线的绝缘电阻测量训练。

三、定子绕组同名端即首尾端检测判断

电动机三相绕组共有6个出线端，分别接在电动机接线盒的6个接线柱上。接线柱标有数字或符号，标明电动机定子绕组的首尾。但有些电动机使用中接线板损坏，首尾分不清楚，特别是电动机在绕组更换、拆装维修后，也要重新进行接线。为了正确接线，必须先判断电动机定子绕组的首尾。下面介绍6个出线端首尾端判别方法。

1. 用 36V 交流电源和灯泡判别首尾端

（1）用兆欧表或万用表的电阻挡，分别找出三相绕组各相的两个线头。

（2）先给三相绕组的线头做假设编号 U1、U2、V1、V2、W1、W2，并把 V1、U2 连接起来，构成两相绕组串联。

（3）在 U1、V2 线头上接一只灯泡。

（4）W1、W2 两个线头上接通 36V 交流电源，如果灯泡发亮，说明线头 U1、U2 和 V1、V2 的编号正确。如果灯泡不亮，则把 U1、U2 或 V1、V2 中任意两个线头的编号对调即可。

（5）再按上述方法对 W1、W2 两个线头进行判别。

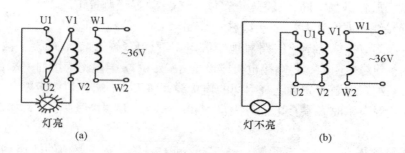

用 36V 电源和灯泡判断首尾端

2. 用万用表或微安表判别首尾端

方法一：

（1）用万用表电阻挡分别找出三相绕组各相的两个线头。

（2）给各相绕组假设编号为 U1、U2、V1、V2 和 W1、W2。

（3）用手转动电动机转子，如万用表（微安挡）指针不动（I＝0），则证明假设的编号是正确的；若指针有偏转（I≠0），说明其中有一相首尾端假设编号不对。应逐相对调重试，直至正确。

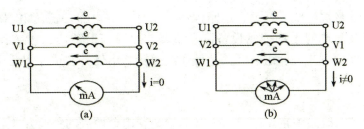

万用表指针不动　　　　万用表指针偏转

方法二：

（1）分清三相绕组各相的两个线头，并进行假设编号。

（2）观察万用表（微安挡）指针摆动的方向。合上开关瞬间，若指针摆向大于零的一边，则接电池正极的线头与万用表负极所接的线头同为首端或尾端；如指针反向摆动，则接电池正极的线头与万用表正极所接的线头同为首端或尾端。

（3）再将电池和开关接另一相两个线头进行测试，就可正确判别各相的首尾端，下图中的开关可用按钮开关。

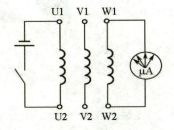

方法二的接线方法

 思考与练习

用万用表或微安表判别电动机的首尾端，并把判别的方法记录下来。

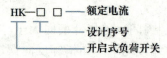

任务三　三相异步电动机简单控制

电动机控制线路是为了满足电力拖动的要求而由一定的电器配备组合而成的。电力拖动是指用电动机来带动生产机械产生运动的一种方法。由于不同的生产机械对应有不同的运动规律，因而分别对电动机的运转有不同的要求。但总体来说主要有如下几个要求：启动、调速、正反转及制动。

电动机控制线路常用低压开关、熔断器、接触器、继电器等低压电器作为控制元件，其中低压开关是最简单的手动控制设备，它主要起着隔离、转换、接通和分断电路的作用，常用主要类型有刀开关、组合开关和低压断路器。本任务着重介绍低压开关的基本知识及控制应用。

一、刀开关

在电力拖动控制线路中常用的是由刀开关熔断器组合而成的负荷开关。分为开启式负荷开关和封闭式负荷开关两种。

（一）开启式负荷开关（闸刀开关）

1. 开启式负荷开关型号及含义

HK—□ □ —— **额定电流**
　　　　　设计序号
　　　　开启式负荷开关

2. 开启式负荷开关外形及符号

三极刀开关　　　　　　　　　　二极刀开关

3. 开启式负荷开关的选用原则

（1）普通负载。额定电压大于或等于线路的额定电压；电流等于或稍大于电路的额定电流。

（2）对于电动机。选用额定电压 380V 或 500V，额定电流不少于电动机额定电流的 3 倍左右的三极开关。

4. 开启式负荷开关的安装要求

垂直安装，手柄朝上，接线按上进下出的原则。

5. 注意事项

不宜频繁带负载操作，合、分动作应迅速。

（二）封闭式负荷开关（铁壳开关）

1. 型号及含义

2. 封闭式负荷开关外形

三极刀开关

3. 封闭式负荷开关选用原则

与闸刀开关相同。

4. 封闭式负荷开关安装要求

垂直安装，高度合理，外壳接地。

5. 注意事项

开关性能良好，操作站在手柄侧面。

二、组合开关

1. 组合开关的型号及含义

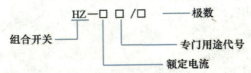

2. 组合开关的外形及符号

组合开关的外形和符号

3. 组合开关选用原则

（1）用于照明或电热具器电流应大于或等于被控电路中各负载电流的总和。

（2）对于电动机电路开关的额定电流等于电动机额定电流的 1.5～2.5 倍。

4. 组合开关安装要求

组合开关应装在控制箱或电柜内，操作手柄装在控制箱板面上或侧面。断开状态时手柄应在 0 位置。

注意事项：用于电动机停止、启动时，操作频率应为 15 ～ 20 次/h；用于正反转控制时，手柄先到停位置后，才允许反向启动，避免电流过大而损坏开关。

三、低压断路器

低压断路器曾称自动开关或空开。它除具有全负荷分断能力外，还具有短路保护、过载保护和失欠电压保护等功能，并且具有很好的灭弧能力。常用作配电箱中的总开关或分路开关。

1. 低压断路器的型号及含义

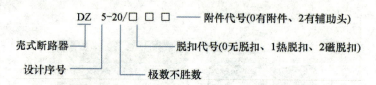

2. 低压断路器的外形及符号

低压断路器的外形及符号

3. 低压断路器的选用原则

额定电流和电压应不小于线路的工作电压和电流。

热脱扣器的整定电流等于负载的额定电流。

电磁脱扣器整定电流应大于线路正常工作时可能出现的峰值电流。

断路器的通断能力应不小于电路最大短路电流。

4. 低压断路器的安装要求

垂直安装于配电板上，电源引线按上进下出原则。

注意事项：用作电源开关或电动机控制开关时，就在断路器前面加装闸刀开关或熔断器，以形成明显断开点。断路器的动作值不允许随意调动。

 思考与练习

（1）用闸刀开关直接控制三相异步电动机启动，并做正反转连接启动。

（2）用组合开关直接控制三相异步电动机启动，并做正反转连接启动。

（3）用闸刀开关或组合开关串联控制单相异步电动机，并做正反转连接启动。

焊接技术的初步认识

任务一　手工电弧焊相关知识

一、手工电弧焊

电弧焊是熔化焊中最基本的焊接方法，它也是在各种焊接方法中应用最普遍的焊接方法，其中最简单最常见的是用手工操作电焊条进行焊接的电弧焊，称为手工电弧焊，简称手弧焊。手弧焊的设备简单，操作方便灵活，适应性强。它适用于厚度 2mm 以上的各种金属材料和各种形状结构的焊接，尤其适于结构形状复杂、焊缝短或弯曲的焊件和各种不同空间位置的焊缝焊接。手弧焊的主要缺点是焊接质量不够稳定，生产效率较低，对操作者的技术水平要求较高。

二、手弧焊的焊接过程

首先将电焊机的输出端两极分别与焊件和焊钳连接，再用焊钳夹持电焊条。焊接时在焊条与焊件之间引出电弧，高温电弧将焊条端头与焊件局部熔化而形成熔池。然后，熔池迅速冷却、凝固形成焊缝，使分离的两块焊件牢固地连接成一整体。焊条的药皮熔化后形成熔渣覆盖在熔池上，熔渣冷却后形成渣壳对焊缝起保护作用上。最后将渣壳清除掉，接头的焊接工作就完成任务。

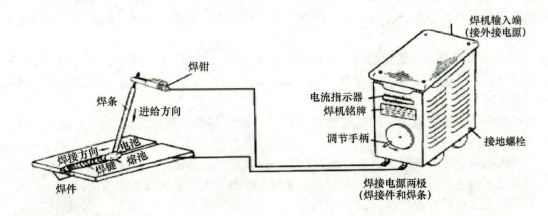

三、手弧焊设备

手弧焊的主要设备是弧焊机，俗称电焊机或焊机。电焊机是焊接电弧的电源。常用的手弧焊机按照供应的电流性质，可分为交流弧焊机和直流弧焊机两大类。

（一）交流弧焊机

交流弧焊机供给焊接时的电流是交流电，是一种特殊的降压变压器，它具有结构简单、价格便宜、使用可靠、工作噪声小、维护方便等优点，所以焊接时常用交流弧焊机，它的主要缺点是焊接时电弧不够稳定。

（二）直流弧焊机

直流弧焊机供给焊接时的电流为直流电。它具有电弧稳定、引弧容易、焊接质量较好的优点，但是直流弧焊发电机结构复杂、噪声大、成本高、维修困难。在焊接质量要求高或焊接 2mm 以下薄钢件、有色金属、铸铁和特殊钢件时，宜用直流弧焊机。

（三）焊条

电焊条由钢焊芯和药皮组成。焊芯越细，焊条长度越短，常用的焊条直径为 2.5mm、3.2mm、4.0mm、5.0mm 几种；药皮在焊接过程中起到稳定电弧、保护熔化金属、去除有害杂质和添加有益合金元素的作用。

1. 焊条的牌号

以结构图钢为例：

结×××，结为结构钢焊条，第 3 位数字，代表药皮类型，焊接电流要求；第 1、第 2 位数字，代表焊缝金属抗拉强度。

2. 焊条的型号

焊条的型号是按国家有关标准与国际标准确定的。E×××，以结构钢为例，型号编制法为字母"E"表示焊条，第 1、第 2 位表示熔敷金属最小抗拉强度，第 3 位数字表示焊条的焊接位置，第 3、第 4 位数字表示焊接电流种类及药皮类型。

3. 焊条的分类

根据不同情况，电焊条有三种分类方法：按焊条用途分类、按化学的主要成分分类、按药皮熔化后熔渣的特性分类。

（1）按照焊条的用途来分类，可以将电焊条分为结构钢焊条、耐热钢焊条、不锈钢焊条、堆焊焊条、低温钢焊条、铸铁焊条、镍和镍合金焊条、铜及铜合金焊条、铝及铝合金焊条以及特殊用途焊条。

（2）按照焊条药皮的主要化学成分来分类，可以将电焊条分为氧化钛型焊条、氧化钛钙型焊条、铁矿型焊条、氧化铁型焊条、纤维型焊条、低氢型焊条、石墨型焊条及盐基型焊条。

（3）按照焊条药皮熔化后熔渣的特性来分类，可将电焊条分为酸性焊条和碱性焊条。酸性焊条药皮的主要成分为酸性氧化物，如二氧化硅、二氧化钛的主要成分为碱性氧化物，如大理石、萤石等。

碱性焊条与强度级别相同的酸性焊条相比，酸性焊条和碱性焊条的性能比较，如表 4-3 所示。

防护用品主要有焊钳、面罩、焊接电缆、焊工手套、绝缘胶鞋、工作服和平光眼镜。

辅助工具主要包括敲渣锤、錾子、钢丝刷、锉刀、烘干箱和焊条保温筒。

四、手工电弧焊的安全知识

（1）电焊机的外壳和工作台必须有良好的接地。

（2）电焊机空载电压应为 60V ~ 90V。

（3）电焊设备应使用带电保险的电源刀闸，并应装在密闭箱内。

表 4-3　酸性焊条和碱性焊条的性能比较

酸性焊条	碱性焊条
电弧稳定，可采用交、直流电源进行焊接（大多数情况下用交流电源焊接）	电弧不够稳定，除 E4316、E5016 外均须用直流反接电源进行焊接
对水、锈产生气孔的敏感性不大	对水、锈产生气孔的敏感性较大
焊前对焊件表面的清洁工作要求不高	焊前对焊件表面的清洁工作要求高
焊前需经 75~150℃烘焙 1 小时	焊前需经 350~450℃烘焙 1~2 小时
焊接电流大	焊接电流较小，较同直径的酸性焊条小 10% 左右
可长弧操作	需短弧操作，否则易引起气孔
脱渣较方便	坡口内第一层脱渣较困难，以后各层脱渣较容易
焊接时烟尘较少	焊接时烟尘较多

（4）焊机使用前必须仔细检查其一、二次导线绝缘是否完整，接线是否绝缘良好。

（5）当焊接设备与电源网路接通后，人体不应接触带电部分。

（6）在室内或露天现场施焊时，必须在周围设挡光屏，以防弧光伤害工作人员的眼睛。

（7）焊工必须配备合适滤光板的面罩、干燥的帆布工作服、手套、橡胶绝缘和清渣防护白光眼镜等安全用具。

（8）焊接绝缘软线不得少于 5m，施焊时软线不得搭在身上，地线不得踩在脚下。

（9）严禁在起吊部件的过程中，边吊边焊。

（10）施焊完毕后应及时拉开电源刀闸。

任务二　手工电弧焊基本操作

一、引弧

焊条电弧焊通常采用接触引弧法，它是先将焊条与工件接触形成短路，再拉开焊条引燃电弧的方法。

根据手法的不同可分为垂直引弧（敲击法）和划擦引弧法。

垂直引弧法是使焊条与焊件表面垂直地接触，当焊条的末端与焊件表面轻轻一碰后，便迅速提起焊条，并保持一定距离而将电弧引燃的方法。

划擦引弧与划火柴有些类似，先将焊条末端对准焊件，然后将焊条在焊件表面划擦一下，当电弧引燃后立即将焊条末端与被焊焊件表面距离保持在 2～4mm，电弧就能稳定地燃烧。

以上两种接触式引弧方法中，划擦法比较容易掌握，但在狭小工作面上或不允许焊件面有划痕时，应采用直击法。在使用碱性焊条时，为防止引弧处出现气孔，宜采用划擦法。引弧的位置应选在焊缝起点前约10mm处。引燃后将电弧适当拉长并迅速移到焊缝的起点，同时逐渐将电弧长度调到正常范围。目的是对焊缝起点处起预热作用，以保证焊缝始端熔深正常，并有消除引弧点气孔的作用。引弧的位置应选在焊缝起点前约10mm处。引燃后将电弧适当拉长并迅速移到焊缝的起点，同时逐渐将电弧长度调到正常范围。目的是对焊缝起点处起预热作用，以保证焊缝始端熔深正常，并有消除引弧点气孔的作用。

二、运条

焊接过程中，焊条相对焊缝所做的各种动作的总称叫作运条，包括：①沿焊条轴线的送进。②横向摆动。③沿焊缝轴线方向的纵向移动。

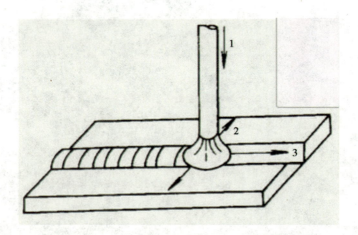

运条

电弧引燃后，一方面要仔细观察熔池状态，始终保持熔池大小不变，不断调整焊条角度，控制弧长，保持熔池金属不致外溢；另一方面要保持电弧沿焊接方向作匀速直线移动，只有保持熔池大小和焊接电弧移动速度始终不变，才能获得均匀一致的焊缝。

三、焊缝的连接

由于受焊条长度的限制，焊缝前后两段出现连接接头是不可避免的，但焊缝接头应力求均匀，防止产生过高、脱节、宽窄不一致等缺陷。

四、收尾

焊接结束时（熄弧），如果将电弧突然熄灭，则焊缝表面将留有凹陷较深的弧坑，会降低焊缝收尾处的强度，并容易引起弧坑裂纹。过快拉断电弧，液体金属中的气体来不及溢出，还容易产生气孔等缺陷。为克服弧坑缺陷，可采用下述方法收尾：

（1）反复填补焊条。移到焊缝终点时，在弧坑处熄弧、引弧数次，直到填满弧坑为止，此方法适用于薄板和多层焊的底层，不适用于碱性焊条。

（2）划圈收尾焊条。移到焊缝终点时，在弧坑处做圆圈运动，直到填满弧坑再拉断电弧，此方法适用于厚板。

（3）后移收尾。电弧在焊段收尾处停住，同时改变焊条倾斜方向，由后倾改变为前倾，然后慢慢拉断电弧。此法适用于碱性焊条。

引弧：一般焊接引弧的位置应选在焊缝起点前约 10mm 处，角焊缝起落弧点应在焊缝端部，宜大于 10mm，不应随便打弧，打火引弧后应立即将焊条从焊缝区拉开，使焊条与构件间保持 2~4mm 间隙产生电弧。

焊接速度：要求等速焊接保证焊缝厚度宽度均匀一致，从面罩内看熔池中铁水与熔渣保持等距离（2~3mm）。

焊接电弧长度：根据焊条型号不同而确定，一般要求电弧长度稳定不变，酸性焊条一般为 3~4mm，碱性焊条一般为 2~3mm 为宜。

焊接角度：根据两焊件的厚度确定，焊接角度有两个方面，一是焊条与焊接前进方向的夹角为 60~75°；二是焊条与焊接左右夹角有两种情况，当焊件厚度相等时，焊条与焊件夹角均为 45°；当焊件厚度不等时，焊条与较厚焊件一侧夹角应大于焊条与较薄焊件一侧夹角。

收弧：每条焊缝焊到末尾，应将弧坑填满后，往焊接方向相反的方向带弧，使弧坑甩在焊道里边，以防弧坑咬肉。焊接完毕，应采用气割除切除弧板，并修平整，不许用锤击落。

检查焊缝：整条焊缝焊完后清除熔渣，经焊工自检（包括外观及焊缝尺寸等）确无问题后，方可转移地点继续焊接。

任务三　气焊与气割

一、气焊

（一）气焊的特点

气焊是利用气体火焰作热源的一种熔焊方法。它借助可燃气体与助燃气体混合燃烧产生的气体火焰，将接头部位的母材和焊丝熔化，使被熔化的金属形成熔池，冷却凝固后形成牢固接头，从而使两焊件连接成一个整体。常用氧气和乙炔混合燃烧的火焰进行焊接，故又称为氧乙炔焊。气焊有以下几个特点：

（1）气焊的优点。一是设备简单，操作方便，成本低，适应性强，在无电力供应的地方可方便焊接。二是可以焊接薄板、小直径薄壁管。三是焊接铸铁、有色金属、低熔点金属及硬质合金时质量较好。

（2）气焊的缺点。一是火焰温度低，加热分散，热影响区宽，焊件变形大和过热严重，接头质量不如焊条电弧焊容易保证。二是生产率低，不易焊较厚的金属。三是难以实现自动化。

（二）气焊焊接材料

1. 焊丝

气焊用的焊丝在气焊中起填充金属作用，与熔化的母材一起形成焊缝。因此焊缝金属的质量在很大程度上取决于焊丝的化学成分和质量。对气焊丝的一般要求是：

（1）焊丝的熔点等于或略低于被焊金属的熔点。

（2）焊丝所焊焊缝应具有良好的力学性能，焊缝内部质量好，无裂纹、气孔、夹渣等缺陷。

（3）焊丝的化学成分应基本上与焊件相符，无有害杂质，以保证焊缝有足够的力学性能。

（4）焊丝熔化时应平稳，不应有强烈的飞溅或蒸发。

（5）焊丝表面应洁净、无油脂、油漆和锈蚀等污物。常用的气焊丝有碳素结构钢焊丝、合金结构钢焊丝、不锈钢焊丝、铜及铜合金焊丝、铝及铝合金焊丝和铸铁气焊丝等。

2. 气焊熔剂

气焊熔剂是气焊时的助熔剂。气焊熔剂熔化反应后，能与熔池内的金属氧化或非金属夹杂物相互作用生成熔渣，覆盖在熔池表面，使熔池与空气隔离，因而能有效防止熔池金属的继续氧化，改善焊缝的质量。对气焊熔剂的要求是：

（1）气焊熔剂应具有很强的反应能力，能迅速溶解某些氧化物或与某些高熔点化合物作用后生成新的低熔点和易挥发的化合物。

（2）气焊熔剂熔化后黏度要小，流动性要好，产生的熔渣熔点要低，密度要小，熔化后容易浮于熔池表面。

（3）气焊熔剂能减少熔化金属的表面张力，使熔化的填充金属与焊件更容易熔合。

（4）气焊熔剂不应对焊件有腐蚀等副作用，生成的熔渣要容易清除。气焊熔剂可以在焊前直接撒在焊件坡口上或者粘在气焊丝上加入熔池。焊接有色金属（如铜及铜合金、铝及铝合金）、铸铁、耐热钢及不锈钢等材料时，通常必须采用气焊熔剂。

（三）气焊设备及工具

气焊设备及工具主要有氧气瓶、乙炔瓶、液化石油气瓶、减压器、焊炬及输气胶管等。

1. 氧气瓶、乙炔瓶、液化石油气瓶

氧气瓶、乙炔瓶、液化石油气瓶是分别贮存和运输氧气、乙炔、液化石油气的压力容器。氧气瓶外表涂天蓝色，瓶体上用黑漆标注"氧气"字样；乙炔瓶外表涂白色，并用红漆标注"乙炔"字样。气瓶外表面涂银灰色漆并用红漆标注"液化石油气"字样。

2. 减压器

由于氧气瓶内的氧气压力最高达 15MPa，乙炔瓶内的乙炔压力最高达 1.5MPa 减压器，而气焊工作时氧气的压力一般为 0.1～0.4MPa，乙炔的压力最高不超过 0.15MPa，所以必须要有一种调节装置将气瓶内的高压气体降为工作时的低压气体，并保持工作时压力稳定，这种调节装置叫减压器，又称压力调节器。减压器按用途不同可分为氧气减压器、乙炔减压器、液化石油气减压器等；按构造不同可分为单级式和双级式两类；按工作原理不同可分为正作用式和反作用式两类。目前常用的是单级反作用式减压器。

3. 焊炬

焊炬是气焊时用于控制气体混合比、流量及火焰并进行焊接的工具。焊炬按可燃气体与氧气混合的方式不同进行分类。如表 4－4 所示。

表 4－4 焊炬的特点及原理结构

焊炬种类	工作原理	特 点
射吸式焊炬	射吸作用是利用高压氧从喷嘴口中快速射出，并在喷嘴外围造成吸力吸出乙炔，从而调节乙炔、氧气的流量，保证乙炔与氧气按一定比例混合	通用性强，低、中压乙炔都可用。但较易回火
等压式焊炬	乙炔靠自己的压力与氧同时进入混合气管，自然混合后，从喷嘴喷出，因此乙炔与氧气的压力应相等或相近	结构简单，火焰燃烧稳定，回火可能性较射吸式焊炬小。但不能用于低压乙炔

4. 输气胶管

氧气瓶和乙炔瓶中的气体，须用橡皮管输送到焊炬或割炬中。根据 GB9448—1999《焊接与切割安全》标准规定，氧气管为黑色，乙炔管为红色。通常氧气管内径为 8mm，乙炔管内径为 10mm，氧气管与乙炔管强度不同，氧气管允许压力为 1.5MPa，乙炔管为 0.3MPa。连接于焊炬胶管长度不能短于 5m，但太长了会增加气体流动的阻力，一般在 10～15m 为宜。焊炬用橡皮管禁止油污及漏气并严禁互换使用。

5. 其他辅助工具

（1）护目镜。气焊时使用护目镜，主要是保护焊工的眼睛不受火焰亮光的刺激，以便在焊接过程中能够仔细地观察熔池金属，又可防止飞溅金属微粒溅入眼睛。护目镜的镜片颜色和深浅，根据焊工的需要和被焊材料性质进行选用。颜色太深太浅都会妨碍对熔池的观察，影响工作效率，一般宜用 3～7 号的黄绿色镜片。

（2）点火枪。使用手枪式点火枪点火最为安全方便。当用火柴点火时，必须把划着了的火柴从焊嘴的后面送到焊嘴或割嘴上，以免手被烧伤。此外还有清理工具，如钢丝刷、手锤、锉刀；连接和启闭气体通路的工具，如钢丝钳、铁丝、皮管夹头、扳手等及清理焊嘴的通针。

（四）气焊基本操作技术

气焊操作时，一般右手持焊炬，将拇指位于乙炔开关处，食指位于氧气开关处，以便于随时调节气体流量。用其他三指握住焊炬柄，右手拿焊丝气焊的基本操作有：点火、调节火焰、施焊和熄火等几个步骤。

1. 点火、调节火焰与熄火

点火时先微开氧气阀门，然后打开乙炔阀门，用明火（可用的电子枪或低压电火花等）点燃火焰。这时的火焰为碳化焰，然后逐渐开大氧气阀，将碳化焰调整为中性焰，如继续增加氧气（或减少乙炔）就可得到氧化焰。

点火后，可能连续出现"放炮"声，原因是乙炔不纯，应放出不纯乙炔，重新点火；有时出现不易点火，原因是氧气量过大，应重新微关氧气阀门。点火时，拿火源的手不要正对焊嘴，也不要指向他人，以防烧伤。焊接完毕需熄火时，应先关乙炔阀门，再关氧气阀门，以免发生回火和减少烟尘。

2. 气焊堆平焊实训

（1）焊件准备。将焊件表面的氧化皮、铁锈、油污和脏物等用钢丝刷、砂布等进行清理，使焊件露出金属表面。

（2）焊缝起头。一般低碳钢用中性火焰，左向焊法。即将焊炬自左向右焊接，使火焰指向待焊部分，填充的焊丝端头位于火焰的前下方一起焊时，由于刚开始加热，焊炬倾斜角应大些（50°~70°），有利于工件预热，且焊嘴轴线投影与焊缝重合。同时在起焊处应使火焰往复运动，保证焊接区加热均匀。待焊件由红色熔化成白亮而清晰的熔池，便可熔化焊丝，而后立即将焊丝抬起，火焰向前均匀移动，形成新的熔池。

（3）正常焊接。为了获得优质而美观的焊缝和控制熔池的热量、焊炬和焊丝应作出均匀协调的运动；即沿焊件接缝的纵向运动；焊炬沿焊缝做横向摆动；焊丝在垂直焊缝方向送进并作上下移动。

（4）焊缝收尾。当焊到焊缝终点时，由于端部散热条件差，应减小焊炬与焊件的夹角（20°~30°），同时要增加焊接速度和多加一些焊丝，以防熔池扩大，形成烧穿。

二、气割

气割是利用气体火焰的能量将金属分离的一种加工方法，是生产中钢材分离的重要手段。气割技术几乎是和焊接技术同时诞生的一对相互促进、相互发展的"孪生兄弟"，构成了钢铁一裁一缝。

（一）气割原理

气割是利用气体火焰的热能，将工件切割处预热到燃烧温度后，喷出高速切割氧流，使其燃烧并放出热量实现切割的方法。氧气切割过程是预热—燃烧—吹渣过程，其实质是铁在纯氧中的燃烧过程，而不是金属熔化过程。

（二）气割的条件

金属气割的主要条件是：

（1）金属在氧气中的燃烧点应低于熔点，这是氧气切割过程能正常进行的最基本条件。

（2）金属气割时形成氧化物的熔点应低于金属本身的熔点。氧气切割过程产生的金属。氧化物的熔点必须低于该金属本身的熔点，同时流动性要好，这样的氧化物能以液体状态从割缝处被吹除。

（3）金属在切割氧射流中燃烧应该是放热反应，使所放出的热量足以维持切割过程继续进行而不中断。

（4）金属的导热性不应太高，否则预热火焰及气割过程中氧化所析出的热量会被传导散失，使气割不能开始或中途停止。

（三）常用金属的气割性

（1）纯铁和低碳钢能满足上述要求，所以能很顺利地进行气割。

（2）铸铁不能用氧气气割，原因是它在氧气中的燃点比熔点高很多，同时产生高熔点的二氧化硅（SiO_2），而且氧化物的黏度也很大，流动性又差，切割氧流不能把它吹除。此外由于铸铁中含碳量高，碳燃烧后产生一氧化碳和二氧化碳冲淡了切割氧射流，降低了氧化效果，使气割发生困难。

（3）高铬钢和铬镍钢会产生高熔点的氧化铬和氧化镍（约 1990℃），遮盖了金属的割缝表面，阻碍下一层金属燃烧，也使气割发生困难。

（4）铜、铝及其合金燃点比熔点高，导热性好，加之铝在切割过程中产生高熔点二氧化铝（约 2050℃），而铜产生的氧化物放出的热量较低，都使气割发生困难。

目前，铸铁、高铬钢、铬镍钢、铜、铝及其合金均采用等离子弧切割。

（四）气割设备与工具

气割设备及工具主要有氧气瓶、乙炔瓶、液化石油气瓶、减压器、割炬（或气割机）等。氧气瓶、乙炔瓶、液化石油气瓶、减压器与气焊用的相同。手工气割时使用的是手工割炬，机械化设备使用的是气割机。

1. 割炬

割炬是进行火焰气割的主要工具。同焊炬一样，割炬按可燃气体与氧气混合的方式不同也可分为射吸式割炬和等压式割炬两种，射吸式割炬应用最为普遍。射吸式割炬是在射吸式焊炬的基础上，增加了由切割氧调节阀、切割氧气管以及割嘴等组成的切割部分。乙炔是靠预热火焰的氧气射入射吸管而被吸入射吸管内。这种割炬低、中压乙炔都可用。

2. 割嘴的构造与焊嘴

焊嘴上的喷射孔是小圆孔，所以气焊火焰呈圆锥形；而射吸式割炬的割嘴按结构形式不同，混合气体的喷射孔有环形和梅花形两种。环形割嘴的混合气孔道呈环形，整个割嘴由内嘴和外嘴两部分组合而成，又称组合式割嘴。梅花形割嘴的混合气孔道，呈小圆孔均匀地分布在高压氧孔道周围，整个割嘴为一体，又称整体式。等压式割炬的可燃气体、预热氧分别由单独的管路进入割嘴内混合。由于可燃气体是靠自己的压力进入割炬，所以它不适用低压乙炔，而须采用中压乙炔。等压式割炬具有气体调节方便、火焰燃烧稳定、回火可能性较射吸式割炬小等优点，其应用量越来越大，国外应用量比国内大。

（五）气割的基本操作技术

气割是利用气体火焰的热能将工件切割处预热到一定温度后，喷出高速切割氧气流，使其燃烧并放出热量实现切割的方法，它与气焊是本质不同的过程，气焊是熔化金属，而气割是金属在纯氧中燃烧。

1. 气割实训的安全要求与操作技术

气割前的准备工作。①检查设备的使用状况及周围环境是否安全。②清除污垢等。

③按图样划线放样。④垫高被割件并使其平稳。⑤检查割炬的射吸性能。⑥检查风线是否良好。⑦调节预热火焰的能率及性质。⑧待以上准备工作完成后进行试割。

2. 操作技术

气割的使用方法，气割的操作分为点火、起割、正常气割、停割四步进行。

（1）点火。点火前，先开乙炔，再微开氧气阀，用点火枪或火柴点火。正常情况下应采用专用的打火枪点火。在无打火枪的条件下，亦可用火柴来点火，但须注意操作者的安全，不要被喷射出的火焰烧伤。开始为碳化焰，此时应逐渐加大氧气流量，将火焰调节为中性火焰或者略微带氧化性质的火焰。

（2）起割。起割点应选择在割件的边缘，先用预热火焰加热金属，待预热到亮红色时，将火焰移至边缘以外，同时慢慢打开切割氧气阀门，随着氧流的增大，从割件的背面就飞出鲜红的铁渣，证明工件已被割透，割炬就可根据工件的厚度以适当的速度开始由右至左移动。

（3）正常气割。起割后，割炬的移动速度要均匀，控制割嘴与割件的距离约等于焰芯长度 2～4mm。割嘴可向后即向切割前进方向倾斜 20°～30°。气割过程中，倘若发生爆鸣和回火现象应立即关闭切割氧气阀，然后依次关闭预热氧气阀与乙炔阀，使气割过程暂停，用通针清除通道内的污物。处理正常后，再重新气割。

（4）停割。临结束时，应将割炬沿气割相反的方向倾斜一个角度，以便将钢板的下部提前割透，使切口在收尾处显得很整齐。最后关闭氧气阀和乙炔阀，整个气割过程便告结束。

当钢板厚度在 25mm 以上时，应采取大号割炬和割嘴，并且加大预热火焰和切割氧流。在气割过程中，切割速度要慢，并适当地做横向月牙形摆动，以加宽切口，得以排渣。

第五单元

电子电器应用与维修

认识专业

任务一　专业及实训室

一、专业简介

（一）概述

电子电器应用与维修专业是培养德、智、体、美、劳等方面全面发展的，在电子电器设备生产、服务、经营和维修第一线工作的，具有综合职业能力的初、中级技术型人才的专业。本专业学制三年，其中，在校学习两年，带资顶岗实习一年。

（二）培养目标

本专业培养德、智、体、美全面发展，具有与本专业相适应的文化水平、良好的职业道德和沟通能力，掌握本专业的基础知识和基本技能，具有较强的实际工作能力，培养家用电器、音频视频家用电器和办公自动化设备的装配、调试、销售和检修人员。

（三）主要专业课程

机械制图 CAD、Protel 技术、计算机系统及应用、电工与电子技术、电路综合设计、高频电路、单片机原理及应用、PLC 技术及应用、工厂电气控制技术、家用电子电器设备与维修。

（四）考取资格证

电工上岗证、中级维修电工证。

（五）就业去向

本专业主要面向电子电器设备的生产企业、销售和维修服务部门，从事日用电器、音频视频家用电器和办公自动化设备的装配、调试、销售和检修等工作。

（六）专业发展前景

电子电器作为一种高科技产品，其在各行各业中发挥的作用已越来越明显，适用范围也越来越广泛，可应用于冶金工业、五金化工、机械制造、交通运输、家用电器以及日常生活等领域。

二、实训室简介

电子电路应用与维修专业设有单片机实训室、家电维修实训室、电子基础实训室、电子技能实训室、电工基础实训室、电工技能实训室、PLC 实训室、光机电实训室等。

1. 电子基础实训室

主要设备：电子实训台 SL－164。

电子基础实训室

2. 电子技能实训室

主要设备：亚龙 YL－135 型电子工艺实训考核装置。

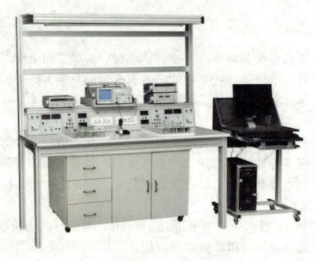

电子技能实训室

3. 电工基础实训室

主要设备：电工实验台 SL－164。

电工基础实训室

4. 电工技能实训室

主要设备：电气安装与维修实训考核装置 YL－156A。

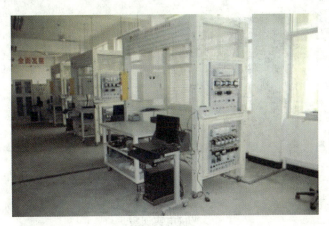

电工技能实训室

5. 家电维修实训室

主要设备：洗衣机、电风扇、吸尘器、抽油烟机、电饭煲、电磁灶、微波炉等日用电器。

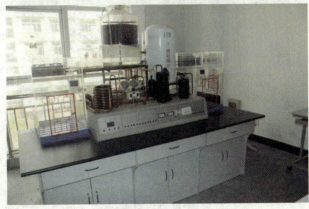

家电维修实训室

6. 光机电实训室

主要设备：亚龙 YL-235A 型光机电一体化实训考核装置。

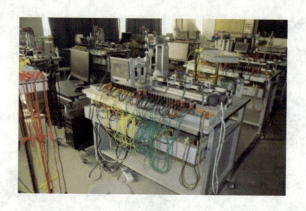

光机电实训室

7. 单片机实训室

主要设备：单片机实验箱 SL-151、单片机考核实训装置 SL330、电脑、智能物料搬运装置 YL-G00。

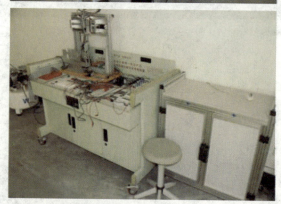

单片机实训室

任务二　电子技术的发展与应用

一、电子技术的发展

（一）发展历史

1883 年，美国发明家爱迪生发现了热电子效应，随后在 1904 年弗莱明利用这个效应制成了电子二极管，并证实了电子管具有"阀门"作用，它首先被用于无线电检波。1906 年美国的德弗雷斯在弗莱明的二极管中放进了第三个电极——栅极而发明了电子三极管，从而建树了早期电子技术上最重要的里程碑。半个多世纪以来，电子管在电子技术中立下了很大功劳；但是电子管毕竟成本高、制造繁、体积大、耗电多，从 1948 年美国贝尔实验室的几位研究人员发明晶体管以来，在大多数领域中已逐渐用晶体管来取代电子管。但是，我们不能否定电子管的独特优点，在有些装置中，不论从稳定性、经济性或功率上考虑，还需要采用电子管。

集成电路的第一个样品是在 1958 年见诸于世的。集成电路的出现和应用，标志着电子技术发展到了一个新的阶段。它实现了材料、元件、电路三者之间的统一；同传统的电子元件的设计与生产方式、电路的结构形式有着本质的不同。随着集成电路制造工艺的进步，集成度越来越高，出现了大规模和超大规模集成电路（如可在一块 $6mm^2$ 的硅片上制成一个完整的计算机），进一步显示出集成电路的优越性。

随着半导体技术的发展和科学研究、生产与管理等的需要，电子计算机应时而兴起，并且日臻完善。从 1946 年诞生第一台电子计算机以来，已经经历了电子管、晶体管、集成电路及超大规模集成电路四代，每秒运算速度已达 10 亿次。现在正在研究开发第五代计算机（人工智能计算机）和第六代计算机（生物计算机），它们不依靠程序工作，而依靠人工智能工作。特别是 20 世纪 70 年代卫星计算机问世以来，由于它价廉、方便、可靠、小巧，大大加快了电子计算机的普及速度。

数字控制和数字测量也在不断发展和日益广泛地应用。数字控制机床和"自适应"数字控制机床相继出现。目前利用电子计算机对几十台乃至上百台数字控制机床进行集中控制（所谓"群控"）也已经实现。

（二）近现代电子技术

1. 微电子技术

微电子学是研究在固体（主要是半导体）材料上构成的微小型化电路、子系统及系统的电子学分支，是一门主要研究电子或离子在固体材料中的运动及应用，并利用它实现信号处理功能的科学。

微电子技术已经成为衡量一个国家科学技术和综合国力的重要标志。微电子技术的发展方向是高集成、高速度、低功耗和智能化。

2. 纳米电子技术

纳米电子学主要在纳米尺度空间内研究电子、原子和分子运动规律和特性，研究纳米尺度空间内的纳米膜、纳米线。纳米点和纳米点阵构成的基于量子特性的纳米电子器件的电子学功能、特性以及加工组装技术。

3. EDA 技术

电子设计技术的核心就是 EDA 技术。EDA 是指以计算机为工作平台，融合应用电子技术、计算机技术、智能化技术最新成果而研制成的电子 CAD 通用软件包，主要能辅助进行三方面的设计工作。EDA 技术应用广泛、工具多样、软件功能强大，开发的产品向超高速、高密度、低功耗、低电压和复杂的片上系统器件方向发展。

4. 嵌入式技术

嵌入式系统的核心部件是各种类型的嵌入式处理器，一类是采用通用计算机的 CPU 处理器；另一类是采用微控制器，微控制器具有单片化、体积小、功耗低、可靠性高、芯片上的外设资源丰富等特点，成为嵌入式系统的主流器件。嵌入式处理器已经从单一的微处理器嵌入、发展到 DSP 和目前主要采用的 32 位嵌入式 CPU，未来发展方向为片上系统。

（三）电子技术的发展趋势

显然电子技术正在向着高频化、低能耗化、数字化、微电子化、复杂化、智能化发展。

未来电子技术的发展还是有所观望的。未来电子技术的发展方向大概是：

1. 提高制造工艺

（1）采用铜互连技术。铝在半导体工业中一直被用来作为芯片中的互连金属，但随着集成电路特征尺寸的缩小，工作频率的提高，芯片中铝互连线的电阻已开始阻碍芯片性能的提高，因此，人们开始在芯片制造中用铜代替铝来作为互连金属。铜的阻抗系数只有铝的一半，用铜互连可以减小供电分布中的电压下降，或在电阻不变的情况下减小同一层内互连线之间的耦合电容，可降低耦合噪声和信号延迟，从而可以达到更高的性能。而且，铜在金属迁移方面也更稳定，因而可容纳更高密度的电流，从而在减小线宽的同时提高了可靠性。现在已有众多厂商在其芯片生产中采用了铜互连技术。但该技术也并非完美，目前，还在研究铜与低介电常数绝缘材料共同使用时的可靠性等问题。

（2）采用新的光刻技术。集成电路生产中广泛使用了光刻技术，它是芯片制造业中最关键的工艺光刻技术的不断创新，使得半导体技术一再突破人们所预期的极限。目前的芯片制造中广泛使用的是光学光刻技术，为减小集成电路的线宽，光刻机光源的波长非常短，目前多使用深紫外光（DUV），但此技术难以实现 $0.07\mu m$ 以下工艺，因此各厂商正大力研发下一代非光学曝光系统，目前比较看好的有超紫外线光刻系统（EUV）、X 光刻系统等。

2. 采用新的材料

（1）寻找新的 K 介质材料。随着集成电路制作工艺的进步，集成电路互连金属间的介质材料对性能的影响越来越大，以往集成电路工艺中广泛使用的介电常数为 4 的氧化硅和氮化硅溅射介质层，已不能适应新一代铜多层互连技术。因此，各大厂商都在寻造新的低 K 介质材料，尤其是在铜互连技术中使用的绝缘介质。Intel 公司在其新推出的 Prescott 处理器中就使用了一种新型掺碳氧化物绝缘材料。但目前，在这一领域，仍有大量研究工作要做。在寻求合适的低 K 介质材料的同时，科学家们同样在寻找新的高 K 介质材料。在元件尺寸小于 $0.1\mu m$ 时，栅极绝缘介质层的厚度将减小到 3nm 以下，如果此时仍用二氧化硅作为栅极绝缘材料，栅极与沟道间的直接隧穿将非常严重，因此，科学家们正努力寻找合适的高 K 介质材料来取代二氧化硅。

（2）采用新型纳米材料。近年来，随着纳米技术的发展，人们发现一些材料达到纳米量级时会出现一些新的性质。因此，人们开始寻找合适的纳米材料来代替硅制造晶体管，实现从半导体物理器件向纳米物理器件的转变，进一步缩小集成电路的体积。这在硅芯片的工艺快要达到物理极限的今天尤为必要。

（3）采用超导材料。超导材料是当下有一热门学科。如果集成电路中能够用到超导材料，那么与现在的半导体集成电路相比，它的功耗会更低，速度也会更快（有数据表明，其功耗将比同等规模集成电路低两个量级，而速度却要快上三个量级）。

3. 微电子技术的新方向

随着集成电路技术的发展，人们开始从多个方面来发展半导体技术，目前及将来，人们会通过许多途径发展微电子技术来满足社会生产的需要，而不仅局限于提高现有的工艺。这些途经有 SOC 技术、MEMS 技术等。

总而言之，电子技术的发展有鼎盛时期也有消沉时期，从 20 世纪 50 年代开始到现在，电子技术一直在向高频、高速、低能耗、多元化发展，未来的发展也是很可观的，电子技术一直在突破瓶颈和极限，向着更高层面发展。

二、电子技术的应用

随着生产和科学技术发展的需要，电子技术得到高度发展和广泛应用（如空间电子技术、生物医学电子技术、信息处理和遥感技术、微波应用等），它对于社会生产力的发展，也起着变革性的推动作用。电子水准是现代化的一个重要标志，电子工业是实现现代化的重要物质技术基础。电子工业的发展速度和技术水平，特别是电子计算机的高度发展及其在生产领域中的广泛应用，直接影响到工业、农业、科学技术和国防建设，关系着社会主义建设的发展速度和国家的安危；也直接影响到亿万人民的物质、文化生活，关系着

电子技术的应用

广大群众的切身利益。

三、就业发展前景

电子专业就业面宽、工作轻松、就业环境很好。特别是田东职业技术学校与广东天宝（惠州）电子有限公司等知名企业建立了校企合作关系，同时广东超能电子有限公司落户百色市后，田东职业技术学校电子专业的毕业生已供不应求。

四、升学与就业案例

（一）升学

谭忠义（田东县人），2013 年毕业于田东职业技术学校电子专业，同年考取广西机电职业技术学院。

黄俊庆、廖艺（田东县人），2013 年毕业于田东职业技术学校电子专业，同年考取柳州职业技术学院。

林鸿守（田东县人），2014 年毕业于田东职业技术学校电子专业，同年考取广西机电职业技术学院。

凌文帅（田东县人），2014 年毕业于田东职业技术学校电子专业，同年考取广西城市职业技术学院。

王文华（隆林县人），罗照道、王丰革（乐业县人），黎振彪、农定向（德保县人），黄文胜、黄宝玉（田东），2014 年毕业于田东职业技术学校电子专业，同年考取北京应用技术大学。

林宗尚（凌云县人），2015 年毕业于田东职业技术学校电子专业，同年考取桂林电子科技大学。

谈志（田东县人），2015 年毕业于田东职业技术学校电子专业，同年考取百色职业技术学院。

杨元王、谭秋霞：2016 年毕业于田东职业技术学校电子专业，同年考取广西机电职业技术学院。

（二）就业

罗忠慰（田东祥周人），2014 年毕业于田东职业技术学校电子专业，现就职于田东天宝电子有限公司。

黄金花（隆林县人）、陆玉泉（乐业县人）、李文才（田阳县人），2014 年毕业于田东职业技术学校电子专业，现就职于广东佛山广成铝业公司。

马建当（乐业县人），2014 年毕业于田东职业技术学校电子专业，现就职于广东佛山广亚铝业公司。

杨再旺（乐业县人），2014 年毕业于田东职业技术学校电子专业，现为百色市川惠地产公司电工。

卢万悦（田东坡塘镇人），2014 年毕业于田东职业技术学校电子专业，现为田东福润花园里房地产公司电工。

植国发（田林县人），2014 年毕业于田东职业技术学校电子专业，现为田林高龙鑫宝石场电工。

 思考与练习

谈谈自己以后从事电子专业的打算及发展。

基础知识

一、电的物理量

（1）电压（电势差或电位差）符号 U，单位 V（读作伏特，简称伏）。常用电压单位有 kV（千伏）、V（伏）、mV（毫伏）。

（2）电流符号 I，单位 A（读作安培，简称安）。常用电流单位有 kA（千安）、A（安）、mA（毫安）。

（3）电阻符号 R，单位 Ω（读作欧姆，简称欧）。常用电阻单位有 $M\Omega$（兆欧）、$k\Omega$（千欧）。

（4）电能符号 W，单位 J（读作焦耳，简称焦）。日常生活中电能的单位是"度"，它的学名叫作千瓦时，符号是 $kW \cdot h$。与焦耳关系是：$1kW \cdot h = 3.6 \times 10^6 J$。

（5）电功率符号 P，单位 W（读作瓦特，简称瓦）。常用电功率单位有 kW（千瓦）、W（瓦）。

二、电阻的串、并联接法及总电阻值的计算方法

一般情况下电阻在电路中有两种接法：串联接法和并联接法。

1. 电阻的计算

串连：$R = R_1 + R_2$　　　　　　　　并联：$1/R = 1/R_1 + 1/R_2$

2. 多个电阻的串联并联的计算方法

串联：$R_{总串} = R_1 + R_2 + R_3 + \cdots + R_n$

并联：$1/R_{总并} = 1/R_1 + 1/R_2 + 1/R_3 + \cdots + 1/R_n$

例：在图中 R_1 为 100Ω，R_2 为 300Ω，那么其串联后总电阻是多少？并联后总电阻是多少？

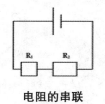

电阻的串联

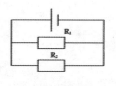

电阻的并联

$R_串 = R_1 + R_2 = 100 + 300 = 400$ （Ω）

$R_并 = R_1 R_2 / (R_1 + R_2) = 30000 \div (100 + 300) = 75$（Ω）

三、欧姆定律

欧姆定律：在同一电路中，导体中的电流跟导体两端的电压成正比，跟导体的电阻成反比。标准公式：

$$I = \frac{U}{R}$$

变形公式：

$$U = IR$$

$$R = \frac{U}{I}$$

说明：从欧姆定律可看到标准式及变形公式中涉及三个电学物理量分别是电压、电流、电阻，只要知道其中两个物理量就可以求出第三个物理量。

例：在图中电源电压是 12V、R_1 为 100Ω、R_2 为 300Ω，求电路中的电流。

（1）串联电路电流：

解：$I = U/R = 12 \div (100 + 300) = 0.03$(A)

（2）并联电路电流：

$I = U/R = 12 \div [(100 \times 300) \div (100 + 300)] = 0.16$(A)

四、电功率的计算

计算公式：$P = UI$

例：在上题中 R_1 的电功率是多少？

$U_1 = IR_1 = 0.03 \times 100 = 3$ （V）

$P_1 = U_1 I = 3 \times 0.03 = 0.09$ （W）

五、电器消耗电能的计算

计算公式：$W = Pt$

其中，P 是电器标明的额定电功率，t 是指使用电器的时间。

例：家里的电磁炉的电功率是 2000W，全功率使用 2 小时，消耗多少电能？

$W = Pt = 2000W \times 2h = 4kW \cdot h$

1 度电是 $1kW \cdot h$，因此电磁炉消耗了 4 度电。

任务二　基本器件

一、分立元件

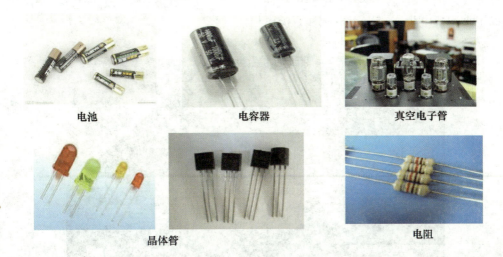

电池　　　　　　　　　　电容器　　　　　　　　　真空电子管

晶体管　　　　　　　　　　　　　　　　电阻

二、集成电路

自 1958 年第一块集成元件问世以来，集成电路已经跨越了小、中、大、超大、特大、巨大规模几个台阶，集成度平均每 2 年提高近 3 倍。随着集成度的提高，器件尺寸不断减小。

1985 年，1 兆位 ULSI 的集成度达到 200 万个元件，器件条宽仅为 1 微米；1992 年，16 兆位的芯片集成度达到了 3200 万个元件，条宽减到 0.5 微米，而后的 64 兆位芯片，其条宽仅为 0.3 微米。

集成电路制造技术的发展日新月异，其中最具有代表性的集成电路芯片主要包括微控制芯片、可编辑逻辑器件、数字信号处理器、大规模存储芯片等。

微控制芯片（MCU）　　　　　　　　　　可编程逻辑器件（PLD）

数字信息处理器（DSP）　　　大规模存储芯片（RAM/ROM）

任务三 万用表的认识与使用

一、指针式万用表

指针式万用表具有用途多、量程广、使用方便等优点，是电子测量中最常用的工具。它可以用来测量电阻、交直流电压和直流电压。

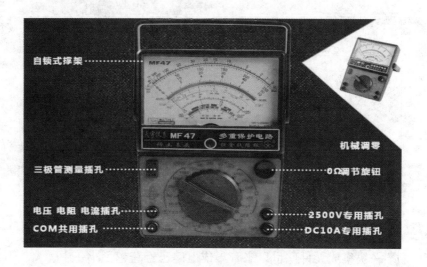

指针式万用表各部件的名称

二、指针式万用表的基本使用方法

（一）测试前准备

测试前，首先把万用表放置水平状态，调整表头下方的"机械零位调整"，使指针指向零点（指电流、电压刻度的零点）。

（二）正确选择万用表上的测量项目及量程开关

如已知被测量的数量级，则就选择与其相对应的数量级量程。如不知被测量值的数量级，则应从选择最大量程开始测量，当指针偏转角太小而无法精确读数时，再把量程减小。一般以指针偏转角不小于最大刻度的30%为合理量程。

（三）万用表作为电流表使用

1. 把万用表串接在被测电路中时，应注意电流的方向

即把红表笔接电流流入的一端，黑表笔接电流流出的一端。如果不知被测电流的方向，可以在电路的一端先接好一支表笔，另一支表笔在电路的另一端轻轻地碰一下，如果指针向右摆动，说明接线正确；如果指针向左摆动（低于零点），说明接线不正确，应把万用表的两支表笔位置调换。

在指针偏转角大于或等于最大刻度30%时，尽量选用大量程挡。因为量程愈大，分流电阻愈小，电流表的等效内阻愈小，这时被测电路引入的误差也愈小。

在测大电流（如500mA）时，千万不要在测量过程中拨动量程选择开关，以免产生电弧，烧坏转换开关的触点。

2. 万用表作为电压表使用

（1）把万用表并接在被测电路上，在测量直流电压时，应注意被测点电压的极性，即把红表笔接电压高的一端，黑表笔接电压低的一端。如果不知被测电压的极性，可按前述测电流时的试探方法试一试，如指针向右偏转，则可以进行测量；如指针向左偏转，则把红、黑表笔调换位置，方可测量。

（2）与上述电流表一样，为了减小电压表内阻引入的误差，在指针偏转角大于或等于最大刻度的30%时，测量尽量选择大量程挡。因为量程愈大，分压电阻愈大，电压表的等效内阻愈大，这对被测电路引入的误差愈小。如果被测电路的内阻很大，就要求电压表的内阻更大，才会使测量精度高。此时需换用电压灵敏度更高（内阻更大）的万用表来进行测量。

（3）在测量交流电压时，不必考虑极性问题，只要将万用表并接在被测两端即可。另外，一般也不必选用大量程挡或选高电压灵敏度的万用表。因为在一般情况下，交流电源的内阻都比较小。值得注意的是被测交流电压只能是正弦波，其频率应小于或等于万用表的允许工作频率，否则就会产生较大误差。

（4）不要在测较高的电压（如220V）时拨动量程选择开关，以免产生电弧，烧坏转换开关的触点。

（5）在测量大于或等于100V的高电压时，必须注意安全。最好先把一支表笔固定在被测电路的公共地端，然后用另一支表笔去碰触另一端测试点。

（6）在测量有感抗的电路中的电压时，必须在测量后先把万用表断开再关电源。不然会在切断电源时，因为电路中感抗元件的自感现象，产生高压而可能把万用表烧坏。

3. 万用表作为欧姆表使用

（1）测量时应首先调零。即把两表笔直接相碰（短路），调整表盘下面的零欧调整器使指针正确指在0处。这是因为内接干电池随着使用时间加长，其提供的电源电压会下降，在$R_X = 0$时，指针就有可能达不到满偏，此时必须调整Rw，使表头的分流电流降低，来达到满偏电流Ig的要求。

（2）为了提高测试的精度和保证被测对象的安全，必须正确选择合适的量程挡。测电阻时，一般要求指针在全刻度的20%～80%的范围内，这样测试精度才能满足要求。

由于量程挡不同，流过R_X上的测试电流大小也不同。量程挡越小，测试电流越大；否则相反。所以，如果用万用表的小量程欧姆挡R×1、R×10去测量小电阻R_X（如毫安表的内阻），则R_X上会流过大电流，如果该电流超过了R_X所允许通过的电流，R_X会被烧毁或把毫安表的指针打弯。所以在测量不允许通过大电流的电阻时，万用表应置在大量程的欧姆挡上。同时量程挡越大，内阻所接的干电池电压越高，所以在测量不能承受高电压的电阻时，万用表不宜置在大量程的欧姆挡上。如测量二极管或三极管的极间电阻时，就不能把欧姆挡置在R×10K挡，不然易把管子的极间击穿。只能降低量程挡，让指针指在高阻端。但前面已经指出电阻刻度是非线性的，在高阻端的刻度很密，易造成误差增大。

（3）用作欧姆表使用时，对外电路而言，红表笔接干电池的负极，黑表笔接干电池的正极。

（4）测量较大电阻时，手不可同时接触被测电阻的两端，不然，人体电阻就会与被测电阻并联，使测量结果不正确，测试值会大大减小。另外，要测电路上的电阻时，应将电路的电源切断，不然不但测量结果不准确（相当于再外接一个电压），还会使大电流通过微安表头，把表头烧坏。同时，还应把被测电阻的一端从电路上焊开，再进行测量，不然测得的是电路在该两点的总电阻。

4. 使用完毕不要将量程开关放在欧姆挡上

为了保护微安表头，以免下次开始测量时不慎烧坏表头。测量完成后，应注意把量程开关拨在直流电压或交流电压的最大量程位置，千万不要放在欧姆挡上，以防两支表笔万一短路时，将内部干电池全部耗尽。

三、使用万用表的注意事项

（1）测量电流与电压不能旋错挡位。如果误用电阻挡或电流挡去测电压，就极易烧坏电表。万用表不用时，最好将挡位旋至交流电压最高挡，避免因使用不当而损坏。

（2）测量直流电压和直流电流时，注意"＋""－"极性，不要接错。如发现指针反转，应立即调换表棒，以免损坏指针及表头。

（3）如果不知道被测电压或电流的大小，应先用最高挡，而后再选用合适的挡位来测试，以免表针偏转过度而损坏表头。所选用的挡位愈靠近被测值，测量的数值就愈准确。

（4）测量电阻时，不要用手触及元件的裸体的两端（或两支表棒的金属部分），以免人体电阻与被测电阻并联，使测量结果不准确。

（5）测量电阻时，如将两支表棒短接，调"0 欧姆"旋钮至最大，指针仍然达不到 0 点，这种现象通常是由于表内电池电压不足造成的，应换上新电池方能准确测量。

（6）万用表不用时，不要旋在电阻挡，因为内有电池，如不小心易使两根表棒相碰短路，不仅耗费电池，严重时甚至会损坏表头。

 技能训练

（1）训练内容：使用 MF47 万用表的基本技能。
（2）训练器材：电子实训台、MF47 万用表、1.5V、9V 电池。
（3）测试内容：①测量电阻。②测量电池电压。③测量交流电压。④测量直流电流。
（4）填写实验报告。

次数 \ 项目	电阻	直流电压	交流电压	直流电流
1				
2				
3				

任务四　焊接工具与作用

一、电烙铁的种类

手工焊接工具主要是电烙铁。电烙铁的种类很多，常见的电烙铁根据其功能及加热方式分为以下几种：常用的规格有 15W、20W、25W、30W、45W、75W、100W。

1. 内热式电烙铁

内热式电烙铁由烙铁头、烙铁芯、连接杆、手柄和电源线等部分组成。

由于烙铁芯（发热元件）装在烙铁头里面，故称为内热式电烙铁。

（1）烙铁头的一端是空心的，它套在连接杆外面（内装烙铁芯），用弹簧夹紧固；另一端是工作面。

内热式电烙铁　　　　　　　　　　　　　　　烙铁头

（2）烙铁芯是烙铁的重要组成部件之一，电阻丝平绕在绝缘圆筒上，外面又套上一绝缘圆管。按发热功率不同，常用的有 20W、35W 和 50W 等几种内热式电烙铁芯。

手柄内部与连接杆处固定有两个接线柱，通常两个接线柱的下面压装烙铁芯的二引线，接线柱上面的二圆孔压装电源线，以便于拆换烙铁芯或电源线。手柄外后部上的紧固丝，用来紧固电源线，防止电源线扭动造成内部断路或短路。

内热式电烙铁具有体积小、重量轻、价格低、发热快和耗电低等优点，但连续熔焊能力差。在使用过程中，由于其连接杆的管壁较薄，而且其内部装置的烙铁芯是采用瓷管制成的，所以不要敲击或甩打，更不要用钳子夹连接杆。

烙铁芯

烙铁芯和烙铁头是易损件，价格低廉，很容易更换，但不同规格，不能通用。

电烙铁（烙铁芯）的冷态电阻和功率的对应关系。电烙铁的好坏可通过测量它的冷态电阻来判断。如果测 35W 电烙铁冷态电阻大于 1.4kΩ，说明该电烙铁功率不够 35W；若冷态电阻小于 1.4kΩ，说明该电烙铁功率大于 35W；若冷态电阻远小于它的对应值，则此电烙铁的寿命不会太长；若冷态阻值为无穷大，则此电烙铁的内部断路损坏；若冷态阻值为零，说明内部出现短路故障。

2. 外热式电烙铁

外热式电烙铁由烙铁头、烙铁芯、外壳、手柄和电源线等部分组成。

外热式烙铁头安装在烙铁芯里面，故称为外热式电烙铁。外热式烙铁芯通常绕在薄云母片绝缘圆筒上。常用的有 25W、50W、75W 和 100W 等几种。

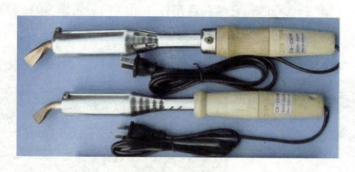

外热式电烙铁

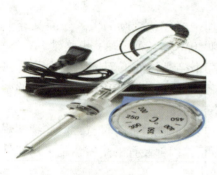

温控式电烙铁

烙铁头的温度可以通过插入烙铁芯的深度来调节，焊接体积较大的物体时，烙铁头就插得深些，焊接小而薄的物体时可浅些。外热式电烙铁连续熔焊能力强，但热能消耗大，即耗电较多。

3. 温控式电烙铁

温控式电烙铁常有恒温式、调温式和双温式等几种。

（1）恒温式电烙铁。恒温式电烙铁的烙铁芯一般常采用 PTC 元件，烙铁头不仅能恒温，而且可以防静电、防感应电，能直接焊 CMOS 器件。

它的特殊性是烙铁头带有温度传感器，在控制器上可人工改变焊接时的温度。若改变恒温点，烙铁头很快就可达到新的设定温度。

（2）调温式电烙铁。调温式电烙铁也附加有一个功率控制器，使用时可通过改变供电的输入功率，达到调温的目的，可控温度范围一般在 100 ~ 400℃，配用的烙铁头为铜镀铁烙铁头（俗称长寿头）。

（3）双温式电烙铁。双温式电烙铁通常是在其手柄上附加一个功率转换开关，通过拨动转换开关的位置即可改变电烙铁的输出功率，从而改变发热量。

二、焊料和焊剂的选用

1. 焊料

焊料一般用熔点较低的金属或金属合金制成。使用焊料的主要目的是把被焊物连接起来，对电路来说构成一个通路，所以对焊料有以下几个要求：

（1）焊料的熔点要低于被焊接物。

（2）易于与被焊物连成一体，要具有一定的抗压能力。

（3）导电性能要较好。

（4）结晶的速度要快。

2. 助焊剂

（1）助焊剂的作用。助焊剂和以前在印制电路板设计和制作中讲到的阻焊剂的作用刚好相反，它是帮助被焊物和焊料之间的焊接的。助焊剂一方面在焊接过程中清除氧化物和杂质，另一方面在焊接结束后保护刚形成的温度较高的焊点，使其不被氧化。这就是助焊剂所能实现的两个重要的作用。此外，助焊剂还具有以下几个作用：①帮助焊料流动，焊料和助焊剂是相溶的，这将会加快液态焊料的流动速度。②能加快热量从烙铁头向焊料和被焊物表面传递。一般使用的助焊剂的熔点要比焊料低，所以在加热过程中应先熔化成液体填充间隙湿润焊点，在此过程中一方面清除氧化物和杂质，另一方面传递热量。

（2）助焊剂的分类。助焊剂分为无机、有机和树脂三大系列。常用的松香即属于树脂系列。

1）无机助焊剂。这一类助焊剂主要由氯化锌、氯化铵等混合物组成，助焊效果较理想，但腐蚀性大。如对残留物清洗不干净，将会破坏印制电路板的绝缘性。俗称焊油的多为这类焊剂。

2）有机焊剂。有机焊剂多为有机酸卤化物的混合物，助焊性能也较好，但具有有机物的特性，遇热分解、有腐蚀性。

3）树脂焊剂。树脂焊剂通常从树木的分泌物中提取，属于天然产物，不会有什么腐蚀性。松香是这类焊剂的代表。目前有一种常用的松香酒精焊剂是用松香溶解在无水酒精中形成的，松香占到23%～30%。具有无腐蚀、绝缘性能好、稳定和耐湿等特点，且易于清洗，并能形成焊点保护膜。

（3）助焊剂的选用。

1）如果电子元件的管脚以及电路板表面都比较干净，可使用纯松香焊剂，这样的焊剂活性较弱。

2）如果电子元件的管脚以及焊接面上有锈渍等，可用无机焊剂。但要注意，在焊接完毕后清除残留物。

3）焊接金、铜、铂等易焊金属时，可使用松香焊剂。

4）焊接铅、黄铜、镀镍等焊接性能差的金属和合金时，可选用有机焊剂的中性焊剂或酸性焊剂，但要注意清除残留物。

基本技能

任务一　手工焊接操作工艺

一、焊接材料及工具的选用

（一）电烙铁的选用

根据手工焊接工艺的要求，选用电烙铁的主要依据是：一是必须满足焊接所需的热量，并能在操作中保持一定的温度。二是温升快，热效率高。三是质量小，操作方便，工作寿命长。四是烙铁头的形状适应焊接物体形状空间的要求。

（二）电烙铁的使用方法与注意事项

（1）电烙铁的握法有三种。反握法就是用五个手指把电烙铁的手柄握在掌内。此法适用于大功率电烙铁，焊接散热量较大的被焊件。正握法使用的电烙铁功率也比较大，且多为勾弯形烙铁头。握笔法适用于小功率的电烙铁，焊接散热量小的被焊件，如收音机、电视机电路的焊接和维修等。

反握法　　　　　　　握笔法　　　　　　　正握法

（2）新烙铁使用前的处理。新烙铁使用前必须先给电烙铁头挂上一层焊锡。

（3）不使用时不宜长时间通电。

（4）电烙铁在焊接时，最好选用松香焊剂，以保护烙铁头不被腐蚀。

（5）更换烙铁芯时要注意引线不要接错，因为电烙铁有三个接线柱，而其中一个是接地的，它直接与外壳相连。

（6）为延长烙铁头的使用寿命，第一，应经常用湿布、浸水海绵擦拭烙铁头，以保持烙铁头良好的挂锡状态，并可防止残留助焊剂对烙铁头的腐蚀。第二，在进行焊接时，应采用松香或弱酸性助焊剂。第三，焊接完毕时，烙铁头上残留的焊锡应该继续保留，以防止再次加热时出现氧化层。

注意：为了提高焊接质量，延长烙铁头的使用寿命，目前大量使用合金烙铁头。在正常使用的情况下，其寿命比一般烙铁头要长得多。和紫铜烙铁头使用方法不同的是，合金烙铁头使用时不得用砂纸或锉刀打磨烙铁头。

二、手工焊接的基本条件

（1）保持清洁的焊接表面是保证焊接质量的先决条件。

（2）选择合适的焊锡和助焊剂及电烙铁。

（3）焊接时要有一定的焊接温度。

（4）焊接的时间要适当。

三、手工焊接的基本步骤

（1）浸润。焊接部位达到焊接的工作温度助焊剂首先熔化，然后焊锡熔化并与被焊工件和焊盘接触。

（2）流淌。液态的焊锡在毛细现象的作用下充满了整个焊盘和焊缝，将助焊剂排出。

（3）合金。流淌的焊锡与被焊工件和焊盘表面产生合金（只发生在表面）。

（4）凝结。移开电烙铁，温度下降，液态焊冷却凝固变成固态从而将工件固定在焊盘上。

显然，焊接质量离不开一个好的焊接流程。为了保证焊接质量，手工焊接的步骤一般要根据被焊件的热容量大小来决定，通常采用五步焊接操作法。

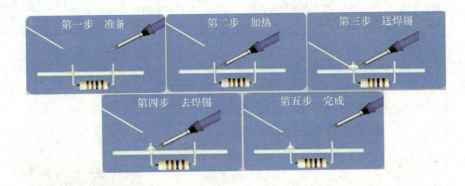

四、焊接操作手法

焊锡量过多容易造成焊点上焊锡堆积并容易造成短路，且浪费材料。焊锡量过少，容易焊接不牢，使焊件脱落。

堆焊：焊锡过多，堆积在一起　　　缺焊：焊锡过少，焊接不牢靠　　　　　合格的焊点

（1）采用正确的加热方法。

（2）加热要靠焊锡桥。

（3）采用正确的方式撤离烙铁。

（4）锡量要合适。

五、焊点的要求

高质量的焊点应具备以下几方面的技术要求：

（1）具有一定的机械强度。

（2）保证其良好、可靠的电气性能。

（3）具有一定的大小、光滑和清洁美观的表面。

综上所述，一个合格的焊点从外观上看，必须达到以下要求：①形状以焊点的中心为界，左右对称，呈半弓形凹面。②焊料量均匀适当，表面光亮平滑，无毛刺和针孔。③润湿角小于30。

虚焊：焊件表面清理不干净，加热不足或焊料浸润不良，造成虚焊

偏焊：爆料四贱不均，偏焊或出现空洞

桥接：焊料将两个相邻的铜箔连在了一起，造成短路

拖尾：焊接动作拖泥带水，温度过低等原因造成拖尾

针孔：焊接时进入了气体，产生针孔

拉尖：焊点表面出现尖端，如同钟乳石

冷焊：焊料未凝固时抖动，造成表面呈豆腐渣颗粒状

脱焊：焊接温度过高，焊接时间过长，使焊盘铜箔翘起甚至脱落

 技能训练

（1）训练内容：手工焊接训练。

（2）训练器材：工具、材料、设备、仪器。

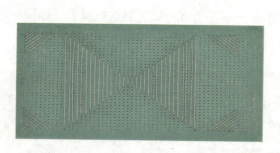

任务二　印刷电路板插装焊接和拆焊基本技能

一、印刷电路板

（一）印刷电路的种类

印刷电路的种类较多，一般按结构可分为单面印刷电路板、双面印刷电路板、多层板和软性印刷电路板四种。

（二）印刷电路板的技术术语

（1）焊盘。印刷电路板上的焊接点。

（2）焊盘孔。印刷电路板上安装元器件插孔的焊接点。

（3）冲切孔。印刷电路板上除焊盘孔外的洞和孔。它可以安装零部件、紧固件、橡塑件及导线穿孔等。

（4）反面。单面印刷电路板中，铜箔板的一面。

（5）正面。单面印刷电路板中，安装元器件、零部件的一面。

印刷电路板正面

印刷电路板反面

二、印刷电路板插装、焊接和拆装基本技能

（一）印刷电路板元器件插装工艺要求

（1）元器件在印刷电路板上的分布应尽量均匀，疏密一致，排列整齐美观，不允许斜排，立体交叉和重叠排列。

（2）安装顺序一般为先低后高，先轻后重，先易后难，先一般元器件后特殊元器件。

（3）有安装高度的元器件要符合规定要求，统一规格的元器件尽量安装在同一高度上。

（4）有极性的元器件，安装前可以套上相应的套管，安装时极性不得差错。

（5）元器件引线直径与印刷电路板焊盘孔径应有 0.2~0.4mm 合理间隙。

（6）元器件一般应布置在印刷电路板的同一面，元器件外壳或引线不得相碰，要保证 0.5~1mm 的安全间隙。无法避免接触时，应套绝缘套管。

（7）安装较大元器件时，应采取黏固措施。

（8）安装发热元器件时，要与印刷电路板保持一定的距离，不允许贴板安装。

（9）热敏元器件的安装要远离发热元件。变压器等电感器件的安装，要减小对邻近元器件的干扰。

（二）元器件的成型

所有元器件在插装前都要按插装工艺要求进行成型。

（1）电阻成型。

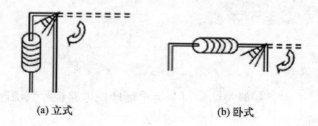

(a) 立式   (b) 卧式

（2）电容成型。

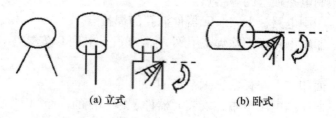

(a) 立式   (b) 卧式

（3）二极管成型。

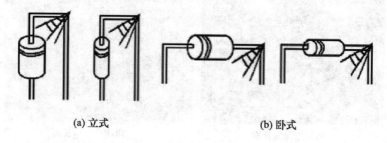

(a) 立式   (b) 卧式

（4）三极管成型。

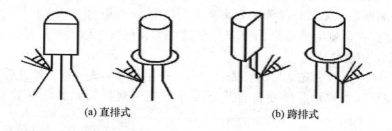

(a) 直排式   (b) 跨排式

（5）集成电路插座的插装。

（三）元器件的插装焊接方法

严格按照装配工艺图纸要求进行插装焊接。具体插装焊接方法如下：①电阻插装焊接。②二极管插装焊接。③电容插装焊接。④三极管插装焊接。⑤集成电路插座插装焊接

（四）印刷电路板元器件的拆焊

在调试、维修或焊错的情况下，经常需要将已焊接处拆除，取下元器件进行更换，称为拆焊。拆焊的难度比焊接大得多，往往容易损坏元器件并且导致印刷电路板铜箔脱落、断裂。为了保护印刷电路板和元器件拆卸时不损坏，需要采用一定的拆焊工艺和专用工具。

（1）分点拆焊。

分点拆焊

（2）集中拆焊。

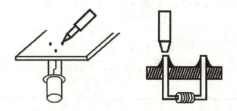

集中拆焊

（3）用专用吸锡器进行拆焊。

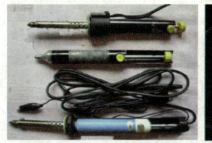 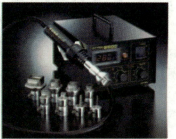

常用的几种拆焊工具　　　　　　　**850D 热风焊台**

 技能训练

1. 训练内容：多用印刷电路板插装焊接和拆焊基本技能。
2. 训练器材：工具、材料、设备、仪器见下表。

工　具	材　料
电烙铁35W 一把	万能板一块
尖嘴钳一把	电阻6个、电容4个、发光二极管2个
斜口钳一把	二极管4个、三极管2个
镊子一只	集成块插座一只

3. 训练步骤：

（1）按照印刷电路板插装、焊接和拆装工艺图要求进行元器件成型、插装。

（2）按焊接工艺要求完成镀锡裸铜丝、元器件的焊接。

（3）在多孔印刷电路上按图进行插装焊接和拆焊。

印刷电路板插装、焊接和拆装工艺图的镀锡裸铜丝、元器件插装工艺要求如下：

（1）镀锡裸铜丝的焊接。镀锡裸铜丝紧贴电路板插装焊接，不得拱前、弯曲，将较长尺寸的镀锡裸铜丝焊在印刷电路板上时应每隔10mm加焊一个焊点。

（2）电阻焊接。3个电阻为立式插装，3个电阻为卧式插装。

卧式电阻紧贴电路板插装焊接，立式电阻离开电路板1~2mm插装焊接，电阻排列整齐、高低一致。

（3）电容焊接。4个电解电容为立式插装。

（4）二极管焊接。2个二极管为立式插装，2个二极管为卧式插装，2个发光二极管为立式插装。

（5）三极管焊接。1个为直排式插装，1个为跨排式插装。

（6）集成电路插座焊接。集成电路插座为双列直插型16芯插座。集成电路插座紧贴电路板焊接。

（7）经实训指导评分后，选择适当的工具和拆焊方法对印刷电路板上各种元器件进行拆焊。

任务三　电阻器

一、电阻的分类

在电路和实际工作中，电阻器通常简称为电阻。常用的电阻分三大类：阻值固定的电阻称为固定电阻或普通电阻；阻值连续可变的电阻称为可变电阻（电位器和微调电阻）；具有特殊作用的电阻器称为敏感电阻（如热敏电阻、光敏电阻等）。

（一）普通电阻的外形及特点

1. 碳膜电阻

碳膜电阻是以碳膜作为基本材料，利用浸渍或真空蒸发形成结晶的电阻膜（碳膜），属于通用性电阻。

2. 金属氧化膜电阻

金属氧化膜电阻是在陶瓷机体上蒸发一层金属氧化膜，然后再涂一层硅树脂胶，使电阻的表面坚硬而不易碎坏。

3. 金属膜电阻

金属膜电阻以特种稀有金属作为电阻材料，在陶瓷基体上，利用厚膜技术进行涂层和焙烧的方法形成电阻膜。

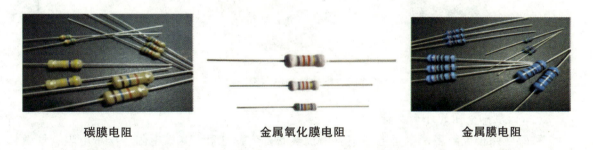

碳膜电阻　　　　　金属氧化膜电阻　　　　　金属膜电阻

4. 线绕电阻

线绕电阻是将电阻线绕在耐热瓷体上，表面涂以耐热、耐湿、耐腐蚀的不燃性涂料保护而成。线绕电阻与额定功率相同的薄膜电阻相比，具有体积小的优点，它的缺点是分布电感大。

线绕电阻

5. 热敏电阻

热敏电阻的电阻值随着温度的变化而变化，一般用作温度补偿和限流保护等。从特性上可分为两类：正温度系数电阻和负温度系数电阻。热敏电阻在结构上分为直热式和旁热式两种。

6. 贴片电阻

贴片电阻

贴片式电阻又称表面安装电阻，是小型电子线路的理想元件。

该类电阻目前常用在高集成度的电路板上，它体积很小，分布电感、分布电容都较小，适合在高频电路中使用。

（二）可变电阻的外形及特点

可变电阻通过调节转轴使它的输出电阻发生改变，从而达到改变电位的目的，故这种连续可调的电阻又称为电位器。

电位器实际上是一种可变电阻器，可采用上述各种材料制成。电位器通常由两个固定输出端和一个滑动抽头组成。

按结构电位器可分为单圈、多圈；单联、双联；带开关；锁紧和非锁紧电位器。按调节方式可分为旋转式电位器、直滑式电位器。在旋转式电位器中，按照电位器的阻值与旋转角度的关系可分为直线式、指数式、对数式。

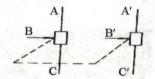

双连同轴电位器的电路图形符号

（三）敏感电阻的外形及特点

敏感电阻种类较多，电子电路中应用较多的有热敏电阻、光敏电阻、压敏电阻、气敏电阻、湿敏电阻等。

1. 热敏电阻

热敏电阻有正温度系数（PTC）热敏电阻和负温度系数（NTC）热敏电阻两种。

常见负温度系数（NTC）热敏电阻　　　　正温度系数（PTC）热敏电阻

2. 光敏电阻

光敏电阻又叫光感电阻，是利用半导体的光电效应制成的一种电阻值随入射光的强弱而改变的电阻；入射光强，电阻值减小，入射光弱，电阻值增大。

3. 压敏电阻

压敏电阻是利用半导体材料的非线性制成的一种特殊电阻，是一种在某一特定电压范围内其电导随电压的增加而急剧增大的敏感元件。

4. 气敏电阻

气敏电阻是利用气体的吸附而使半导体本身的电导率发生变化这一原理将检测到的气体的成分和浓度转换为电信号的电阻。

光敏电阻　　　　　　　　　　　　　　压敏电阻

5. 湿敏电阻

湿敏电阻是利用湿敏材料吸收空气中的水分而导致本身电阻值发生变化这一原理而制成的电阻。

6. 保险电阻

保险电阻又叫安全电阻或熔断电阻，是一种兼电阻器和熔断器双重作用的功能元件。

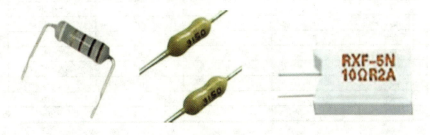

保险电阻

二、电阻器的标志方法

电阻器在电路中的参数标注方法有直标法、色标法和数标法三种。

（一）直标法

直标法是将电阻器的标称值用数字和文字符号直接标在电阻体上，其允许偏差则用百分数表示，未标偏差值的即为 ±20% 。如 4.7K　+5% 。

（二）数标法

数标法主要用于贴片等小体积的电路，在三维数码中，从左至右第一、第二位数表示有效数字，第三位表示 10 的倍幂或者用 R 表示（R 表示 0），如 512 表示 $47 \times 10^2 \Omega$（即 5.1KΩ），104 则表示 100KΩ，R22 表示 0.22Ω，122 表示 1200Ω = 1.2KΩ，1402 表示

$14000\Omega = 14K\Omega$，50C 表示 $324 \times 100 = 32.4K\Omega$，17R8 表示 17.8Ω，000 表示 0Ω，0 表示 0Ω。

（三）色标法

色环标注法（即色环标注）是用不同颜色的色环来表示标称阻值和允许偏差的大小。色环标注法使用最多，普通的色环电阻器用四环表示，精密电阻器用五环表示，紧靠电阻体一端头的色环为第一环，露着电阻体本色较多的另一端头为末环。电阻的色环标识为：

棕	红	橙	黄	绿	蓝	紫	灰	白	黑
1	2	3	4	5	6	7	8	9	0

如果色环电阻器用四环表示，前面两位数字是有效数字，第三位是 10 的倍幂，第四环是色环电阻器的误差范围。四色环电阻器（普通电阻）的表示方法如下：

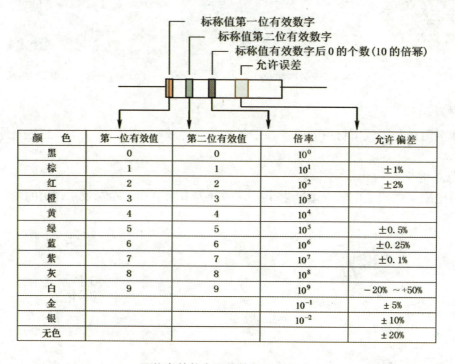

颜　　色	第一位有效值	第二位有效值	倍率	允许 偏差
黑	0	0	10^0	
棕	1	1	10^1	±1%
红	2	2	10^2	±2%
橙	3	3	10^3	
黄	4	4	10^4	
绿	5	5	10^5	±0.5%
蓝	6	6	10^6	±0.25%
紫	7	7	10^7	±0.1%
灰	8	8	10^8	
白	9	9	10^9	−20% ～+50%
金			10^{-1}	±5%
银			10^{-2}	±10%
无色				±20%

两位有效数字阻值的色环表示法

例1：

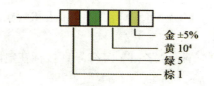

金 ±5%
黄 10^4
绿 5
棕 1

即：$R = 150000\Omega = 150K$

如果色环电阻器用五环表示，前面三位数字是有效数字，第四位是 10 的倍幂。第五环是色环电阻器的误差范围。

五色环电阻器（精密电阻）的表示方法如下：

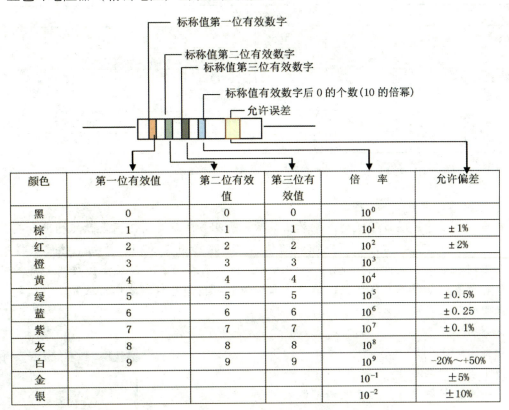

颜色	第一位有效值	第二位有效值	第三位有效值	倍率	允许偏差
黑	0	0	0	10^0	
棕	1	1	1	10^1	±1%
红	2	2	2	10^2	±2%
橙	3	3	3	10^3	
黄	4	4	4	10^4	
绿	5	5	5	10^5	±0.5%
蓝	6	6	6	10^6	±0.25
紫	7	7	7	10^7	±0.1%
灰	8	8	8	10^8	
白	9	9	9	10^9	−20%～+50%
金				10^{-1}	±5%
银				10^{-2}	±10%

三位有效数字阻值的色环表示法

例2：

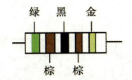

即：R ＝5100Ω ＝5.1K

 思考与练习

1. 电阻识别、测量技能训练

由色环写出阻值							
色 环	阻值	色 环	阻值	色 环	阻值	色 环	阻值
棕黑黑		棕黑红		黑黑棕黑		黄橙黄金	
红黄黑		绿绿棕		红黄黑红		棕黑红黑	
黄黑红		棕红黑		红红绿橙		棕黑黑棕	
红红红		棕绿棕		黄绿红红		蓝黑黑棕	
黄黄黄		黑红棕		黄绿黑黄		红绿黑红	

续表

色 环	阻值	色 环	阻值	色 环	阻值	色 环	阻值
绿紫黄		绿紫红		灰黑灰黑		橙黄黑棕	
紫黄绿		黄橙金		白红绿棕		紫黑红棕	
绿橙黄		红白金		棕紫红橙		绿蓝黑棕	
蓝橙黄		橙黄灰		紫橙灰红		白红棕橙	
绿黄橙		灰绿橙		红红白金		黑棕黑橙	

由色环写出阻值

注：表中，标识误差级别的误差环未标出，误差均为 ±5%。

2. 电阻器的测量

在日常生活中，通常用欧姆表测量法。欧姆表测量法就是用万用表欧姆挡进行测量。

在测量中，首先要估计被测电阻的阻值，然后选择适当的挡位；测量挡位选择确定后，对万用表电阻挡进行调0，调0的方法是：将万用表两表笔金属棒短接，观察指针有无到0的位置；如果不在0位置，调整调零旋钮表针指向电阻刻度0的位置。

电阻的阻值 = 读数 × 挡位

如图所示：

则：$R = 10 \times 1K$

万用表欧姆挡测量：

第一步：将波段开关置于欧姆挡适当量程。

第二步：将表笔短接后调零。

第三步：测量。

不正确的测量方法：

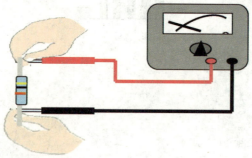

因为造成了人体电阻与被测电阻并联。

测量阻值 实际阻值	×1Ω 挡	×10Ω 挡	×100Ω 挡	×1KΩ 挡	×10KΩ 挡	×100KΩ 挡
10Ω						
100Ω						
51K						
4.7K						
200K						

对表中的数值进行比较，写出结论。

3. 电阻器好坏的检测

（1）用指针万用表判定电阻的好坏。首先选择测量挡位，再将倍率挡旋钮置于适当的挡位，一般 100 欧姆以下电阻器可选 R×1 挡；100 欧姆~1K 欧姆的电阻器可选 R×10 挡；1K 欧姆~10K 欧姆电阻器可选 R×100 挡；10K~100K 欧姆的电阻器可选 R×1K 挡；100K 欧姆以上的电阻器可选 R×10K 挡。

（2）测量挡位选择确定后，对万用表电阻挡为进行调零，调零的方法是：将万用表两表笔金属棒短接，观察指针有无到 0 的位置；如果不在 0 位置，调整调零旋钮表针指向电阻刻度的 0 位置。

（3）接着将万用表的两表笔分别和电阻器的两端相接，表针应指在相应的阻值刻度上，如果表针不动和指示不稳定或指示值与电阻器上的标示值相差很大，则说明该电阻器已损坏。

通常人们把物体向外发射出可见光的现象称为发光，但对光电技术领域来说，光辐射还包括红外、紫外等不可见波段的辐射。发光常分为热辐射和激发辐射。热辐射是由物体的温度高于绝对零度而产生物体热辐射；激发辐射是物体在特定环境下受外界能量激发的辐射。激发辐射的光源被称为冷光源。

本项目我们主要学习半导体发光器件。半导体发光器件是一种将电能转换成光能的器件。它包括发光二极管、红外光源、半导体发光数字管等。

一、发光二极管的外形、特点及应用

发光二极管（VD）能把电能转化为光能，发光二极管正向导通时能发出红、绿、蓝、黄及红外光，可用作指示灯和微光照明。

1. 外形

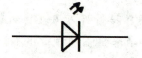

二极管的外形及图形符号

2. 主要特点

发光二极管正向导通时能发出红、绿、蓝、黄及红外光，可用作指示灯和微光照明。

优点：发光效率高、耗电量少、使用寿命长、安全可靠性、有利于环保、响应时间短、使用安全、价格较低。

3. 应用领域

发光二极管（缩写为 LED）工作电压很低（1.5～3V），工作电流很小（10～30mA），耗电极低，应用广泛。

（1）交流电源指示灯。该电路只要连接 220V/50Hz 的交流供电线路，LED 就会被点亮，指示电源接通。限流电阻 R 的阻值为 $220V/IF_m$。

（2）交流开关指示灯。用 LED 作白炽灯开关指示灯的电路，当开关断开灯泡熄灭时，电流经 R、LED 和灯泡 EL 形成回路，LED 亮，方便人们在黑暗中找到开关。此时由于回路中的电流很小，灯泡是不会亮的。当接通开关时，灯泡被点亮，而 LED 则熄灭。

（3）交流电源插座指示灯。用双色（共阴极）LED 作交流电源插座指示灯的电路。插座的供电由开关 S 控制。当红光 LED 亮时，插座无电；当绿光 LED 亮时，插座有电。

（4）保险管座指示灯。LED 用作工厂设备配电箱保险管座指示灯的电路。当保险管完好时，LED 不亮；当保险管熔断时，LED 会被点亮，以指示用户是哪一个熔断器已被烧断，以便更换。这对于用肉眼无法观察好坏的瓷芯式熔断器来说是非常方便的。

（5）LED 单色或者彩色显示屏。一般单色显示屏用于显示单行汉字，彩色显示屏用于户外大屏幕电视。

（6）LED 广告招牌灯、LED 路灯、LED 汽车信号灯和 LED 电动车照明灯等。事实证明，它已经成为照明产品中的一只奇葩，绽放在动感都市。

二、发光数码管

数码管是一种半导体发光器件，数码管可分为七段数码管和八段数码管，区别在于八段数码管比七段数码管多一个用于显示小数点的发光二极管单元 DP（Decimal Point），其基本单元是发光二极管。七条发光管组成七段式数字显示管，可以显示从 0 到 9 的 10 个数字。这种半导体数字显示管的优点是体积小、耗电省、寿命长、响应速度快。它可以作为各种小型计算器及数字显示仪表的数字显示用。

数码管是一类价格便宜，使用简单，通过对其不同的管脚输入相对的电流，使其发亮，从而显示出数字能够显示时间、日期、温度等所有可用数字表示的参数的器件。

在电器特别是家电领域应用极为广泛，如显示屏、空调、热水器、冰箱等。绝大多数热水器用的都是数码管，其他家电也用液晶屏与荧光屏。

发光数码管

三、光电耦合器

把半导体发光器件和光敏器件组合封闭装在一起，就组成了具有电—光—电转换功能的光电耦合器。显然，给耦合器输入一个电信号，发光器件就发光，光被光接收器件接收后，又转换成电信号输出。因为输入主输出之间用光进行耦合。所以输出端对输入端没有反馈，具有优良的隔离性能和抗干扰性能。光电耦合器又是光电开关，这种光电开关不存在继电器中机械点易疲劳的问题，可靠性很高。

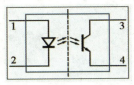

光电耦合器的外形及符号

光电耦合元件广泛用于电气绝缘、电平转换、级间耦合、驱动电路、开关电路、斩波器、多谐振荡器、信号隔离、级间隔离、脉冲放大电路、数位仪表、远距离信号传输、脉冲放大、固态继电器（SSR）、仪器仪表、通信设备及微机电接口中。

在单片开关电源中，利用线性光耦合器可构成光耦回馈电路，通过调节控制端电流来改变占空比，达到精密稳压目的。

思考与练习

1. 发光二极管极性的判别

第一种方法：从外形观察长脚是正极，短脚是负极。

第二种方法：用万用表来判别。操作如图：

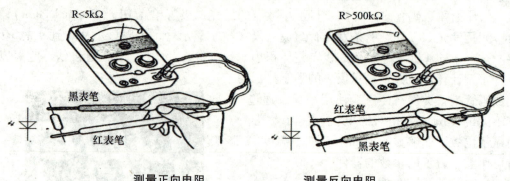

测量正向电阻　　　　　　　测量反向电阻

用 R×100 挡或 R×1K 挡，先后用红、黑表笔任意测量二极管两端的电阻值，如果管子是好的，两次阻值必定出现一大一小。以阻值小的那一次，黑表笔接的是正极，红表笔接的是负极。

2. 发光二极管好坏的检测

用 R×100 挡或 R×1K 挡，先后用红、黑表笔任意测量二极管两端的电阻值，如果管子是好的，两次阻值必定出现一大一小。即如前两次阻值都大或后两次阻值都小，则发光管已坏。

任务五　变压器

一、概述

变压器一般是用绝缘铜线绕在磁芯或铁芯外制成的，主要用作改变交流电压和交流电流的大小，也作阻抗变换和隔直流用。在实际应用中，有电源变压器、线间变压器、音频变压器、中频变压器和高频变压器等多种类型。

变压器外形

二、常用变压器分类

（1）音频变压器。这类变压器主要用于对音频（小于3400Hz）信号进行处理，用作阻抗匹配、耦合、倒相等。它一般有两组及两组以上线圈，输入线圈的阻值较高，输出线圈的阻值较低。

（2）中频变压器。中频变压器又叫中周，与电容器组成谐振回路，在超外差式（机内产生一个与外部输入信号有固定差值的信号，经调制产生一个中频的有用信号）收音机和电视机中使用。常用的有单调谐和双调谐两种，双调谐指有两组谐振回路。

（3）行输出变压器。行输出变压器又称为逆行程变压器，常用在电视机扫描输出级，为显像管提供阳极高压、加速极电压、聚焦极电压和其他电路所需的直流电压。它由高压线圈、低压线圈、U形磁芯及骨架组成。

（4）电源变压器。电源变压器用作电压的变换，可以产生各种电路所需的电压。

三、变压器的主要参数

（1）变压比。变压比是指变压器原边电压与副边电压的比值。它有两种表示方式，一种只说明比值，如1:2；另一种则同时说明额定电压，如220V/36V表示原边额定电压为220V，副边电压为36V。

（2）额定功率。额定功率是指变压器在规定的频率和电压下，能长期工作而不超过规定温升的输出功率。额定功率的容量单位用 V·A 表示。

（3）绝缘电阻。变压器的各绕组间、各绕组与铁芯之间并不是理想的绝缘，当外加电压时总有漏电流存在，绝缘电阻是施加的电压与漏电流的比值。如果变压器的绝缘电阻过低，可能会使电路工作不稳定，甚至使得设备的外壳带电，可能造成对设备和人身的伤害。

四、变压器的简单检测

变压器可以使用万用表电阻挡进行检测，一是检测绕组的通断；二是检测绕组线圈之间的绝缘电阻；三是检测绕组线圈与铁芯之间的绝缘电阻。

 思考与练习

（一）实训目的

（1）学习用万用表检测绕组的好坏、绕组线圈间的绝缘电阻是否正常、绕组铁芯的绝缘电阻是否正常。

（2）学习根据变压器两绕组的电阻值判断初级和次级。

（二）器材准备

实训器材

序号	名称	规格	数量
1	万用表	南京 MF47	1 台
2	小功率变压器	220V/12V – 15W	1 个
3	机床变压器	380V/220V/36V/24V/12V – 50W	1 个

（三）实训步骤

（1）检测万用表是否正常。

（2）检测小功率变压器。

（3）检测机床变压器。

（4）填写实训数据表。

器材	数 值	填写说明
万用表		是否正常
小功率变压器		绕组1电阻值
小功率变压器		绕组2电阻值
机床变压器		绕组1电阻值
机床变压器		绕组2电阻值

（四）问题讨论

（1）如何根据变压器两绕组的电阻值判断初级和次级。

（2）在降压变压器的次级通入交流低电压，在初级能否有高压输出。

（五）小结

每位学生都写一篇实训小结，主要写自己学会了什么、还有什么知识不清楚等。

任务六　焊接多谐振荡器

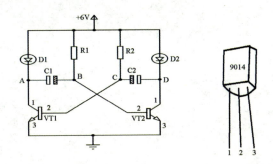

一、元件选择

C_1、C_2 选 22μF/25V，R_1、R_2 选 22kΩ，三极管 VT1、VT2 为 9014。

二、实训

（一）实训目的

（1）通过焊接多谐振荡器，提高学生焊接的动手能力，激发学生学习电子知识的兴趣。

（2）学习用万用表的电阻挡进行电路板检测，学习用万用表的电压挡进行通电电路的检测。

（二）器材准备

实训器材

序号	名称	规格	数量
1	万用表	南京 MF47	1 台
2	电烙表	内热式 30W	1 把
3	焊丝	0.7mm	1 米
4	电容	22μF/25V	2 个
5	电阻	22kΩ	2 个
6	三极管	9014	2 个
7	发光二极管	LED 3mm	2 个

（三）焊接步骤

（1）元件检测。

（2）元件布局。

（3）元件焊接。

（4）焊接好电路板用电阻挡检测是否连接正确，用电压通电检测 1 号、2 号、3 号、4 号测试点并做好记录。

（四）小结

每位学生都写一篇实训小结。自我评价焊接水平，元件布局心得，焊接工艺如何。

第六单元

化学工艺专业

认识专业

任务一　专业介绍

一、概述

化工专业是以数学、物理、化学等理论为基础的面向工业生产的高度综合性专业。它的行业包含了化工、炼油、冶金、能源、轻工、环境、医药、环保和军工等部门从事工程设计、精细与日用化工、能源及动力、技术开发、生产技术管理和科学研究等方面。本专业学生主要学习化学工程学与化学工艺学等方面的基本理论和基本知识，掌握其相关的基本操作技能，以便毕业后能适应从事化工类产品的设计、施工、生产管理、技术开发、应用研究以及贸易等方面的工作。

田东石化工业园区——位于田东县城北部。园区基本呈东西长 3~3.5 公里、南北宽 2.2 公里，规划面积 7.1 平方公里。被列为自治区级 A 类产业园区，是百色市"千亿铝产业工程"的配套功能园区。园区重点发展 C4 综合利用的石油化工基础原料、氯碱化工、生物化工和合成材料及加工制品等四大产品链。预计到 2020 年，总用地面积达 7.1 平方公里，总投资规模将达 175 亿元，实现工业产值 460 亿元，利税 46 亿元。园区将建成西南氯碱基地、化学品氧化铝基地、水处理产品基地和石化新基地。园区于 2007 年 1 月启动建设，在科学发展观的指导下，遵照循环经济的理念，实现石油化工、氯碱化工和生物化工的有机结合，并向合成材料及加工制品产业方向延伸。在园区规划和建设过程中充分体现了"特色、高新、循环、和谐"的特点。目前，入园的企业主要有广西田东锦江产业园总公司、广西田东石油化工总厂有限公司、广西田东新特化工厂、广西田东盛亚科技有限公司、广西田东泰鑫石油化工有限公司、广西田东锦华化学有限公司等。其中，广西田东锦江产业园总公司是杭州锦江集团在广西田东县投资兴建的公司。杭州锦江集团组建于 1993 年，是一家以环保能源、有色金属、化工为主产业，集商贸于一体的现代化大型民营企业，总资产逾 500 亿元，产业遍布全国 20 多个省区市。2013 年集团荣膺中国企业 500 强第 496 位。广西田东锦江产业园总公司占地面积 5000 多亩，现有员工 1800 余人。由广西田东锦盛化工有限公司和广西田东锦鑫化工有限公司两大公司组成，项目于 2007 年 9 月开工建设，总投资 80 余亿元。已建成并投产的项目有 100 万吨的化学品氧化铝、20 万吨烧碱、精细化工和配套火力发电厂，投产的各项目运行良好，年销售产值超 40 亿元。

二、培养目标

本专业培养德、智、体、美全面发展，具有现代企业意识、适应地方经济建设发展需要，具备化学工程与化学工艺方面的知识，能在化工、炼油、冶金、能源、轻工、医药、环保等部门从事化工生产运行、技术开发、产品检测与质量控制、生产技术管理等工作的高等技术应用性高素质人才。

三、主要课程

本专业开设的主要课程有无机化学、有机化学、分析化学、化工原理、化工设备机械基础、化学反应工程、化工安全环保、化工工艺等专业课程以及公共课程。

四、主要设备

基础化学实验室

气相色谱原子吸收室

原子吸收分光光度计

自动电位滴定分析室

油品分析室

化工仿真实训室

五、职业岗位

化工专业毕业后可以从事的职业类型：生产经理、助教、培训专员、管理分析师、化学药物销售代表、化工产品销售经理、化工行业软件工程师、化学工程师、化学家、生产技术员、质检员、化工教师、公务员、材料工程师、工业工程师、分析化学师、生物化学师等。

六、就业前景

化学工业是技术含量较高的行业之一，是我国经济发展的支柱产业，涉及的细分行业主要有石化、煤化工、化肥、农药、化工新材料与新型专用化学品；化工产品涉及人们生产、生活的各个领域，与人们的衣、食、住、行紧密相关。"十一五"期间，我国化工行业得到了快速发展，"十二五"期间依旧保持快速增长态势。化工行业的快速发展，必然对化工专业技术人才产生大量的需求。目前，我国新建的化工项目比较多，化工专业毕业生得到的就业岗位不降反升，可见，该专业的毕业生的就业前景是非常令人看好的。该专业毕业生可以到化工、炼油、轻工、食品、生物、医药、环保、能源等部门从事化工生产运行、技术开发、产品检测与质量控制、生产技术管理等方面的工作。

任务二 有机合成材料介绍

一、有机化合物

化合物主要有无机化合物和有机化合物（简称有机物）两大类。有机化合物都含有碳元素，如甲烷、乙醇、葡萄糖等。而氯化钠、硫酸、氢氧化钠等不含碳元素，它们都是无机化合物。少数含碳元素的化合物，如一氧化碳、二氧化碳和碳酸钙等具有无机化合物的特点，因此把它们看作无机化合物。

有机合成材料的应用

有机物除含有碳元素外，还可能含有氢、氧、氮、氯和磷等元素。在有机物中，碳原子不但可以与氢、氧、氮等原子直接结合，而且碳原子之间还可以互相连接，形成碳链或碳环。由于原子排列方式不同，所表现出来的性质也就不同。因此，有机物的数目异常庞大。在已经发现的几千万种物质中，绝大多数是有机物。

有些有机物的相对分子质量比较小，如乙醇、葡萄糖等，属于有机小分子化合物。而有些有机物的相对分子质量比较大，从几万到几十万，甚至高达几百万或更高，如淀粉、蛋白质等，通常称它们为有机高分子化合物，简称有机高分子。

二、有机合成材料

用有机高分子化合物制成的材料就是有机高分子材料。棉花、羊毛和天然橡胶等都属于天然有机高分子材料，而日常生活中用得最多的塑料、合成纤维和合成橡胶等则属于合成有机高分子材料，简称合成材料。

有机合成材料的出现是材料发展史上的一次重大突破。从此，人类摆脱了严重依赖天然材料的历史，在发展进程中大大前进了一步。合成材料与天然材料相比，在很多方面具有更为优良的性能，而且人们可以根据需要，合成出具有某些特殊性能的材料。从我们的日常生活到现代工业、农业、国防和科学技术等领域，都离不开合成材料。有机合成材料适合现代化大规模工业生产，产量受地域、气候、自然灾害的影响较小。

年产10万吨的合成纤维厂　　　　　　约8万公顷棉田一年的产棉量

产量相当于

年产10万吨的合成橡胶厂　　　　　　约15万公顷橡胶林一年的产胶量

产量相当于

由于有机高分子化合物大部分是由有机小分子化合物聚合而成的，所以也常被称为聚合物。例如，聚乙烯分子是由成千上万个乙烯分子聚合而成的高分子化合物。当小分子连接构成高分子时，有的形成很长的链状，有的由链状结成网状。

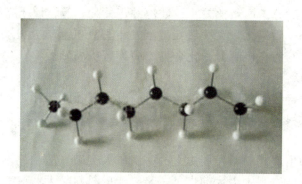

聚乙烯分子模型

链状结构的高分子材料（如聚乙烯塑料）加热时熔化，冷却后变成固体，加热后又可以熔化，因此具有热塑性。这种高分子材料可以反复加工，多次使用，能制成薄膜、拉成丝或压制成所需要的各种形状，用于工业、农业和日常生活等。有些网状结构的高分子材料（如酚醛塑料，俗称电木；脲醛塑料，俗称电玉）一经加工成型，受热也不再熔化，因此具有热固性。

塑料是最常见的有机合成材料，具有密度小、耐腐蚀、易加工等优点。塑料的品种很多，用途各不相同。使用较多的有聚乙烯塑料、聚氯乙烯塑料、酚醛塑料、脲醛塑料等。

聚乙烯塑料大棚

酚醛塑料制成的手柄

聚氯乙烯做的电线绝缘层

　　我们穿的衣服通常是由纤维织成的。棉花、羊毛、蚕丝等属于天然纤维，涤纶、棉纶（尼龙）和腈纶等属于合成纤维。合成纤维的强度高、弹性好、耐磨和耐化学腐蚀，但它的吸水性和透气性较差。因此，人们常将合成纤维与棉纤维或羊毛纤维混合纺织，使衣服穿起来既舒适又不易褶皱。

棉花和羊毛的纤维都是天然纤维

合成纤维制品

　　橡胶最初是从橡胶树等植物中获取的。人们根据天然橡胶的分子组成和结构，用化学方法制得了合成橡胶。人们常用的合成橡胶有丁苯橡胶、顺丁橡胶和氯丁橡胶等。合成橡胶与天然橡胶相比，具有高弹性、绝缘性好、耐油、耐高温和不易老化等性能，因而广泛应用于工农业、国防、交通和日常生活中。

　　合成材料的应用与发展，大大方便了人类的生活。但是，合成材料废弃物的急剧增加也带来了环境问题，废弃塑料带来的"白色污染"尤为严重。这是因为大部分塑料在自然环境中很难降解，长期堆积会破坏土壤，污染地下水，危害海洋生物的生存；如果焚烧合成材料制品会产生大量污染气体，从而对空气造成污染。要解决"白色污染"问题，应该从以下几个方面着手：

　　（1）减少使用不必要的塑料制品，如用布袋代替塑料袋等。

　　（2）重复使用某些塑料制品，如塑料袋、塑料盒等。

　　（3）使用一些新型的、可降解的塑料，如微生物降解塑料和光降解塑料等。

　　（4）回收各种废弃塑料。

　　回收废弃塑料是非常重要的，因为塑料回收不仅可以减少废弃塑料的数量，而且节约资源。但塑料的分类是回收和再利用的一大障碍，这是因为不同种类的塑料，其再利用的途径是不同的。为了解决这个问题，一些国家已经开始在塑料制品上印刷或模压所用材料种类的标志。表6－1是我国制定的塑料包装制品回收标志中的塑料名称、代码和对应的缩写代号。

表 6 - 1 塑料名称、代码和对应的缩写

塑料名称	聚酯	高密度聚乙烯	聚氯乙烯	低密度聚乙烯	聚丙烯	聚苯乙烯	其他
代号	01	02	03	04	05	06	07
缩写代号	PET	HDPE	PVC	LDPE	PP	PS	Others

近年来，为了解决使用合成材料带来的环境问题，新型有机合成材料逐渐向对环境友好的方向发展。此外，为满足计算机、生物工程、海洋工程和航空航天工业等尖端技术发展的需要，人们还研制出了具有光、电、磁等特殊功能的合成材料。为了综合不同材料的优点，人们还将几种材料复合起来形成复合材料，如玻璃钢、碳纤维复合材料等。这些新型材料在航空航天、建筑、机器人、仿生和医药等领域已显示出潜在的应用前景，它们的发展必将对人类的生活和社会的进步产生深远的影响。

化工生产实例

任务一 烧碱生产工艺

烧碱是氢氧化钠的一种俗称，是一种重要的基本化工原料，广泛应用于造纸、纺织、印染、合成洗涤及肥皂、搪瓷、医药、染料、农药、制革、石油精炼、动植物油脂加工、橡胶、轻工等工业部门，也用于氧化铝的提取和金属制品的加工。

离子膜法制烧碱是烧碱生产工艺的常用制法之一，也是世界上工业化生产烧碱当中最先进的工艺方法，它具有能耗低、三废污染少、成本低及操作管理方便等优点。下面我们就简单介绍用离子膜法制烧碱的生产工艺。

一、什么是离子膜法制烧碱

离子膜法制烧碱就是用饱和食盐水电解制取氢氧化钠，同时还会生成氢气和氯气，而为了防止氢气和氯气反应、氯气和氢氧化钠反应，要把食盐水溶液隔成两个区域：阳极区和阴极区，这就要采用阳离子交换膜，这种制烧碱的方法就叫离子膜法制烧碱。

其主要原理是因为使用的阳离子交换膜，该膜有特殊的选择透过性，只允许阳离子通过而阻止阴离子和气体通过，即只允许 H^+、Na^+ 通过，而 Cl^-、OH^- 和两极产物 H_2 与 Cl_2 无法通过，因而起到了防止阳极产物 Cl_2 和阴极产物 H_2 相混合而可能导致爆炸的危险，还起到了避免 Cl_2 和阳极另一产物 NaOH 反应而生成 NaClO 影响烧碱纯度的作用。

二、离子膜法制烧碱的生产原料

离子膜法制烧碱的主要原料是原盐，要将原盐制成饱和食盐水用来电解生产烧碱，但由于原盐水中含有泥沙、Ca^{2+}、Mg^{2+}、Fe^{3+}、SO_4^{2-} 等杂质，远不能达到电解要求，因此必须经过提纯精制才能配制成饱和食盐水以供电解。

三、离子膜法制烧碱的反应原理

离子膜法制烧碱的反应原理如下：将饱和食盐水加入阳极室，纯水（加入一定量的 NaOH 溶液）加入阴极室，Na^+ 则穿过离子膜由阳极室进入阴极室。通电后 H_2O 在阴极表面放电生成 H_2，发生反应为 $2H^+ + 2e^- = H_2\uparrow$，同时产生大量 OH^-，OH^- 与阴极室内的 Na^+ 形成 NaOH 溶液，从阴极室导出；而 Cl^- 则在阳极表面放电生成 Cl_2，发生反应为 $2Cl^- - 2e^- = Cl_2\uparrow$，电解后的淡盐水则从阳极室导出，经添加食盐增加浓度后可循环利用。

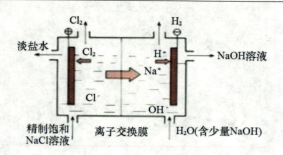

饱和盐水电解示意图

电解反应方程式：

$$2NaCl + 2H_2O \xrightarrow{电解} \underbrace{2NaOH + H_2 \uparrow}_{阴极} + \underset{阳极}{Cl_2 \uparrow}$$

想一想

为什么阴极室内加入的是纯水（加入一定量的 NaOH 溶液）而非 NaCl 溶液？

四、离子膜法制烧碱工艺流程

离子膜法制烧碱工艺生产流程可分为整流、盐水精制、盐水电解、氯氢处理、液碱蒸发、固碱生产和废气吸收工序七个流程。

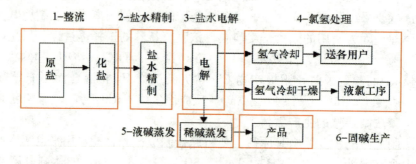

离子膜法制烧碱工艺

1. 整流

整流是将电网输入的高压交流电转变成供给电解用的低压直流电的工序。整流效率主要取决于采用的整流装置，整流工序节能途径是提高整流效率。

2. 盐水精制

将原盐用水溶解饱和并精制（除去 Ca^{2+}、Mg^{2+}、SO_4^{2-} 等有害离子和固体杂质）获得供电解用的精制饱和盐水，是盐水精制工序的功能。

（1）一次盐水精制。一次澄清盐水的制备是氯碱生产工艺至关重要的工段，精制效果的好坏直接影响产品的质量和产量。传统性的一次盐水精制工艺，采用配水、化盐、加精制剂反应、澄清、砂滤，然后再经碳素烧结管过滤器过滤。近几年新建氯碱装置一次盐水精制工艺大都采用膜过滤技术制取精制盐水，该工艺路线省去了砂滤器、碳素烧结管过滤器。

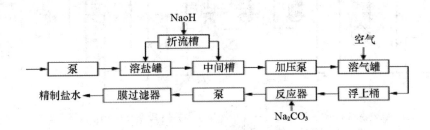

盐水一次精制流程

（2）二次盐水精制。二次盐水精制采用螯合树脂塔进行吸附，分二塔式和三塔式流程。由一次盐水工段送来的一次精制盐水中钙、镁等离子可以被螯合树脂选择性吸附，而吸附的饱和树脂可用盐酸、氢氧化钠进行再生，从而使树脂达到重复使用的目的。

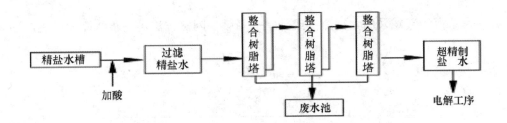

盐水二次精制流程

3. 电解

盐水二次精制后，添加部分淡盐水经阳极液进料总管以及软管送入各单元槽的阳极室中。阳极液电解产生淡盐水和氯气，经阳极分离器后，氯气从淡盐水中被分离出来送氯气处理工序，淡盐水流到淡盐水循环槽由泵送去脱氯塔进行脱氯处理后再送入电解槽阳极室循环利用。而阴极室中加入纯水，经电解产生的氢氧化钠溶液和氢气从阴极室导出，分别进入液碱蒸发工序和氢气处理工序。

4. 氯氢处理

（1）氯气的处理。由电解槽出来的湿氯气，温度高并伴有大量的水蒸气和杂质，具有较强的腐蚀性，必须经过洗涤、冷却除雾、干燥、净化和压缩处理。

氯气处理工艺方案：湿氯气经氯水洗涤，钛管换热器，氯气除盐、降温后经一段填料塔、二段泡罩塔干燥，然后将氯气通过压缩机进行液压生产液氯。国内一般采用中、低压液化方法生产液氯。

（2）氢气的处理。由电解槽出来的氢气温度高、含水量大，且含碱雾，故必须进行洗涤、压缩、干燥处理。选择氢气洗涤塔直接洗涤冷却降温、列管换热器间接冷却，水环式氢气压缩机输送。

此外，废氯气处理也非常重要，可采用烧碱液吸收或石灰乳吸收。

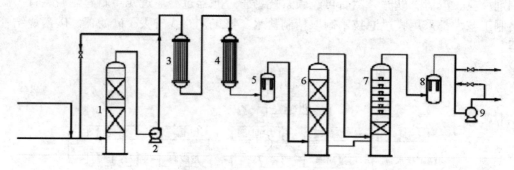

1—氯气洗涤塔；2—鼓风机；3—Ⅰ段冷却器；4—Ⅱ段冷却器；5—水雾捕集器；
6—填料干燥塔；7—泡罩干燥塔；8—酸雾捕集器；9—氯压机

电解后氯气处理示意图

5. 液碱蒸发

将电解槽产出的液碱通过蒸发系统用蒸汽加热将一部分水蒸出，并将绝大部分盐（NaCl）分离出去，从而获得成品液碱。

6. 固碱生产

将蒸发获得的液碱采用大锅熬煮或升膜—降膜—闪蒸方法进一步浓缩即可生产固碱。

任务二 氧化铝生产工艺

氧化铝是典型的大型复杂流程性工业，全世界90%以上的氧化铝直接采用的是经济的拜耳法生产流程。在我国，广西田东锦鑫化工有限公司年产100万吨化学品氧化铝项目的生产厂区占地面积为823948.3m^2，赤泥堆场占地面积为79.83hm^2（798300m^2）。其中一期工程包含氧化铝71万吨/年、氢氧化铝7万吨/年、聚合氯化铝3万吨/年生产系统，同步开展赤泥综合回收利用，以及公用及辅助系统、办公及生活设施，同时配套建设煤气站等，供热设施目前依托已通过环保验收的广西田东锦盛化工有限公司的2台220吨锅炉。该公司本项目氢氧化铝采用拜耳法生产工艺；取自拜耳法系统的氢氧化铝，与硼酸配料混合均匀后进行高温焙烧生产氧化铝，经破碎分级后的成品按不同粒度分别入仓；氢氧化铝通过配料釜加入盐酸，经搅拌混合、加热、冷却、压滤、喷雾干燥、旋风分离器收集成品等工序，生产聚合氯化铝固体产品。

拜耳法适于处理高品位铝土矿，这是用苛性碱溶液在一定的温度下溶出铝土矿中的氧化铝的生产方法，具有工艺简单、产品纯度高、经济效益好等优点。

拜耳法的生产工艺主要由溶出、分解和焙烧三个阶段组成，全流程主要加工工序可以大致分为原矿破碎、高压溶出、溶出矿浆稀释和赤泥分离洗涤、晶种分解、Al（OH）$_3$分离、洗涤、焙烧、母液蒸发及苛化等。

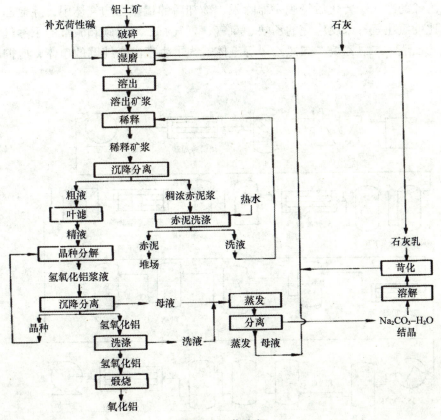

拜耳法工艺流程

任务三　PVC 生产工艺

PVC 生产工艺分为制备乙炔、合成氯乙烯、氯乙烯聚合三个主要工序。

1. 制备乙炔

主要分为电石破碎、乙炔发生、乙炔清净和渣浆处理三部分。

电石破碎：将合格的原料电石，通过粗破机和细破机进行破碎处理。

乙炔发生：破碎合格的原料电石，经准确计量后，投入到乙炔发生器内进行水解反应，制成粗乙炔气体，供清净工序生产使用。

$$CaC_2 + 2H_2O \rightarrow Ca(OH)_2 + C_2H_2$$

2. 合成氯乙烯

主要分为混合气脱水、氯乙烯合成和粗氯乙烯的净化三部分。本工序是将合格的氯化氢气体、乙炔气体按比例充分混合，进一步脱水后，在氯化汞触媒的催化下合成为 VC 气体。经脱汞、组合塔回收酸、碱洗后，送至氯乙烯压缩岗位供生产用。

混合气脱水：冷冻方法混合脱水是利用盐酸冰点低，盐酸上水蒸气分压低的原理，将混合气体冷冻脱酸，以降低混合气体中水蒸气分压来降低气相中水含量达到进一步降低混合气中的水分至所必需的工艺指标。

氯乙烯合成：乙炔气体和氯化氢气体按照 1∶1.05～1.07 的比例混合后，在氯化汞的作用下，在 100℃～180℃ 温度下反应生成氯乙烯。

粗氯乙烯的净化：转化后经脱汞器除汞、冷却后的粗氯乙烯气体中，除氯乙烯外，还有过量配比的氯化氢、未反应完的乙炔、氮气、氢气、二氧化碳和微量的汞蒸气，以及副反应产生的乙醛、二氯乙烷、二氯乙烯等气体。为了生产出高纯度的单体，应彻底将这些杂质除去。

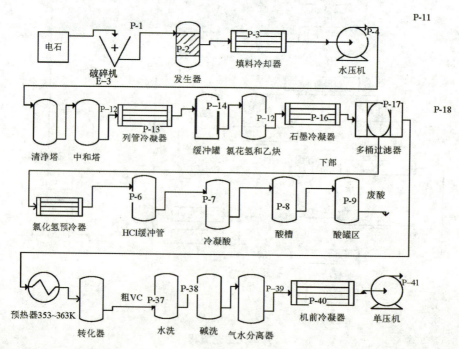

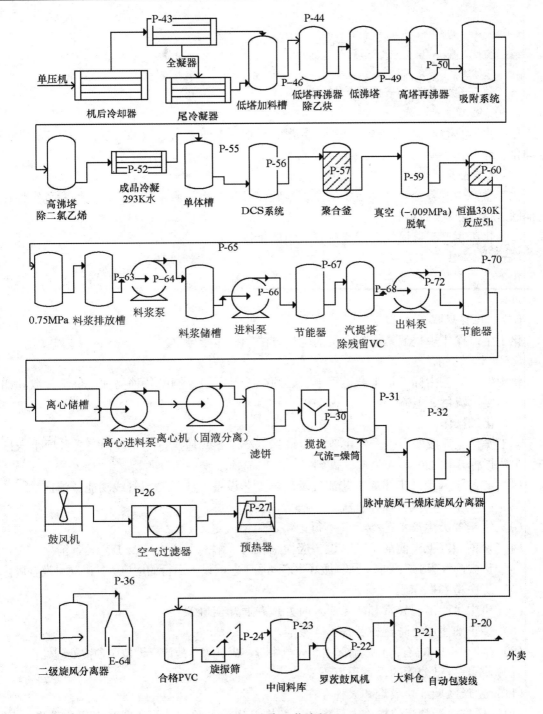

PVC 生产工艺流程

3. 聚乙烯聚合

聚合氯乙烯是由氯乙烯单体聚合而成的高分子化合物，结构式为 $[CH_2CHCl]_n$。

氯乙烯悬浮聚合过程中，聚合配方体系或为改善树脂性能而添加各种各样的助剂，其中用得比较广泛的有缓冲剂、分散剂、引发剂、终止剂、消泡剂、阻聚剂、紧急终止剂、热稳定剂、链调节剂等。

任务四　化工生产安全知识

一、化工企业生产与安全生产特点

（一）化工生产特点

化工生产具有高温、高压、深冷、易燃、易爆、有毒有害、腐蚀、易挥发，工艺生产自动化、连续化，生产装置大型化，工艺复杂等特点。

（二）安全生产特点

化工生产中的各个生产环节不安全因素较多，具有事故后果严重、危险性和危害性比其他制造行业更大的特点。

二、化工生产工艺流程、操作规程、工艺指标

（一）化工生产工艺流程

化工生产工艺流程就是完成从投料、输送、反应（合成）、出料（产品）等工序的生产全过程。

（二）操作规程

化工生产操作规程就是操作人员的生产方法和操作指导书。

（三）工艺指标

化工生产工艺指标是指生产过程中，必须执行且严格控制的各种物理、化学参数。如压力、温度、流量、电流、速率、振动等。

三、化工操作

化工操作是完成安全生产的主要过程，其生产任务就是执行操作规程完成各项生产任务及工艺指标。化工生产人员应该做到：

（1）熟练掌握生产工序的工艺流程及现场工艺设备、各种物料管线功能、流向。

（2）生产中严格执行操作规程。

（3）牢记各类生产工艺指标（不得记错、用错或更改）。

（4）班前做好上岗前的工艺、设备巡检，及时了解前一班生产及工艺设备情况。

（5）班中按生产工艺要求，认真做好生产现场工艺、设备运行的巡检，并准时翻巡检牌。

（6）班中精心操作。

（7）班中生产出现异常和故障应及时处理并通知当班领导。

（8）会正确使用消防器材和各类呼吸器。

（9）生产中因有毒有害介质泄漏引起人员中毒、火灾等事故应立即按照预案处理处置。

（10）不是自己分管的设备千万不要动。

（11）生产区域严禁吸烟和火种存在。

（12）操作室严禁岗位操作人员离岗、脱岗、串岗、睡岗。当人员离开操作室时一定要同岗位其他人员打招呼，告知去向。

四、生产过程容易发生的安全事故

（一）工艺因素

（1）工艺条件不成熟（生产试产、试车、工艺调试阶段）。

（2）工艺缺陷（物料、供给水、电气）。

（3）上下游工序工艺严重脱节等。

（二）操作人员因素

（1）作业人员未正确执行工艺指标和生产指令，违反工艺纪律。

（2）操作技能和经验不足，工艺流程未全面掌握。

（3）过失操作（用错的操作指令和工艺指标）。

（4）离岗、脱岗、串岗、睡岗，违反劳动纪律。

（5）生产出现异常不及时处理，事后不汇报、不记录、不交班。

（6）不会正确使用消防器材和呼吸器等。

（三）电气故障因素

（1）用电器损坏。

（2）电路短路。

（3）违规检修、用电、断电。

（4）控制系统故障等。

（四）仪表故障因素

（1）系统控制故障。

（2）压力、温度、流量、液位、计量等指示失效等。

（五）设备因素

除机电、仪表外的生产部件出现机械故障、管线泄漏、设备润滑和维护使用错误、各控制阀失调、附件损坏等情况。

（六）原料及生产过程介质的危害

（七）火灾

（八）爆炸

（1）物理性爆炸——物质因状态或压力发生突变，并大大超过容器所能承受的压力而造成爆炸。如蒸汽锅炉、高压气体贮罐和管道等。

（2）化学性爆炸——某些化学物质发生极迅速的化学反应，产生高温高压而发生爆炸。

（九）化学灼烧和腐蚀

使用硫酸、硝酸、氢氟酸、氢氧化钠、油类、燃油等化学品时，操作不当或防护措施不够造成灼烧或腐蚀。

（十）化学危险品

具有易燃易爆、毒害、腐蚀、放射性等危险特性的化学物质在生产、储存、运输和废弃物处置等过程中容易造成人身伤亡、财产毁损、污染环境等危害。

（十一）物质泄漏

指存放在密闭容器中的物质（气体、液体、固体、放射物等）从容器中渗漏出来，会造成化学危害、火灾危害、环境危害。

五、事故处理"四不放过"内容

在事故处理中一定要做到"四不放过"，即事故原因分析不清不放过、没有防范措施不放过、事故责任者和群众没有受到教育不放过、事故责任者没有受到处罚不放过。

六、化工生产的"三不伤害"

在生产过程中不伤害自己，不伤害别人，不被别人伤害。

化学工业的可持续发展

　　20 世纪后半期是人口发展最快的时期，与此同时，为了发展的需要，在缺乏知识和经验的情况下，盲目发展农业、畜牧业、伐木业和工业，排放"三废"，导致草场和森林破坏、水土流失、水灾、旱灾等，破坏了环境与资源。联合国环境规划署发布的《关于可持续发展的声明》指出："可持续发展系指满足当前需要而又不削弱子孙后代满足其需要之能力的发展。"化学工业的可持续发展涉及面甚广，但最重要的是资源利用和环境保护两个方面。

一、原料的合理利用

　　化学工业实现原料的合理利用可通过合理选择原料、提高原料利用率和产品回收率以及原料的综合利用三个途径。

1. 合理选择原料

　　同一种化学工业产品，可以用不同的原料，通过不同的工艺路线生产出来。例如，硫酸可以用硫或硫铁矿或冶金废气作原料。合成氨既可以用焦炭作原料，也可以用重油或天然气作原料。如果原料选择错误，生产就不能获得合理的收益，甚至已建成的生产装置也必须拆掉重建。如何正确选择原料并做到合理利用呢？以石油化学工业为例。最初，轻油是石油化工的主要原料，后来由于天然气的开发和储运等技术问题顺利解决，用天然气比用轻油为原料更经济而且更合理，因此就开发出以天然气为原料，在技术上和经济上更加优越的一系列的技术和工艺。

　　由此可见，合理选择原料除了要从现实出发认真优选外，还应该根据可持续发展的观点做好技术储备。地下蕴藏的资源，是在亿万年的地壳变化中形成的，是不可再生资源，消耗多少地下资源，就减少多少，总有枯竭的一天。因此，必须未雨绸缪，用可再生资源代替不可再生资源。植物是数量最大、分布最广，又是最容易取得的价格低廉的可再生资源。如用淀粉发酵可以生产乙醇或乙酸，乙醇和乙酸都是基本有机合成的基础原料，可以用来生产各种各样的化工产品。此外，在利用废物方面，如用农业废物、有机废水、杂草以及人、畜粪便等进行厌氧发酵可以生产一种有发展前途的清洁能源和化工原料——甲烷。这些发展动向，都是应该注意的问题。

2. 提高原料的利用率和产品回收率

在化学工业生产中，提高原料的利用率和产品回收率，就可以减少资源的损耗。对于简单反应，主要反应物已经彻底地进行了化学反应，就已经获得了最大的原料利用率。对于复杂反应，如可逆反应、连串反应、平行反应等，如果原料的利用率和产品回收率不太低，应通过工艺条件优化（如催化剂、温度、压力、组成、pH 等）来进一步提高原料的利用率和产品回收率。对于经过优化，而原料的利用率和产品回收率仍然不够高的反应，也可以不采取难优化的某些措施而采取在反应后将未反应的原料分离出来再次加以利用，以获得较高的原料利用率和产品回收率（如硫酸的二次转化和合成氨的循环流程）的措施。

3. 原料的综合利用

化学工业中原料的综合利用是通过用三废生产产品或通过联合生产来实现的。

（1）利用三废生产产品。不少化工生产，由于原料利用率未能达到100%，而将未被利用的原料作为废物向环境排放，这不仅污染了环境，而且又浪费了原料。如果能用三废生产产品，就是一举两得的事。例如，硫酸生产中，可以用有色金属冶炼废气或回收硫作原料；也可以用硫铁矿作原料，而在用硫铁矿作原料时，所获得的烧渣可以用于炼铁；可以从硫酸废泥中提取硒；还可以从尾气的回收中获得液体二氧化硫等。

（2）联合生产。联合生产是指不同产品因为在原料上存在依赖关系，因此在同一企业内联合起来进行生产的工艺。例如，联合制碱法；合成氨与尿素的联合生产；氯碱与聚氯乙烯的联合生产等。联合生产是一个封闭的循环系统，全部原料都转化成产品。在这一封闭系统中只有原料的进入和产品的产出，因而是一个比较理想的生产工艺。但是，联合生产中，如果原料含有杂质，杂质也将混入产品中，可导致产品不纯，降低产品的质量。此外，联合生产的另一缺点是它同时生产的两种产品的产量是按照计量方程式的比例得到，是固定不变的，而这个比例不一定与社会需求相一致，因此还需要用其他方法来调节产量。

二、能源的合理利用

能源是最重要资源之一。在化工生产中消耗的能源是比较多的，不仅用作动力和热源，而且有时还需用它分解水或分离空气和废气来获得原料。目前，人类使用最多的能源主要是煤、石油、天然气，其次是核能发电、水力发电、太阳能发电、风力发电等。

人类消耗能源的数量十分巨大。由于煤、石油、天然气等矿物燃料属于不可再生资源，而且燃烧这些矿物燃料每年向大气排放数十亿吨二氧化碳和其他污染物，对生态环境造成严重的破坏和影响。因此，近年来，使用清洁能源的呼声日益提高。技术的进步为人类使用可再生能源在经济上的可行性提供了条件。可再生能源主要来自太阳以及太阳的其他能源，如太阳能发电、水力发电、潮汐发电、风力发电、垃圾焚烧发电以及用农业废弃物、有机废水、粪便等在厌氧的条件下发酵生产沼气等。

三、环境保护

环境是围绕人类的外部世界，是人类赖以生存和发展的社会状况和物质条件的综合体。环境可以细分为自然环境和社会环境两个方面。自然环境主要由大气、水、土壤、岩石、矿藏、野生生物等非人工创造的环境。社会环境是在自然环境的基础上经过人类劳动所创造的人工环境，如群落环境、文化环境、工业环境、农业环境等。保护环境是人类有意识地保护自然资源并使其得到合理的利用，防止自然环境受到污染和破坏；对受到污染和破坏的环境做好综合的治理，以创造出适合于人类生活、工作的环境，协调人与自然的关系，让人类做到与自然和谐相处。

1. 环境污染的特点

环境污染来自人类的盲目活动，人类对环境的污染，具有如下特点：

（1）影响范围大。例如温室气体（二氧化碳等）的过度排放，导致全球气温和气候的变化；过度排放氯氟烃类气体，导致大气臭氧层空洞，所涉及的范围达到若干万平方公里；一条河流的严重污染可涉及整个流域。

（2）危害时间长。环境污染会造成一个地域的生态系统被破坏，因此丧失相当数量的自净能力，污染物的危害必定是长期的。

（3）污染容易，治理难。污染物进入环境后，分散范围扩大，浓度降低，彻底消除的难度非常大。如果范围尚不太大时，还可以用巨大的代价进行治理。但是按照目前的技术及经济能力大多数情况是无法治理的。这时只能停止继续污染，利用环境的自净能力经历很多年才能予以消除。

鉴于以上三个特点，人类解决环境问题，应该在污染形成以前，而不应该在污染形成以后再治理。

2. 环境容量

环境自净能力，从一个局部的小范围讲似乎不强，但对于与自净能力有关的环境，因为范围十分巨大，所以环境自净能力是一个巨大的人类应该利用的自然资源。环境的自净能力可以用环境容量来表示。环境容量是指在一定的空间和时间范围内，在环境既有的条件下通过环境的自净能力，能够清除污染物的量。

3. 环境保护目标

人类的生活和生产必然要向环境排放污染物。这些污染物的产生和消除是环境的生态平衡中的一环。古代，人口少生活水平低，不存在环境保护问题。而在近代，人为的排污量成千上万倍地增加，这才导致环境生态平衡的恶化。环境保护的目标是保持和改善环境的生态平衡，使环境具有较强的环境自净能力以保证人类能够在良好的环境下生活和生产。为了实现环境保护的目标，除了采取绿化等措施提高环境容量外，必须对过量排放的污染物进行治理，使人类向环境排放的污染物降低到环境容量的范围内。对污染物治理的程度既不能不足，也没必要过度。国家制定的污染物排放标准是企事业单位进行环境治理的指标。

第七单元

现代农艺技术

认识专业

能说出下面是什么农业吗?

任务一　现代农艺专业简介

一、现代农业的基本特征

（1）具备较高的综合生产率。包括较高的土地产出率和劳动生产率。农业成为一个有较高经济效益和市场竞争力的产业，这是衡量现代农业发展水平的最重要标志。

（2）农业成为可持续发展产业。农业发展本身是可持续的，而且具有良好的区域生态环境。广泛采用生态农业、有机农业、绿色农业等生产技术和生产模式，实现淡水、土地等农业资源的可持续利用，达到区域生态的良性循环。

（3）农业成为高度商业化的产业。农业主要为市场而生产，具有很高的商品率，通过市场机制来配置资源。商业化是以市场体系为基础的，现代农业要求建立非常完善的市场体系，包括农产品现代流通体系。农业现代化水平较高的国家，农产品商品率都在

90%以上，有的产业商品率可达到100%。

（4）实现农业生产物质条件的现代化。以比较完善的生产条件、基础设施和现代化的物质装备为基础，集约化、高效率地使用各种现代生产投入要素，包括水、电力、农膜、肥料、农药、良种、农业机械等物质投入和农业劳动力投入，从而达到提高农业生产率的目的。

（5）实现农业科学技术的现代化。广泛采用先进适用的农业科学技术、生物技术和生产模式，改善农产品的品质，降低生产成本，以适应市场对农产品需求优质化、多样化、标准化的发展趋势。

（6）实现管理方式的现代化。广泛采用先进的经营方式、管理技术和管理手段，从农业生产的产前、产中、产后形成比较完整的有机衔接的产业链条，具有很高的组织化程度，有相对稳定、高效的农产品销售和加工转化渠道，有高效率的现代农业管理体系。

（7）实现农民素质的现代化。具有较高素质的农业经营管理人才和劳动力，是建设现代农业的前提条件，也是现代农业的突出特征。

（8）实现生产的规模化、专业化、区域化。通过实现农业生产经营的规模化、专业化、区域化，降低公共成本和外部成本，提高农业的效益和竞争力。

（9）建立与现代农业相适应的政府宏观调控机制。建立完善的农业支持保护体系，包括法律体系和政策体系。

二、现代农艺专业学习内容

（1）植物生产与环境。讲授植物生长发育和遗传变异基本知识；光、温、水、土、肥等环境因素对植物生长发育的影响及调控；合理开发和利用资源环境与实现农业可持续发展。

（2）植物病虫草鼠害诊断与防治基础。讲授植物病虫害、农田杂草、农田鼠害和农药等方面的基本知识，植物病虫害、农田杂草、农田鼠害调查、预测预报、防治和农药施用的基本方法和技能。

（3）作物生产技术。讲授作物生长发育规律、农作物生产的基本技术环节，几种主要作物的生产技术等。

（4）果树生产技术。讲授果树生长发育的主要特点与生产栽培基本技术（建园、种植制度、上肥水管理、整形修剪）。

（5）水果蔬菜花卉贮藏保鲜技术。讲授水果、蔬菜、花卉贮藏保鲜原理、采后贮藏方式、设施和管理、采后处理与运销、采后病害及防治等。

（6）花卉生产技术。讲授花卉现代化栽培、生产、繁育等方面的技术和操作技能等。

（7）实用装饰园艺。讲授以园艺装饰为基础的家居、楼宇、场馆等处所的基本技艺及插花技艺和欣赏。

（8）农业生产经营管理。讲授农业和农村经济体制，配置农业生产资源，组织农业产前、产中、产后的生产经营活动等。

三、就业方向

农艺专业毕业学生可就职于现代农业科技示范园、高新农业技术区、现代农业展示中心、无公害蔬菜生产基地、绿色食品生产基地、政府部门等国有、私营及股份制企业，从事土壤改良、水肥调控、有害生物防治、无公害作物生产和良种繁育等方面的技术开发，科学研究和经营管理等工作。

四、现代农艺专业就业前景

未来社会对技能型农业人才的需求很大，在弃农从工的形势的影响下，农业技能型人才已经严重短缺，现代农业要实现可持续发展战略，对人才的需求将是长期的，数量也是巨大的，这为农林类中职毕业生就业提供了良好条件。同时，现代农艺技术专业的毕业生在就业上可以选择到企业就业，也可以选择以农业个体生产经营者的方式自己发展农业产业，只要有一技之长，就业受其他因素的限制小，就业容易，就业面广。

 思考与练习

（一）为什么要发展现代农业？

（1）中国耕地面积逐年减少。

（2）水土流失严重。

（3）农村科技进步缓慢，生产力水平低。

（4）农民收入少，温饱问题不能解决。

（5）城乡差距加大。

（6）影响农村社会稳定。

过去农村生活状况

（二）现代农业给我们生活带来哪些改变？

（1）农产品的产量和品质提高了。

（2）把农民从繁重的体力劳动中解放出来。

（3）经济收入增加了，人民生活水平不断提高，住房条件发生改变。

现在农村生活状况

任务二　农艺专业毕业生创业成功案例

　　田东职业技术学校园艺 4 班的学生韦允安，从学校毕业后随着社会大军到广东打工，先后到广东电子厂、模具厂、皮鞋厂等工作，几年下来，他发现不管在哪个厂工作工资都很低，每天工作时间在 10 小时以上，月收入只有 2000 多元，工作环境很差，又累又脏。于是他想为何不利用自己所学的专业知识回家乡承包土地种果树，自己创业当老板，再苦再累也值得呀。他结束了十年打工的生涯回到家乡，用自己多年积攒的 10 万元承包了 70 亩村民山地，种上了金煌芒、桂七芒、金兴芒、玉文芒等芒果新品种。他利用在学校学习的果树栽培技术对芒果进行精心管护，施肥、修剪、病虫害防治等和调节芒果成熟期，还通过品种搭配种植和调节花期而调节果实成熟期，使不同品种芒果上市时间互相错开，避免一哄而上的局面，市场供应期相对拉长、果实上市交易由 6 月上中旬开始至 9 月底，历时 4 个月，做到了人无我有，这样价格肯定会走高。功夫不负有心人。3 年后，芒果陆续开花结果，年收入 12 万元。如今，他扩大种植面积，种植面积达 200 亩，分别种上了芒果、香蕉、葡萄，每年收入近 50 万元。种植果树成功之后，他的创业之路并没有停止，每年果园需要大量的肥料和用水灌溉，一年下来要花上万元，于是他想到果树下养鸡、果园里养猪和利用果园山形造鱼塘，这样不仅可以解决肥料问题，还可以解决果树用水问题。说干就干，他向政府申请 20 万元贴息贷款，加上自己的积蓄，开办果树下养鸡、果园养猪场和鱼塘养鱼，利用边建设边养鸡、养猪和养鱼方式，仅用 120 天就建成养鸡场、养猪场和 2100 平方米水面的养鱼塘，饲养 2000 只鸡、120 头生猪和 3000 多尾草鱼、鲢鱼、鳙鱼。当年行情不错，仅养猪、养鸡和养鱼就赚了 35 万元。他自豪地说："现在果树、养猪、养鸡和养鱼收入每年可达到 200 多万元，自己当老板轻轻松松就可赚大钱，到职业学校学习专业技能是今天取得成功的保障。"他从外出打工者变成致富名人，并为家乡提供多个工作岗位，帮助村民共同致富。

任务三　田东县本地特产

你知道田东有哪些特产吗？田东八香是指哪些？

田东本地十大特产如下：

1. 田东香芒

田东地处右江河谷腹地，属南亚热带季风气候，是我国芒果种植最适宜的地区之一。从20世纪90年代至今，该县芒果生产进入大规模引种栽培阶段。北海祺丰集团开发"祥周万亩芒果场"，南宁万桂农业公司种植"合乐500亩芒果场"，这些企业的进入，带动了当地芒果种植规模化、管理标准化和产后商品化。1996年，该县被农业部命名为"中国芒果之乡"，2006年又获评"广西无公害农产品（芒果）生产示范基地县"。

2. 七里香猪

七里香猪为中国稀有香猪品种之一。义圩乡：七里香猪。印茶乡：蜂蜜七里香猪。那拔乡龙下村：七里香猪。桂农七里香猪养殖从明末清初至今，约有400年悠久的历史。因香猪原产于广西田东县义圩镇等四个乡镇（新中国成立前属于百色地区恩隆县的七里区），由此而得名"七里香猪"。2008年5月，广西田东龙行经贸有限公司申报并经广西壮族自治区工商局批准，香猪冠以"桂农"商标，正式进入国内外消费市场。桂农七里香猪是广西境内的优良地方猪种，也是国家宝贵的小型猪基因库。

紫花芒

七里香猪

3. 中平香葱

广西壮族自治区田东县祥周镇中平村地处右江河谷腹地，位于右江河南岸，从20世纪90年代开始，这里的农民开始种香葱，被誉为"广西香葱第一村"。2003年11月，该村充分抓住田东县被列为全国第二批创建无公害农产品生产示范基地县这一契机，成立了中平村无公害蔬菜协会。2004年引进广东四季香葱，香葱种植规模不断扩大。为做大做强香葱产业，该村成立了香葱农民专业合作社，注册了香葱品牌商标，对香葱产业实现统一规划、统一品种、统一技术、统一品牌。极大地提高了香葱市场竞争力和占有率，进一步推动了香葱产业化进程。2015年，种植面积达4000多亩（含复种），品种有十几种，香葱远销区内外，每天销量约10吨，年产值1530多万元。仅香葱一项，农民年人均纯收入超过4000元。

4. 田东香米

田东香米是百色市田东县在特殊气候、土壤、水质等无污染环境下培植的优质粳米，米质除了外观稍逊泰国香米外，其他指标均可以和泰国香米媲美，而价格只有泰国香米的1/3。田东香米含有多种营养成分，以及人体所需的部分微量元素和矿物质，米饭柔软、松散、品味清香、适品性强。1997年，区科厅、区农业厅评定为广西第一优质香米。田东香米在1999年广西农业厅举办特产的早稻米品质评审会上勇夺第一名。

中平香葱

田东香米

5. 那拔香鸭

那拔香鸭因产于那拔镇而得名，该香鸭放养在流经那拔镇境内的灵歧河及其支流中，早晚主喂玉米、稻谷，日觅食河中鱼、螺、虾，皮薄肉厚脂肪少，味甜皮脆，肉质鲜美，煮之香气四溢，因"实、瘦、香、甜、凉、脆"等独特口味而深受广大顾客青睐。

6. 田东香茶油

田东香茶油，是从油茶果提炼出来的植物油，是一种高品位、高营养价值的纯天然绿色食品，自古被誉为油中珍品，隶属皇家贡品。油茶树生长于自然环境，是一种抗污染能力强的树种。油茶果生产过程不需化肥、农药，是天然"绿色"产品。田东香茶油，富含人体所需的油酸、亚油酸，其含量高居各植物之首；不含胆固醇，更无黄曲霉素污染。由于不饱和酸含量高，易于人体消化吸收，长期食用能降低胆固醇，抑制和预防冠心病、高血压等心脑血管疾病，并具有养颜乌发之功效。

7. 田东牛耳朵

唇齿留香，最是儿时滋味。

那拔香鸭

田东香茶油

田东牛耳朵

8. 酸梅

酸梅属蔷薇科，落叶小乔木。喜光，喜温暖湿润气候，对土壤要求不严，繁殖容易。可供生食或加工为蜜饯、酸梅酒，经熏制成乌梅可入药，有止咳、止泻、生津、止渴之效。酸梅是田东县主要经济树种之一，在田东县种植已有较长的历史。近年来，酸梅产品在国内外市场需求量大，果品价值逐年提高，经济效益好，因此，发展酸梅生产具有广阔的前景。现栽种的品种主要有果梅，主要分布在义圩、朔良、那拔、林逢四镇。据统计，全县现有酸梅面积 2 万亩，平均亩产 500 千克，年产鲜果 1000 万千克，按现行市场价每千克 1.2 元计，年产值 1200 万元。

9. 速生桉

速生桉树用途广泛，既是优良的纸浆材，也是优质的建筑、装修用材和家具材，桉树实木加工利用的经济效益比纸浆加工利用提高十倍以上；桉树的天然分布从热带直至温带地区，可选择树种多达 800 多种，既有适应热带地区的栽培树种，也有适应较寒冷地区的生长迅速的树种。桉树纸浆纸板一体化产业将成为林业产业体系快速发展的有效途径，桉树人工林向中大径材培育和桉木材加工业向实木加工利用产业发展，是华南地区桉树产业发展趋势。一般速生桉造林后抚育 3 次，第 5 年可砍伐。

10. 思林丁香鸡

思林丁香鸡源自中国芒果之乡——田东县。主要特点：①自然生态放养 8 个月以上。②饮山泉水，啄食天然虫草，吃五谷杂粮，是绿色无公害农产品。③采用独家中草药秘方：从小就用牛奶和二十多种滋补名贵中草药（如太子参、当归、党参、天麻、黄芪、丹参等）喂养。④无荤腥味，烹饪时不需姜、酒等任何调味料，只需清水和盐。⑤营养丰富。含有丰富的氨基酸和钙、铁、锌、硒等微量元素，特别是具有防癌、抗癌作用的硒元素，比普通鸡高 113%。放养期 8 个月以上的 48 元/斤，放养期一年以上的 68 元/斤。

酸梅

速生桉

思林丁香鸡

 思考与练习

（1）结合韦允安创业成功的事例，谈谈我们进行人生选择时应注意什么问题。

（2）田东八香是指哪些？

（3）现代农艺技术给我们的生活带来了哪些改变？

常用技术

你知道下面哪个香蕉不能吃吗？能说出它得了什么病吗？你知道吃香蕉有什么益处吗？

一、香蕉园地规划设计

（一）选地

选择靠近水源、排灌良好，周围尽可能有防风林带，常风不大强风少，阳光充足，地势开阔，坡度在10°以下的丘陵山地，旱田和地下水位在50cm以下的水旱田。

（二）土壤

选土层深厚，肥沃疏松，富含有机质的砖红壤土，河流冲积土为宜；pH值以6～6.7为适。根据蕉园大小、地形、地势，把蕉园分成为若干小块，并设置完善的道路系统，山坡地要修好等高的水平梯田和排灌系统，水旱田要挖好畦沟小沟，环园沟和总排水沟，地下水位降低到50cm以下，以防受渍受涝。

（三）种苗选择

选择叶片浓绿，根系发达，高15～20cm，具有5～6片新叶，无病虫害的苗。

（四）株行距和穴规格

株距2.2～2.3m，穴规格：山坡地80cm×80cm×60cm，水旱田60cm×60cm×60cm。

（五）品种

以市场需求的情况而定，目前主要是巴西香蕉、广西香蕉、威廉斯B6。

（六）定植时间

定植时间一般在 4 月下旬至 6 月上旬，宜选择阴天或晴天下午 4 时以后定植。

（七）种植方法

将蕉苗按大小分级、分区定植可方便管理。种时在定植坑的中央开一小穴，将苗轻放于坑内，深度以土埋蕉头 10 厘米左右，种苗的切口朝向一边，栽后稍加踩实，淋足定植水，盖好稻草。

山坡地种植香蕉

水旱田种植香蕉

二、香蕉的田间管理

（一）施肥时期及数量

1. 壮苗肥

定植后约 10 天，当第一片新叶开展时，在离幼苗 10～15cm 的周围，可用稀薄的人畜粪尿，每担淋施 8～10 株，或每株用尿素 10 克兑水淋施，以后可视植株长势，每隔7～10天薄施水肥一次，施肥浓度，可随幼苗的正常生长逐步加大，如到第二个月，每株次的尿素用量可加大到 20 克兑水淋施。

2. 壮蕾肥

刚抽蕾的香蕉

抽蕾后到断蕾的香蕉

第一次：约在 9 月上旬、中旬，当蕉苗抽出 14～16 片大叶蕉头形似蒜头状，预告花芽将要分化前，每株施花生麸 0.15 千克、尿素 0.1 千克、氯化钾 0.15 千克。

第二次：约在 10 月上旬、中旬，当蕉苗抽出 10～18 片大叶，中层叶片淡黄色，叶柄变粗，鞘距变密，假茎基部明显增粗时，每株施花生麸 0.2 千克、尿素 0.1 千克、过磷酸钙 0.25 千克、氯化钾 0.15 千克。

第三次：约在 11 月上旬、中旬，当蕉苗抽出 24～26 片大叶时，每株施花生麸 0.2 千克、氯化钾 0.2 千克，并结合培土，每株施火烧土 15～20 千克。

3. 壮果肥

（1）断蕾肥。在断蕾前后，可视蕉树的生势，每株酌施尿素 0.1 千克、氯化钾 0.2 千克。

（2）饱果肥。在蕉果发育过程中，可根据果实发育情况，每株酌施氯化钾 0.2 千克。

4. 过冬肥

在 12 月下旬至翌年 1 月上旬，为加强植株的抗寒能力和作为壮蕾肥的补充部分，可每株重施火烧土和杂肥 20 千克左右或复合肥，可每株酌施氯化钾 0.2 千克。

（二）土壤管理和田间栽培管理

1. 间种、覆盖

香蕉苗期根系少，植株矮，可利用株行间的空隙间种花生、黄豆或蔬菜，既能增加收入，又可在间行物收获后将茎叶覆盖蕉头，改良土壤。山坡地蕉园，可用稻草覆盖蕉头四周，直径 1 米，厚 5～10 厘米，既可保水又可保肥，增产显著。

2. 中耕、培土、除草

（1）中耕既可除草又可松土，结合香蕉根系的发生发展情况，早期宜深，中期宜浅，后期因根系已布满土壤表层，不宜松土。

（2）培土。除防止因蕉头和侧芽外露遇风易倒外，还可以延长蕉园的寿命。

（3）使用化学除草剂消灭杂草，化学除草剂有克芜踪、草甘磷、农达，使用除草剂时要注意离开植株蕉头 60cm 以上，蕉头杂草宜人工拔除。

3. 留芽除芽

香蕉除芽

香蕉吸芽

为使养分集中供应蕉树生长发育的需要，采收之前，每隔 10～15 天全面除芽一次。留芽在收获前一个月开始。水旱田一般选留生长一致，株距适当，健壮无病的二、三路芽，山坡地以选留二路芽为好，留芽选取定以后，多余的要挖除或作种苗使用，其方法是砍芽后用铁杆插入蕉心，用力旋转，破坏生长点后，即可防芽抽出。

4. 防寒

南方虽然四季如春，但在冬季偶有奇寒出现。除施好过冬肥外，当预报有霜冻发生的时候，有条件的可灌水入沟，并在霜冻发生之前一晚，熏烟防霜；若天气湿冷，则应排除积水。

5. 校蕾和断蕾

如花蕾位于叶柄之上，宜将花蕾引至叶柄侧边，或将叶柄移开，使花蕾垂下生长。当雌花开至最后 2 ~ 3 梳时，可在晴天午后，于着生最后果梳之处，用刀将花蕾割断，使养分集中供应果实发育，每穗保留 8 ~ 9 梳果串。为了减少树液流失，待伤口树液停止时，用 500 倍多菌灵等杀菌剂涂刷伤口。

6. 套袋

在香蕉抽蕾阶段喷第二次药后，先用报纸再加用浅蓝色有水洞的 PE 塑料薄膜袋套果穗。

香蕉断蕾

香蕉套袋

7. 采收

香蕉的采收，既要根据蕉果的发育程度，更要考虑销售地点的远近。远销北方的香蕉，要在蕉果的棱角稍钝或仍较明显，果面已平或微凸七八成时采收；若就近销售，可在蕉果棱角钝而不显，果身较圆时采收。

为减轻因病菌感染引起的蕉果腐烂程度，采收时间，以在晴天晨露干之后为宜。在整个采收过程中，必须轻收轻放，确保果穗完好，减少烂果损失。

三、香蕉病虫害防治

(一) 束顶病

1. 传病规律和症状

病原为香蕉束顶病病毒，主要靠带毒的种苗和蚜虫传染，植株发病时，新抽嫩叶一片比一片短、窄、硬、直，并成束长在一起，植株变矮，病株的叶色，老叶比健株较黄，新叶比健株更绿，叶片硬脆，容易折断。感病初期沿着叶脉可以看到不连续的，长短不一的深绿色条纹，条纹逐渐褪绿，最后变成黑色，在叶柄和假茎上也有浓绿色条纹，俗称"青筋"，它是早期诊断本病的特征，病株分蘖较多，球茎变紫红色，无光泽，大部分根系

香蕉束顶病叶片症状

香蕉束顶病

也变紫色，腐烂，不发新根。幼株感病不能抽蕾结果，后期感病的植株偶能抽出花蕾，但蕉果细小。

2. 防治方法

（1）选择无病蕉苗种植。

（2）800～1000倍液40%氧化乐果或50%辟蚜雾1500～2000倍液及其他杀虫剂防治蚜虫，苗期10～15天一次，成株一月一次。

（3）发现病株，应在喷药灭蚜之后彻底挖除。

（4）增施钾肥和有机肥，加强蕉树的抗病能力。

（二）花叶心腐病

香蕉花叶心腐病的病原是黄瓜花叶病病毒的一个株。主要靠带病的种苗和蚜虫传染。植株发病时可在叶上看到断断续续，长短不一的褪绿变黄的条纹或棱形圈斑，这些条纹或圈斑先在叶缘发生，后向叶脉方向发展，以叶面较为明显，严重时整个叶片呈黄色与绿色相间的花叶病状，最后条纹与圈斑坏死。顶部叶片有扭曲和束生倾向。心叶及假茎内部出现水渍状病部，渐成黑褐色而腐烂，病株最后心腐死亡。如将假茎纵切，可见病部为长条状，横切则成块状。防治方法与束顶病相同。

香蕉花叶心腐病

（三）叶斑病

1. 症状

（1）褐缘灰斑病。病叶首先出现沿叶脉纵向扩展的褐色条纹，以后逐渐形成暗褐色乃至黑色的圆形或长条形病斑，病斑中部灰白色，其上着生灰色霉状物。

（2）灰纹病。病叶初生小圆形病斑，后扩展为长椭圆形大斑，病斑中央呈灰褐色或灰色，中央周围褐色，上生轮纹，病斑边缘有黄色晕圈，病斑背面着生灰褐色霉状物。

香蕉褐缘灰斑病　　　　　　　　　　　　香蕉灰纹病

（3）香蕉叶斑病在高温高湿的天气条件下易发生流行，尤其是暴雨后，叶片造成伤口多，发病更为严重。以密植、不除吸芽、土壤排水不良、蕉园四周杂草丛生、管理不周、偏施氮肥、通风条件差的蕉园发病最为常见。

2. 防治方法

（1）增施钾肥，提高植株的抗病能力。

（2）初发病的蕉园要及时割除基部发病的叶片，集中烧毁。

（3）当病害发生时，可用 70% 的甲基托布津可湿性粉剂 800 倍药液或 75% 百菌清可湿性粉剂 800 倍液，每月喷 1～2 次。

四、果实保鲜技术

现将简便而有效的方法摘要如下：

（1）杀菌病、黑星病、轴腐病等是香蕉果实在贮藏运输过程中迅速腐烂的重要原因。要保持蕉果的鲜度和品质就必须杀菌防腐，方法如下：在采取脱梳后立即用清水洗净切口分泌的汁液，然后放入 500～1000PPM 的多菌灵、托布津，特克多或伊迈唑的药液中浸泡 30 秒钟，稍晾干后即可包装贮运。

（2）用聚乙烯薄膜袋加高锰酸钾密封包装。根据可装蕉梳 12.5 千克的纸箱或可装 25 千克蕉梳的竹篓形状，用厚度为 0.03～0.04 毫米的乙烯薄膜制造方底或圆平底的薄膜袋，袋的大小要和纸箱竹篓一致，但高度要高出 30 厘米左右，以便绑扎。装袋时，先将经过杀菌防腐、稍作晾干的蕉梳放入袋内，然后按每千克蕉梳配以 4～8 克熟石灰的比例，把熟石灰放入袋中，并把少量吸附有饱和高锰酸钾溶液，新鲜而破碎的小砖块或小瓦片放入袋中，绑扎密封，如果不加熟石灰和高锰酸钾载体的则不需绑扎，让袋口自然搭合即可。

 思考与练习

（1）香蕉坡地如何建园？

（2）香蕉开花后如何管理？

（3）如何防治香蕉束顶病？

任务二　芒果栽培技术

你能区分下列芒果的品种吗？

一、芒果的概况和生长习性

（一）芒果的营养价值

芒果营养丰富，含糖量和热量高，维生素 A 和维生素 C 极丰富，果肉芳香甜滑，风味独具一格，有"热带果王"的美誉，在国内外市场都很受欢迎。除作鲜果外，还可制果汁、果酱、罐头、腌渍、酸辣泡菜及芒果奶粉、蜜饯等。芒果容易栽培，一般嫁接树植后 3 年可结果，在管理良好的情况下 5 ~ 6 龄树亩产可达 400 ~ 500 千克，亩产值可达人民币 5000 元或更高。

（二）芒果优质品种

象牙芒、泰国白花芒、台农一号、紫花芒、桂香芒、爱文芒、凯帝芒、贵妃芒等。

（三）芒果生长习性

1. 芒果枝梢生长习性

一般苗期和幼树每年抽 6 ~ 8 次梢，幼龄结果树抽 2 ~ 4 次，成龄树 1 ~ 2 次。3 ~ 5 月抽生的枝梢为春梢，6 ~ 8 月为夏梢，9 ~ 11 月为秋梢，12 月 ~ 次年 2 月为冬梢。秋梢是主要结果母枝。

2. 开花结果习性

（1）花芽分化：在正常情况下从 10 月下旬至 11 月开始，使用催花剂则任何时候都可能分化。从花芽分化至花序的第一朵花开放历时 20 ~ 39 天，但第一朵花开放后花序还在继续伸长。适当的低温干旱有利于花芽分化；气温高有利于两性花的形成。

（2）开花：芒果树自然开花在每年 12 月至次年 1 ~ 2 月，有时会早至 11 月或迟到次年 3 月，盛花期在春节前后。一个花序从第一朵花开放至全花序开放完毕需 15 ~ 25 天，一株树的花期约 50 天。

（3）果实发育：开花受精后子房开始膨大，约经 1.5 个月后迅速增大，采果前 10 ~ 15 天增长极缓慢或不增长，这时主要是增厚、充实、增重。从开花稔实至果实青熟，早熟种需 85 ~ 110 天，中熟种 100 ~ 120 天，迟熟种 120 ~ 150 天。

3. 落果

在果实发育期间有两次明显的落果高峰：第一次在花后两周左右，主要是受精不良的小果枯黄脱落，落果量较大；第二次在花后 4 ~ 7 周，除小部分是发育不良的畸形果或败育果外，更多是因养分和水分不足造成的。

（四）对环境条件的要求

（1）温度。最适生长温度为 25～30℃，低于 20℃生长缓慢，低于 10℃叶片、花序会停止生长，近成熟的果实会受寒害。低于 3℃幼苗受害，至 0℃严重受害。

（2）水分与湿度。芒果枝梢生长，开花结果和果实发育都需要有充足的水分。但花期和新梢生长期连续降雨、大雾或空气湿度大易发生病害，影响授粉，并引起枯叶、枯花、枯果。果实发育期多雨易诱发煤烟病和炭疽病，影响果实外观，降低品质，延缓成熟，果实采后也不耐贮运。

（3）光照。芒果为阳性树种，光照充足则开花结果多，果实外观美，含糖量高，品质好耐贮运。特别是红芒类，在光照不足时红色淡或不显露。

（4）土壤和海拔。芒果对土壤要求不严，在广西 600 米以下的地区均可栽培。但以土层深厚，地下水位低于 3 米以下，排水良好，微酸性的壤土或沙壤土为好。

二、芒果的嫁接方法

（一）嫁接

将优良品种的枝条接于另一植株上，使之形成新的个体称为嫁接。接上去的芽或枝叫接穗，被接的植物叫砧木。

嫁接分为芽接法和枝接法两种。

芒果芽接法

芒果枝接法

（二）嫁接的意义

能保持母本的优良性状。

（三）嫁接成活最关键

不管是芽接或枝接，都要确保接穗的形成层与砧木的形成层紧密地结合在一起。只有这样，双方的形成层分裂出来的新细胞才能愈合，接穗才能成活。

三、芒果种植管理

（一）开垦与定植

1. 规划与开垦

选择气候条件适宜，土层深厚、肥沃、土质不易板结，不积水；靠近水源之处建果园，坡地按等高开环山行或梯田。

2. 植地准备

（1）种植密度。有 5 米 × 4 米（33 株/亩）、5 米 × 3 米（44 株/亩）或 4 米 × 3 米（55 株/亩）。

（2）植穴准备。定植前 2~3 个月挖穴，长 1 米，宽 1 米，深 1 米，每穴施腐熟的猪、牛粪或土杂肥 20~30 千克，过磷酸钙 0.5~1 千克，肥料与表土混合回穴。

（3）以 6~8 月定植为好。

（二）芒果肥水管理及整形修剪技术

1. 肥水管理

（1）幼树。施肥以氮、磷肥为主，适当配合钾肥，过磷酸钙、骨粉等磷肥主要作基肥施用，追肥以氮肥为主。

（2）结果树。施肥以氮、钾肥为主，钾的用量不少于氮，并配合磷、钙、镁肥。

具体抓好如下四次肥：

（1）催花肥。10~11 月施催花肥，树冠 4 米以内的，每株施尿素和硫酸钾各 150 克或复合肥 250 克。树冠增大，施肥量要相应增加。

（2）谢花肥。当开花量大时，在谢花后每株施尿素 100~150 克，或结合喷药加入 1% 的尿素或硝酸钾作根外追肥。

（3）壮果肥。谢花后约 30 天为果实迅速增长期，也是幼龄结果树春梢抽生期。此时至收获前 15 天应追施氮、钾肥 1~2 次，或作根外追肥，以保证果实发育所需的养分。

（4）果后肥。采果后立即施重肥，在丰收年可于收果前后先施速效氮肥，每株施尿素 150~200 克，其后再施有机肥和磷肥。

2. 芒果树整形修剪

芒果树整形修剪分为幼树整形修剪和结果树整形修剪两种方法。

幼树整形修剪又分为自然圆头形树冠整形和自然扇形树冠整形两种方法。

（1）自然圆头形树冠整形。

1）培养主枝，主干抽枝后，在 80~100 厘米处选留 3~5 条生势相当，位置适中的留作主枝，其余摘除。如生势差异大或位置不适当，可通过拉、压枝条或人工牵引予以纠正。主枝与树干夹角保持 50~70 度。

2）培养副主枝，当主枝伸长 60~70 厘米时摘顶，促进其分枝。在 50~60 厘米处选留 3 条生势相近的分枝，其中两条留作副主枝，顶上一条留作主枝延续枝。待延续枝伸长 50~60 厘米时再留第二层副主枝；如法再留第三层和第四层副主枝。所留副主枝应与主枝同在一平面上，与主枝夹角应大于 45 度，避免枝条重叠或交叉。副主枝长度不宜超过主枝。

3）在幼树整形修剪中，主要是培养骨干枝，尽量增加分枝级数，控制徒长枝，修剪位置不适当的枝条。在定植后 2~3 年内培养 50~60 条生长健壮而不徒长，位置适宜的末级枝梢，形成矮生、光照良好的圆头形树冠，为早结果打好基础。

保留延展方向好的枝条，把过密、交叉的枝条修剪掉

自然扇形树冠整形

修剪好的，保持树冠大小，容易管理

自然圆头形树冠整形

（2）自然扇形树冠整形。

1）选留主枝与副主枝，主干截顶抽芽后，选留 3 个枝，其一作延续主干，另两条作第一层主枝，这两条主枝相对成一直线，各与行向成 15 度角。如角度不合，可通过人工牵引予以校正。待延续主干伸长后，距第一层主枝 100 ~ 120 厘米留第二层主枝，分枝方向与第一层呈斜十字形。

2）副主枝及枝组的培养同圆头形树冠，为防结果后枝条下垂，初结果树在主干上缚一竹竿作结果后吊枝之用。

（3）结果树的剪修（以短剪和疏删为主）。

1）花芽分化前修剪，在海南于 10 月中下旬疏除过密枝，阴弱枝，病虫枝，交叉、重叠和徒长枝，增加树冠透光度，促进花芽分化。对生长过旺、多年不结果的植株可通过主枝环状剥皮、环割、扎铁丝及断根等方法抑制植株生长，促进花芽分化。

2）在第二次生理落果后（约 3 ~ 4 月）剪除影响果实发育的花梗与枝条，疏除畸形果、病虫果及过小的败育果，两个果黏在一起的易招惹虫害，应去除一个，一穗果保留 3 ~ 4 个发育正常的果即可。对未结果或开花不结果的枝条可酌情短截，促进抽梢，培养来年的结果母枝，也可增加树冠的透光度。

3）采果后修剪，这是重点修剪时期，采果后及时短截结果枝至该次梢的基部 2～3 节。如出现株间枝条交叉，可短截至不交叉为止。对树冠中的病虫枝、过密、交叉、重叠枝和阴弱枝予以疏除，对因多年结果而衰竭的枝条和徒长枝一般应予剪除，但如位置适宜，或树冠衰弱，也可短截更新，复壮树冠。

 思考与练习

（1）芒果生长需要哪些环境条件？
（2）练习芒果的枝接法和芽接法。
（3）练习芒果的自然圆头形树冠的整形修剪。

任务三　油茶高产栽培技术

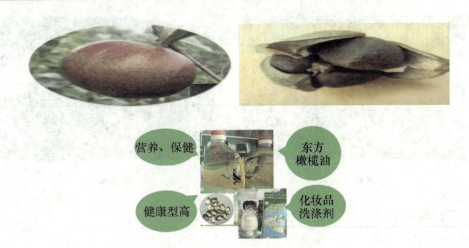

一、油茶高产栽培技术

（一）油茶良种

1. 广西优良油茶品种

广西油茶主要有普通油茶、高州油茶、小果油茶、广宁红花油茶等。

（1）普通油茶。种植在海拔 200～700m 高地带，果中等大。

海拔 200～700m

中果油茶树

（2）小果油茶。种植在海拔 150～400m 高地带，果比较小。

小果油茶树

2. 外地优良油茶品种

（1）龙眼油茶。霜降籽，果皮薄，亩产油 50 ~ 80 斤，品质优、抗病、抗台风较强。

龙眼油茶　　　　　　　　　　　　　油茶闽 48

（2）油茶闽 48。立冬籽，果实红色、球形，亩产油 66.6 斤。

（二）栽培技术要点

1. 林地选择

丘陵低山，阳坡、南坡、东南坡，坡度 25 度以下的下、中坡的斜缓坡的酸性红壤、黄壤，土层厚度大于 60 厘米。

2. 整地

整地方式有带状、鱼鳞坑、全垦三种。整地在 11 月前完成。

带状　　　　　　　　　　鱼鳞坑　　　　　　　　　　全垦

3. 挖穴施肥

挖穴施肥在种植前 1 月完成。

挖大穴（长 1 米 × 宽 0.8 米 × 深 0.7 米）　　　　　　施基肥

填土拌匀　　　　　　　　　　　　　　回土待栽

4. 选择良种

（1）省级定点育苗点。

（2）四证齐全：生产、经营、良种、检疫等材料齐全。

（3）油茶种植可选用一年生嫁接容器杯苗，苗高 7cm、地径 0.20cm 以上或二年生嫁接苗，苗高 30cm、地径 0.30cm 以上的苗木。注意区别嫁接苗、砧木萌芽苗。

5. 栽植密度

以株距 2～2.5m，株距 2.5～3.5m，每亩 90～120 株为宜。一般低山丘陵为每亩 110 株为宜，株行距为 2m×3m。

6. 适时栽植

季节：每年 12 月至次年 3 月，营养袋苗延长 4 月，选择阴天、晴天或傍晚种植。

方法：底部基肥，中部表土，栽苗在上部，苗正不窝根，提苗踩实，盖松土，嫁接口与地面平。

打浆　　　　　　　　　　　　　　拆袋

7. 科学施肥

（1）当苗木出齐并长到 3～5 个叶片时，下雨后进行第一次追肥，以氮肥为主，每亩用量不超过 15 千克，以后每 70～75 天施一次，全年 3～4 次，每次每亩氮肥施用量不超

种植方法

过 25 千克、磷钾肥 40 千克。有条件的要喷施叶面肥，可用 3% 的尿素 + 2% 的磷酸二氢钾混合喷施，也可以用浓度为 50PPM 的赤霉素、云大 120 和 PBO（喷施宝）喷施。叶面肥喷施最好在晴天下午 4 点以后进行，如施肥后 3 小时以内下雨要重喷。

（2）施肥方法：环形、半月形、放射形、三角形。

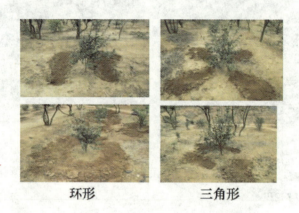

环形　　　　　三角形

施肥方法

8. 定干整形

（1）养干。第 1 ~ 2 年，保留春梢，培养主枝和副主枝，冬春修剪，夏季摘心，除萌抹芽。

（2）定形。离地 50 ~ 80cm 处定干，第 3 ~ 4 年培养侧枝群，形成矮干丰产树型。

幼树整形的树冠结构

结果树的树冠结构

9. 保护授粉昆虫

　　油茶花大多于 10 月下旬开放，最盛时期为 11 月，少量春花物种 2～4 月开放。油茶为虫媒两性花，应该选用野蜂或人工养蜂来帮助果树授粉，提高结果率，当花朵授粉受精以后，到 3 月中旬子房逐渐膨大，形成幼果。油茶幼龄期一般经历 3～5 年，7～8 年逐渐进入丰产期，油茶生长到 70～80 年后，逐渐进入衰老期。

 思考与练习

　（1）谈谈你的家乡适合种植什么品种的油茶？

　（2）油茶幼树如何定干整形？

一、西瓜的概述

（一）西瓜对环境条件的要求

（1）温度：生育界限温度 10～40℃。发芽期：28～30℃，15℃以下不能发芽。幼苗期：22～25℃；伸蔓期：25～28℃；结果期：25～32℃，此范围内越高越好。昼夜温差大，品质好。

（2）光照：喜光，饱和点：8 万 lux，补偿点 4 万 lux.，光照不足，茎叶细弱，节间长。

（3）水分：喜湿、耐旱、不耐涝，但不同时期对水分要求不同：①发芽期。水分充足。②幼苗期。适应能力强，干旱可促根系发芽，减轻病害。③伸蔓期。前期：增加水分，促茎叶；后期：控水。④结果期。坐果期：严格控水；膨瓜期：水分充足。⑤成熟期：停水。

（4）土壤：黏重土、盐碱地、低洼易积水地不宜，沙壤土最好。

（5）营养：N∶P∶K＝3.28∶1∶4.23。

幼苗期和伸蔓期：以 N 肥为主，配合 P、K；结果期：以 P、K 肥为主，配合 N 肥。

（二）目前的优良品种

1. 早熟品种：京欣 1 号

主要特点是果实圆形或高圆形，红瓤，质脆味甜，口感风味好，果实大小适中（4～5kg）。

2. 中晚熟品种

（1）西农 8 号（金钟冠龙型）。主要特点是果皮浅绿，覆有深绿色齿条带花纹，果实椭圆形，商品外观美，红瓤，较耐贮运。

（2）丰收 2 号。主要特点是黑皮，果实椭圆形，红瓤，皮韧，极耐贮运。

3. 特色品种

品种有：晶迪、中选 11 与中选 12、丰乐 8 号、金帅 2 号、京雪等；类型有：黄皮类型、黄瓤类型、白瓤类型等；黄皮品种皮色金黄，商品外观美，价格较高。黄瓤品种肉质细，纤维少，汁多，口感品质风味特佳。白瓤类型更是稀缺品种。

4. 袖珍西瓜品种

（1）特小凤。主要特点是果实圆球形、花皮、黄瓤，品质口感特优。

特小凤西瓜

（2）红小玉。主要特点是果实圆球形，花皮，红瓤。

5. 黑美人品种

夏秋季开花至果实成熟仅需22天。果实长椭圆形，果皮黑色有不明显条带，单瓜重2~3千克，果皮薄而韧，果肉鲜红色，极耐贮运。

金美人西瓜

黑美人西瓜

6. 金美人品种

果皮金黄色，果长椭圆形，果重约3千克。果肉红色，糖分形成早，成熟时糖度约13度，品质极佳，皮薄而耐运。

7. 无籽西瓜品种

黑蜜2号：植株生长势旺、抗病性强，第一次果采收后茎叶仍保持健壮，只要精心管理，可二次结果。果实圆球形，墨绿皮上带有暗宽条带，无籽性好。平均单瓜重5~7千克。

黑蜜2号西瓜

二、西瓜优质高效栽培技术

（一）常规育苗

1. 苗床

温室苗床

露天苗床

2. 床土配制（见表 7 - 1）

表 7 - 1　西瓜育苗床土常用配方　　　　　　单位:%

配方	田园土	厩肥	鸡粪	细沙	草木灰
1	70	30			
2	80		20		
3	60	30		10	
4	60	30			10

3. 浸种催芽

温汤浸种 28 ~ 30℃催芽，经 24 ~ 48 小时，种子大部分露白后播种。

4. 播种

芽朝下平放，覆土 2 ~ 3cm，覆土太薄会戴帽出土，播种后盖地膜。

西瓜的播种过程

5. 播后管理

（1）播种：尽可能提高床温。

（2）一半顶土：降温，昼/夜温在 22/15 ~ 17℃，25℃以上徒长。

（3）出苗：继续控温控水，增光，控湿。

（4）破心：适当增温，昼夜温在 27 ~ 30/20℃；增光；浇温水。

（5）定植前 7 天：幼苗锻炼。锻炼程度依栽培形式不同，通风降温。

（二）嫁接育苗

1. 嫁接的意义

①克服土传病害和连作障碍。②增强生长势。③提高抗逆性。④增加产量。

2. 嫁接技术

（1）西瓜的砧木：①瓠瓜：长颈葫芦、圆葫芦、大葫芦勇士、相生、超丰 F1。②南瓜：新土佐、黑籽南瓜。③野西瓜：GKY、圣奥力克、冬瓜。

（2）嫁接方法。①顶插接。②劈接法。

西瓜顶插接方法

（3）接后管理。

温度：昼夜温在 25～28℃/18～22℃。

湿度：90% 以上。

光照：遮光。前 3 天全天遮光，每天喷雾 2～3 次。以后早晚透光，逐渐减少喷雾次数。

西瓜顶插法

西瓜劈接法　　　　　　　　西瓜嫁接后管理

三、西瓜露地栽培的田间管理

（一）植株管理

1. 整枝打杈

2. 摘心

3. 压蔓

（1）压蔓：挖 6～7cm 深的小窄沟，将瓜蔓埋入。

（2）作用：抑强扶弱。壮：压深、实；弱：压浅、松、防风、促发不定根。主蔓 4 道，瓜前、瓜后各两道。侧蔓 3～4 道，不要压住叶片。

西瓜摘心　　　　　　　　　　　　西瓜压蔓

（二）果实管理

1. 人工授粉

西瓜人工授粉　　　　　　　　　　西瓜疏果

2. 选瓜、定瓜

（1）选瓜：每株留 1 个瓜，多选留主蔓第 2、第 3 雌花坐果。

原因：主蔓第 1 雌花虽然较早熟，但因为叶少，易出现果小、畸形或皮厚、空心等问题。特别是长势弱的早熟品种更不能留第一个雌花坐果。第 2 雌花坐果期，植株叶数增多，容易形成大果，且果形整齐端正。

（2）定瓜：西瓜退毛期从主侧蔓上预留的 2 个果实中留一个令其生长，多留主蔓瓜。

3. 垫瓜、翻瓜或吊瓜

（1）垫瓜：在果实拳头大小时，把果实下面的土拍成一个斜坡，果实顺直摆放到斜坡上，果形周正，保持果面清洁。

（2）翻瓜：在果实定个前后，每隔 3～4 天将果实翻动一下，共 2～4 次，利于果实均匀着色。

翻瓜方法：始终朝一个方向，每次角度不宜过大，在瓜蔓含水量高时不翻。

（三）肥水管理

（1）幼苗期。适应能力强，水分适中，一般不追肥。

（2）伸蔓期。前期：结合浇水可追施一次肥料，以氮肥为主，配合少量磷钾肥，促茎叶生长。后期：控水控肥。

（3）结果期。坐果期：严格控水控肥。

（4）膨瓜期。果实坐住后，及时浇膨瓜水，施膨瓜肥，以后每隔 7 天左右浇一次水，后期叶面可喷施磷酸二氢钾。

（5）成熟期。停水。

四、西瓜病虫害防治

1. 枯萎病

症状：伸蔓至结果中期（果大如碗口大小）发生最多。初期，白天萎蔫，早晚恢复，4～5天后，逐渐枯死（整株或一、二蔓）。切开病蔓，维管束变褐。

西瓜枯萎病症状

病菌：主要通过根部伤口或由根毛侵入，在导管内生长发育。病菌分泌果胶酶和毒素，在导管内积累，堵塞导管，阻碍水分运输。

防治：

（1）轮作倒茬。

（2）种子消毒。55℃温水消毒15分钟；福尔马林100倍稀释液浸30分钟。50%多菌灵500倍稀释液浸1小时。

（3）育苗营养土：塘土、稻田土等，忌用瓜田土、菜园土，肥料充分腐熟。

（4）嫁接育苗。

（5）发病初期：根茎及周围土壤浇灌50%代森铵500～1000倍液，40%瓜枯灵1000倍液，7～10天一次，连灌三次。

2. 病毒病

症状：有花叶型、蕨叶型、斑驳型和裂脉型，以花叶型和蕨叶型为主。

花叶：叶片黄绿相间，叶形不整，叶面凹凸不平，严重时病蔓细长衰弱，节位缩短，花发育不良，果畸形。

蕨叶：心叶黄化，叶形变小，叶缘反卷，皱缩扭曲，叶肉缺生，仅沿主脉残存，呈蕨叶状。

西瓜病毒病叶片背面症状　　　　　西瓜病毒病叶片正面症状

防治：

（1）种子用10%磷酸钠浸20分钟。

（2）加强肥水管理，增强P、K肥。

（3）田间操作病、健株分别进行，肥皂水洗手。

（4）防蚜虫。

（5）发病初期用植病灵、抗毒剂等。

 思考与练习

（1）西瓜对环境条件有什么要求？

（2）如何防治西瓜枯萎病？

（3）练习西瓜顶插接、靠接、劈接三种嫁接方法。

任务五 圣女果栽培技术

一、圣女果的概述

圣女果是从中国台湾引种的一种热带作物，又称珍珠番茄、樱桃番茄，是一种水果型的番茄新品种，既可蔬又可果。果实鲜红碧透，味清甜，无核，口感好，营养价值高且风味独特，食用与观赏两全其美，深受广大消费者青睐。该品种植株生长迅速，种苗种下70天后果实可成熟，可连续采摘3个月，亩产4000多千克，经济效益高。

（1）台湾圣女果顺应性强，抗性好，耐肥、果实成熟时含糖8%～10%，富含多种营养成分。圣女果中含有谷胱甘肽和番茄红素等特殊物质，这些物质可促进人体的生长发育，特别可促进小儿的生长发育，并且可增加人体抵抗力，延缓人的衰老。

（2）该品种为喜温型果菜，生长的最适宜温度为20～25℃，结果期的最适温为15～25℃，喜欢在较强光照及土层深厚的土壤种植，对于水分要求较多，在沙壤土上种植体现最好，喜钾肥。

二、栽培技术

（一）该品种适宜秋季播种

为防止胚珠带毒传播，播种前要进行胚珠消毒，将胚珠用纱布包好，放于15%磷酸三钠水溶液中浸泡10～20分钟，之后打开纱布，取出胚珠，用湿布包好放于25～30℃之处催芽，并天天用温水冲刷胚珠1～2次。经2～3天的催芽，胚珠露白时即可进行播种育苗。

（二）整地做畦、合理密植

选择排水灌溉方便、泥土肥沃、透风透气性好的沙壤土种植。定植前深翻细耙，亩施入土杂肥或者蘑菇土1000千克，钙镁磷肥150千克。之后整成畦宽80～100厘米，畦高30～35厘米，沟宽40厘米。当幼苗长至4～5片真叶时即可定植，每一畦实行双行种植，株距35～40厘米，亩定植2500～3000株。

整地

起畦

（三）肥水管理

因为台湾圣女果生长量大，结果期长，产量高，所以肥水供应要充实。定植 10 ~ 12 天后可起头浇施水肥，薄肥勤施。开花结果期，结合清沟中耕培土，亩施入复合肥 50 千克。进入盛果期后，每 15 ~ 20 天浇 1 次水肥，保持泥土潮湿，并结合防治病虫，根外追肥喷施高氨效速 4 号 600 倍液 2 ~ 3 次，即可到达改善品位、提高产量的目的。

（四）搭架、整枝

圣女果茎叶柔软不能直立生长，需要攀爬他物才能生长发育，因此在生长过程中需要搭架。当圣女果植株长到 30 ~ 40 厘米时，即可起头搭架。搭架以人字形架为主，要把畦沟作为蔓架空间进行搭架，这样有利于透风透气，削减病虫为害，促进生长和便于人工生产操作。侧枝生长力强，造成生长过于茂密，降低果实的品位，所以要实时抹除过多的侧芽，并实时摘除下部发黄的老叶和病叶，削减养料耗损，增强透光性，并实时固定太长的枝蔓，防止倒伏，利于生长和挂果。

搭架

整枝

（五）疏花疏果

圣女果分枝多、花量大、挂果多。几乎每个节间都有花穗，所以应疏去过多的花果，每株保留生长健壮的花穗 4 ~ 5 枝，每穗保留生长匀称、无病虫、无创伤、果蒂健壮的果实 4 ~ 6 个。剩下去除，以利于提高果实的产量和品位。

（六）防止落花落果

1. 主要原因

一是阴天多雨，光照不足；二是栽培管理不当。此外，定植时秧苗过长，植伤过重，浇水不均匀，土壤忽干忽湿，花期水分失调，花柄处形成离层，水肥不足等原因，都会造成营养不良性落花。

2. 防止落花落果应采取以下措施

一是农业综合防治措施，如培育壮苗，适时定植，避免低温；及时整枝打杈，防止植株徒长；及时追肥浇水，防治病虫害和机械损伤。二是施用植物生长调节剂，常用有番茄灵、2，4—D。番茄灵的适宜浓度为 25 ~ 50 微克，2，4—D 为 15 ~ 20 微克，于花期涂抹在花梗离层处或花的柱头上。

 思考与练习

（1）种植圣女果为什么要搭架？

（2）如何给圣女果疏花疏果？

第八单元

畜牧兽医专业

认识专业

一、畜牧兽医专业的概念

畜牧兽医简称"牧医",是畜牧专业(工作)和兽医专业(工作)的合称。

1. 畜牧业

畜牧业是指从事家畜、家禽等动物养殖,为人类提供生产和生活资料的产业。

家畜包括马、牛、羊、驴、猪、兔、狐、狗等。

家禽包括鸡、鸭、鹅等。

常见的家畜、家禽图片如下,请试说出它们的名称,并区别哪些是家畜,哪些是家禽?你是如何分辨出来的?

畜牧业的主要作用:人类通过畜牧养殖,获得肉、乳、蛋、脂肪等食品和皮、毛、羽、骨等轻工业原料,并以畜役和厩肥等支持种植业。

提问:在我们的日常生活中,有哪些是畜禽产品?

通过学习,我们了解了什么是畜牧,再一起来认识什么是兽医吧。

2. 兽医

兽医是给动物进行疾病预防、诊断并治疗的医生。

兽医的主要职责:研究和实施家畜、家禽疾病的诊疗、防治、检疫及畜产品卫生检验、维护动物健康、保证畜禽安全、指导畜牧生产、保障食品安全、控制人畜共患病等。

以下图片为兽医工作者的工作情景（注射、检疫、解剖、深埋消毒）。

二、畜牧兽医专业开设课程

1. 畜牧兽医专业主要课程

畜禽饲养技术、畜禽营养与饲料配方、兽医基础（包括兽医临床诊断技术、兽医外科手术学、兽医产科学、兽医寄生虫病学、动物尸体剖检等课程）、家畜传染病学、家畜解剖与生理、兽医药理学、动物疫病防治技术、家畜繁殖技术等。

2. 畜牧兽医专业职业资格证书

高级家畜饲养工、高级家禽饲养工、高级家畜繁殖工、高级兽医防治员、高级动物防疫员、高级动物检疫检验工等证书。

三、就业和发展前景

1. 本专业学生的职业领域

主要面向动物养殖企业、饲料企业、兽药企业、畜牧局、兽医站等企事业单位，从事畜禽养殖、动物养殖技术指导与服务、饲料生产与销售、动物疾病防治与指导、兽药生产与营销、宠物美容与疾病防治、动物防疫与检疫、企业经营与管理等岗位工作，或在畜牧兽医行业自主创业。

2. 就业岗位

动物防治员、动物检疫员、动物医生、动物产品质检员、养殖场高级饲养工、繁殖工、饲料加工中控员、饲料品质检验化验员等。

具体从事的就业岗位如表 8 − 1 所示。

表 8 − 1　畜牧兽医专业岗位及相关职业资格证书

序号	职业领域	就业岗位	职业资格证书	备注
1	动物生产与管理	饲养员、技术员、部门主管	畜禽饲养工	学生在校期间必须取得职业资格证
2	饲料加工与营销	饲料化验员、饲料销售员、车间主任	饲料检验化验员、饲料配料混合工	
3	动物疾病防治	防疫员、兽医、售后服务技术员	动物疫病防治员、动物检疫检验员	
4	宠物美容与疾病防治	宠物美容师、宠物疾病诊治员	宠物美容师、养护工、医师	
5	兽药生产与营销	兽药生产与营销		

以下图片为畜牧兽医专业具体岗位名称及工作场景。

动物防治员　　　　动物检疫员　　　　宠物美容师　　　饲料品质检验化验员

动物医生　　　　高级饲养工　　　　饲料、兽药销售员

四、就业案例

黄顺成，祥周人，在布兵从事饲料、兽药销售和兽医工作近 20 年，年收入 20 万 ~ 30 万元。

农建学，江城人，现在江城从事饲料、兽药销售和兽医工作，年收入 20 万元。

　思考与练习

（1）畜牧兽医简称"牧医"，是（　　）专业和（　　）专业的合称。家畜包括（　　）、（　　）、（　　）等动物；家禽包括（　　）、（　　）、（　　）等动物。

（2）给动物进行疾病预防、诊断并治疗的医生，称为（　　　　）。

（3）说一说，在众多的畜牧兽医岗位中，你最感兴趣的岗位是哪个？

养殖基础知识

一、饲料的概念及重要性

1. 饲料的概念

饲料是由动物采食以后能被其所消化、吸收和利用的物质，是动物食物的统称。通俗地说，饲料就是动物吃的东西。

大家讨论一下，平时见到的动物（如猪、鸡、牛、羊、兔、狗）最喜欢吃什么食物？不同的动物吃的饲料是否一样呢？

2. 饲料的重要性

饲料是养殖业发展的物质基础。畜禽要利用饲草、饲料养活本身之后，才能生产肉、蛋、奶等畜禽产品。因此，我们应当学习各种饲料的营养特性，了解不同的畜禽对不同的饲料的利用特点，才能科学、有效地使用各种饲料，用最少量的饲料、粮食，生产尽可能多的畜禽产品，使畜禽养殖业获得良好的经济效益。

二、饲料的分类和营养特性

（一）饲料的分类

动物饲料按原材料划分，分为八大类：粗饲料、青饲料、青贮饲料、能量饲料、蛋白质补充饲料、矿物质补充饲料、维生素补充饲料和饲料添加剂。

（二）各类饲料的特性及利用

1. 粗饲料

粗饲料是指粗纤维含量在 20% 以上，体积大，营养价值较低的一类饲料。主要包括青干草、秸秆、秕壳、树叶类等。

粗饲料的特性及利用：粗饲料粗纤维含量高，难消化，是草食家畜（如马、牛、羊）的主要饲料。不宜用作猪、鸡的饲料。

2. 青饲料

青饲料是指天然水分达 60% 及以上的绿色植物。包括牧草类、叶菜类、非淀粉质的根茎瓜果类、水草类等。青饲料种类多，来源广，利用时间长，对于畜禽养殖具有重要作用。

青干草　　　　　　玉米秸秆　　　　　　水稻秸秆

秸秆变饲料　　　　水稻秕壳　　　　　　竹叶

黑麦草　　　象草　　　火筒菜　　　红薯叶　　水葫芦　　非淀粉质的根茎瓜果类

　　青饲料的特性及利用：青饲料中营养物质全面，维生素含量丰富，粗蛋白质含量高，且品质好，柔嫩适口，易于消化，各种畜禽都爱采食。各种新鲜青绿蔬菜可以补充维生素的不足，用量可占混合料的 20%～30%。绿树叶用量可占混合料的 5%～10%。

　　3. 青贮饲料

　　青贮饲料是指将新鲜的青饲料切短，装入密封的容器里，经过微生物发酵作用，调制而成的一种具有特殊芳香气味、营养丰富的多汁饲料（也可添加适量糠麸或其他添加物一起调制）。

　　青贮饲料的特性及利用：青贮饲料具有气味酸香，柔软多汁，营养丰富，适口性好，利于长期保存等优点，是家畜优良饲料来源。利用青贮饲料喂牛羊要有一个适应过程，喂量应由少到多。

　　4. 能量饲料

　　能量饲料是指饲料干物质中粗纤维含量在 18% 以下，消化能含量在 10.46 兆焦/千克以上，粗蛋白质低于 20% 的一类饲料，称能量饲料。主要包括谷实类（如玉米、大米）、糠麸类（麦麸）、淀粉质的块根块茎（马铃薯、木薯、红薯、芋头）及瓜果类饲料（南瓜）及其加工副产品。

玉米　　稻谷　　高粱　　麦麸　　糠麸

甘薯　　　　马铃薯、芋头　　　　南瓜

能量饲料的特性及利用：主要含有淀粉和糖类，用量可占日粮混合料的70%以下。

（1）玉米。"能量之王"，是谷类饲料中能量最高的饲料之一，用量可占混合料的45%～70%。

（2）麸皮。适口性较好，蛋白质和磷的含量较多，用量可占混合料的5%～30%。

能量饲料在利用过程中，要注意补充蛋白质、必需氨基酸、钙、磷及维生素。

5. 蛋白质补充饲料

饲料干物质中粗纤维含量在18%以下，粗蛋白质含量在20%以上的饲料。此类饲料可分为：

（1）植物性蛋白质饲料。如豆类籽实（黄豆、大豆、豌豆、蚕豆等）及其加工副产品和油粕等。

（2）动物性蛋白质饲料。如鱼、虾粉、肉、蛋类、血粉、肉骨粉、蚕蛹粉、蝇蛆粉、乳制品、各种昆虫（蝗虫、蟋蟀、蝉、蜘蛛等）；该类饲料蛋白质含量最高，品质也很好。

（3）单性蛋白质含氮饲料。如尿素等。

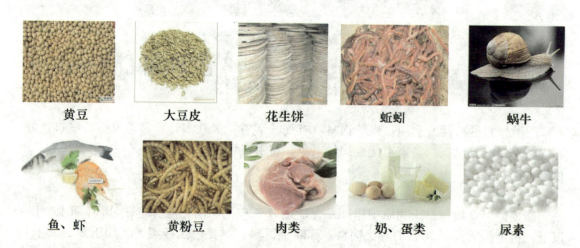

黄豆　　大豆皮　　花生饼　　蚯蚓　　蜗牛

鱼、虾　　黄粉豆　　肉类　　奶、蛋类　　尿素

蛋白质饲料的蛋白质含量高，营养丰富，品质好；钙磷丰富，且比例良好，利于动物的吸收利用；含有丰富的维生素，特别是维生素 B_2 和 B_{12}。用量可占混合料的5%～30%。

（1）鱼粉。鱼粉是最优质的动物蛋白质饲料，可占混合料的 5% ~15%。注意：使用海鱼应计算鱼粉的含盐量，所用鱼粉的含盐量不宜超过混合料的 0.4%。

（2）豆饼、花生仁饼。是较好的植物蛋白质饲料，适口性强，营养全面，可占混合料的 10% ~20%。

（3）棉仁饼。因有毒素，用量不宜过多，一般不超过混合料的 7%。

6. 矿物质补充饲料

矿物质补充饲料是指来源于矿物的饲料。如骨粉、石粉、蛋壳粉、食盐等。在畜禽饲养上最易缺乏，需经常供给的是富含钠、氯、钙、磷等元素的矿物质饲料。主要补足混合料中矿物质的不足，可占混合料的 0.3% ~9%。

（1）骨粉。主要补充钙、磷，用量可占混合料的 1% ~2.5%。

（2）贝壳粉。补充钙质的不足，用量可占混合料的 1% ~7%，产蛋母鸡宜多用，其他鸡宜少用。

（3）食盐。主要补充混合料中钠的不足，用量常占混合料的 0.3% ~0.4%。

（4）沙砾。常于鸡 1 月龄后补加，可提高饲料的利用率，用量可占混合料的 0.5% ~1%。

7. 维生素补充饲料

维生素补充饲料是指人工合成的各种维生素或复合维生素，不包括含维生素较多的天然饲料。常用的有维生素 A、D_3、E、K 和 B 族维生素如硫胺素、核黄素、烟酸及生物素等。

8. 饲料添加剂

饲料添加剂是指用于强化饲养效果，添加到饲料中的各种微量成分。饲料添加剂可分为两类：

（1）营养性添加剂。包括各种氨基酸、维生素和微量元素。

（2）非营养性添加剂。如生长促进剂、驱虫保健剂、各种抗生素、增味剂、防霉剂等。

 思考与练习

（1）什么是饲料？

（2）动物饲料按原材料分，分为八大类：（　　　）饲料、（　　　）饲料、（　　　）饲料、（　　　）饲料、（　　　）补充饲料、（　　　）补充饲料、（　　　）补充饲料和饲料添加剂等。

（3）连一连：把下列的饲料分类与相应的饲料用线连起来。

粗饲料   骨粉、石粉、蛋壳粉、食盐

青饲料   鱼粉、血粉、肉骨粉、蚕蛹粉、尿素

青贮饲料   将新鲜的青饲料切短，装入密封的容器里调制而成的饲料

能量饲料   维生素 A、D_3、E、K 和 B 族维生素

蛋白质补充饲料 豆类及其加工副产品

       青干草、秸秆、秕壳

矿物质补充饲料 青绿蔬菜、树叶类、水草类

维生素补充饲料 各种氨基酸、微量元素、生长促进剂、驱虫保健剂

饲料添加剂   大米、玉米、麦麸、马铃薯、南瓜

任务二　饲料的加工与调制技术

常用饲料原料种类很多，有些饲料，特别是粗饲料质地坚硬，含纤维素多，适口性差，不易消化，营养价值较低。通过加工调制可明显地改善适口性，改善饲料营养价值，提高消化率和吸收率，提高生产性能，且便于贮藏和运输。

饲料的加工调制方法有粗饲料的加工调制、青绿饲料的加工调制和能量饲料的加工调制。

一、粗饲料的加工与调制技术

（一）粗饲料的营养特点

（1）粗纤维含量高，不易消化，但可降低饲料成本。

（2）体积大，具有填充和保证消化管蠕动作用。

（3）磷的含量低，豆科粗饲料含钙较丰富。

（4）维生素 D 丰富，但其他维生素较缺乏。

（二）粗饲料的种类

1. 青干草

2. 秸秆和秕壳类

（1）秸秆类。麦秸、稻草、玉米秸、高粱秸、豆秸、谷草等。

（2）秕壳类。谷壳、高粱壳、花生壳、豆荚、棉籽壳等。

3. 树叶类

桑叶、银合欢叶等。

（三）粗饲料的加工、调制方法

1. 物理加工法

（1）切断。饲料切短后，可减少咀嚼时的能量消耗，也可减少饲料的浪费。

（2）粉碎。饲料粉碎后增加了饲料与消化液的接触面积，提高了饲料的消化率，但粉碎过细会引起消化率降低。

2. 化学加工法

利用碱类物质使纤维素释放出来，提高饲料的营养价值。

（1）生石灰碱化处理法。生石灰加水后生成的氢氧化钙，是一种弱碱溶液，经充分熟化和沉淀后，用上层的澄清液（即石灰乳）处理秸秆。

具体方法：每100 千克秸秆，需 3 千克生石灰，加水 200～250 千克，将石灰乳均匀喷洒在粉碎的秸秆上，堆放在水泥地面上，经 1～2 天后即可直接饲喂牲畜。

（2）秸秆氨化处理法。利用氨水或尿素等处理加工粗饲料 ［堆垛法、氨化窖（池）法、氨化塑料袋］。

1）农用氨水氨化处理。用含氨量 15% 的农用氨水，按秸秆重 10% 的比例，把氨水均匀洒于秸秆上，逐层堆放，逐层喷洒，最后将堆好的秸秆用薄膜封严。

2）尿素氨化处理。秸秆里存在尿素酶，加进尿素后用塑料膜覆盖，尿素在尿素酶的作用下分解成氨，对秸秆进行氨化。按秸秆重量的 3% 加进尿素，将 3kg 尿素溶解于 60kg 水中，均匀喷洒在 100kg 秸秆上，逐层堆放，用塑料薄膜盖严。20℃需三周；25℃需两周；30℃一周即可完成氨化。

秸秆氨化处理法：

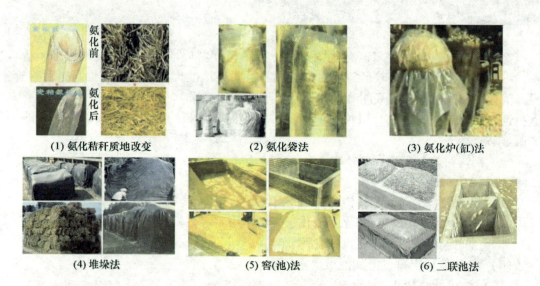

（1）氨化秸秆质地改变　　　　（2）氨化袋法　　　　（3）氨化炉(缸)法

（4）堆垛法　　　　（5）窖(池)法　　　　（6）二联池法

3. 生物加工法

利用乳酸菌、纤维分解菌、酵母菌等有益微生物和酶将粗纤维分解，软化饲料，产生糖和菌体蛋白，改善味道，提高适口性和营养价值。

加精料发酵：每100kg草粉加3kg麦麸、2kg玉米面（也可加1kg尿素或不加尿素），麦麸中有淀粉酶，可促进淀粉转变为麦芽糖，促进微生物大量繁殖，2~3天可完成发酵。

二、青绿饲料的加工与调制技术

（一）青绿饲料的营养特点

（1）青饲料含粗纤维较少，水分含量高达75%~95%；能量不足。

（2）蛋白质含量较高，按干物质计禾本科牧草13%~15%，豆科牧草18%~24%。

（3）Ca、P含量丰富，比例适当。

（4）维生素含量丰富，特别是胡萝卜素含量较高，维生素B族，E、C、K含量较多，但维生素B_6很少，缺乏维生素D。

青饲料是一类各种营养物质相对平衡的饲料，适用于饲喂多种畜禽。合理利用青绿饲料，可以节省成本，提高养殖效益。

（二）青绿饲料的种类

青绿饲料是指可以用作饲料的植物新鲜茎叶，主要包括天然牧草、栽培牧草、田间杂草、菜叶类、水生植物、嫩枝树叶等。

（三）青绿饲料的加工、调制方法

1. 青绿饲料正确的加工、调制方法

青绿饲料采回后，先洗净、切碎或打浆，然后掺入混合饲料直接喂畜禽，这样既能保持维生素不破坏，又不会使畜禽中毒。但对适口性差或粗纤维多的青绿饲料最好发酵处理后再喂。

2. 青绿饲料的加工、调制的注意事项

（1）力求新鲜。青绿饲料如果直接饲喂家畜家禽，一定要保证新鲜干净。最好是现采现用，不要堆放。因为青绿饲料含水量高，不易久存，易腐烂，不仅破坏了部分维生素，降低了适口性，而且也会使细菌将硝酸盐还原为亚硝酸盐，畜禽吃了轻则易患肠胃病，重则还会因中毒导致死亡。采集后一时喂不完的，可阴干后放在阴凉通风处贮存，经粉碎加工后饲喂，这种饲料可保持香味和营养成分少受损失，还能增强适口性。

（2）合理搭配。青绿饲料是家畜的良好饲料，必须与其他饲料搭配利用，以求达到最佳利用效果。杂食家畜（如猪），青绿饲料不能用作主料，只能作为一种补充料，适量使用。而草食家畜（如牛、羊）由于有瘤胃和发达的盲肠，对粗纤维的利用能力较强，日粮中可以青绿饲料为主，辅以适量精料。牛每头每天用量20～30千克，羊2～4月龄羔羊2～3千克，4～8月龄4～6千克，8月龄以上7～10千克。

（3）不能过量饲喂。尤其是仔猪，在饲喂水分多的青绿饲料时，一定要限量，防止饲喂过量造成拉稀粪或其他肠胃病。一般青饲料应占猪日粮的30%左右，对幼猪、催肥猪、怀孕猪和哺乳期母猪，可少用些；对架子猪、空怀和怀孕中期的母猪，可多用一些；在鸡的日粮中通常不宜大量加入青绿饲料。

（4）谨防中毒。

1）防止农药中毒。刚施用过农药田地上的青绿饲料，不能用作饲料。为防止引起农药中毒，一般经15天后才能收割利用。

2）防止亚硝酸盐中毒。青绿饲料特别是叶菜类饲料，若长时间堆放、发霉腐败、加热或煮后闷在锅里过夜后才喂时，在细菌作用下，青绿饲料中原含有的硝酸盐还原为亚硝酸盐而具有毒性，畜禽易发生亚硝酸盐中毒。

亚硝酸盐中毒发病很快，多在1天内死亡。严重者在半小时内就会死亡。发病症状表现为动物不安、腹痛、呕吐、流涎、吐白沫，呼吸困难、心跳加快、全身震颤、行走摇晃、后肢麻痹，体温无变化或偏低，血液呈酱油色。

目前，农村仍有发生中毒病例，发生亚硝酸盐中毒时，可用注射特效药1%美兰溶液解毒，用量一般为每千克体重0.1～0.2毫升。也可用甲苯胺蓝（5mg/kg）及维生素C（25%，牛40～100mL；猪10～15mL）静脉注射。

三、能量饲料的加工与调制技术

能量饲料的营养价值及消化率一般都较高，但是因为籽实类饲料的种皮、壳、内部淀粉粒的结构中含有不良物质而影响了营养成分的消化吸收和利用。所以这类饲料喂前也应经过一定的加工调制，以便充分发挥其营养物质的作用。

（一）能量饲料的种类及营养特点

1. 谷实类饲料：玉米、稻谷、高粱、大麦、荞麦等

谷实类饲料的营养特点：富含淀粉，含能量高；粗纤维含量低，一般在5%以内；蛋白质含量低，为10%左右，且品质不佳，氨基酸组成不平衡，缺乏赖氨酸和蛋氨酸等；脂肪含量少，一般为2%～5%；矿物质中钙、磷比例不平衡，钙的含量在0.2%以下，而磷的含量在0.31%～0.45%；维生素方面，黄色玉米维生素A原较为丰富，其他谷实饲料含量极微；谷实饲料富含维生素B_1和维生素E，但含维生素B_2、维生素C和维生素D少，缺乏维生素B_{12}。

2. 糠麸类饲料：稻糠、小麦麸

糠麸类饲料的营养特点：粗纤维含量比籽实高，约占 10%；米糠中粗脂肪含量达 13.1%，其中不饱和脂肪酸高。矿物质中钙少磷多，磷多以植酸磷形式存在。维生素 B_1、B_5、B_3 含量较丰富，其他均较少。

3. 淀粉质块根、块茎及瓜果类饲料：甘薯、马铃薯、南瓜

淀粉质块根、块茎及瓜果类饲料特点：粗纤维含量较低，占 3%~10%；无 N 浸出物含量很高，达 60%~80%，且大多是易消化的糖、淀粉等。缺点是粗蛋白质含量低，仅为 5%~10%，矿物质含量低 0.8%~1.8%。维生素方面：南瓜中核黄素含量高达 13.1PPM，甘薯和南瓜中含有胡萝卜素，特别是胡萝卜中胡萝卜素含量能达 430PPM，其他维生素缺乏。

（二）能量饲料的加工、调制方法

1. 粉碎

这是最简单、常用的一种加工方法。经粉碎后的籽实类饲料便于咀嚼，提高饲料的消化率和利用率。

2. 浸泡

将谷类、豆类、油饼类饲料置于池子或缸中，按 1∶1~1∶1.5 的比例加入水。谷类、豆类、油饼类的饲料经过浸泡，吸收水分，膨胀柔软，容易咀嚼，便于消化；且浸泡后某些饲料的毒性和异味减轻，可提高适口性。但是浸泡的时间应掌握好，若浸泡时间过长，养分被水溶解造成损失，适口性也降低，甚至变质。

3. 蒸煮

马铃薯、豆类等饲料因含有不良物质不能生喂，必须蒸煮以解除毒性。蒸煮时间不宜过长，一般不超过 20 分钟。否则可引起蛋白质变性和某些维生素被破坏。

 思考与练习

（1）粗饲料的营养特点主要是（   ）含量高，不易消化；体积大，具有（   ）和保证消化管蠕动作用。（   ）的含量低，豆科粗饲料含钙较丰富。维生素（   ）丰富，但其他维生素较缺乏。

（2）粗饲料的加工、调制方法有（   ）加工法、（   ）加工法、（   ）加工法等。

（3）青绿饲料的营养特点是：含（   ）较少，（   ）含量高达 75%~95%；（   ）不足。（   ）、（   ）含量丰富，比例适当；维生素含量丰富，特别是胡萝卜素含量较高。

（4）能量饲料的加工、调制方法有（   ）、（   ）、（   ）等几种方法。

一、配合饲料的概念、种类和特点

（一）配合饲料的概念

配合饲料是根据动物的饲养标准和原料的营养特点，将多种饲料原料（包括添加剂）混合均匀而组成的混合物。

日粮是一头动物一昼夜的采食的饲料量。

平衡日粮是日粮中各种营养物质的种类、数量及相互比例符合畜禽的营养需要，这种日粮称为平衡日粮。

饲粮是按日粮的百分比配制的大量混合饲料，称为饲粮。

（二）配合饲料的种类

1. 按营养成分和用途分

（1）添加剂预混合饲料（简称预混料）。是根据动物的营养需要，将多种饲料添加剂与载体、稀释剂按比例混合后制成的均匀混合物。添加如氨基酸添加剂、保健促生长剂、1% 亚硒酸钠、2% 的生物素、复合多维、多种微量矿物元素等。

使用方法：添加剂预混合饲料是半成品，不能直接饲喂动物。一般在配合饲料中占 0.5% ~5% 。预混料只需与适当比例的能量饲料和蛋白质饲料配合就能制成全价配合饲料。

（2）浓缩饲料。是按动物的营养需求，将添加剂预混合饲料、高蛋白质饲料、矿物质饲料和微量元素添加剂按科学比例配制成的混合物。

使用方法：浓缩饲料也是半成品，不能直接饲喂动物，必须与一定的能量饲料（如玉米、碎米、糠麸等）混合才能制成全价饲料。配制饲料时，浓缩饲料一般占全价饲料的 20% ~40% 。配合时糠麸的用量应控制在 10% 以内，不能再加添加剂，也不要再加入蛋白质饲料，以免造成饲料浪费，影响畜禽生长，甚至造成中毒。使用浓缩饲料时，必须按产品说明书推荐的比例进行配制，一定要先用少量的饲料原料与浓缩料混匀，再与大量的饲料原料混匀，这样才能确保饲料的营养均衡和达到预期效果。

（3）全价配合饲料。是完全能满足动物营养需要的饲料。可以直接饲喂单胃动物的营养平衡饲料。

（4）反刍动物精料补充饲料。专门用于反刍动物（牛、羊），补充反刍动物采食青饲料、粗饲料、青贮饲料时营养的不足。它由浓缩饲料和能量饲料组成。

2. 按饲料形状分

（1）粉料。粉料的生产工艺简单，加工成本低，易与其他饲料搭配。但加工粉料时粉尘较大，采食时容易造成损失。

（2）颗粒饲料。颗粒饲料是以粉料为基础经过蒸汽调质、加压处理、冷却后制成的颗粒状配合饲料。颗粒饲料容重大，适口性好，可提高动物的采食量，还能避免动物挑食，保证了饲料营养的全价性，饲料报酬高。主要用于幼年动物、肉用型动物的饲料和鱼的饵料。但制粒过程中，部分维生素、酶的活性会受到影响。

（3）碎粒料。碎粒料是颗粒饲料的一种特殊形式，将生产好的颗粒饲料用破碎机破碎成 2 ~4mm 的碎粒。用于饲喂雏鸡等小动物。

（4）膨化饲料。膨化饲料是将混合好的粉料加入蒸汽调质、加温、加压后通过高压喷嘴挤压干燥，使饲料膨胀、发泡成饼干状，然后切成适当大小的饲料。膨化饲料的适口性好，容易消化吸收，是幼年动物的良好开食饲料；同时，膨化饲料密度小、多孔、保水性好，是水产养殖的最佳浮饵。

配合饲料具有单一饲料和简单混合饲料所没有的优点。它能够满足动物的各种营养需要，获得良好的生产效果。随着养殖户的增多，对饲料的需求越来越多，要求也越来越高。但是多种饲料品种让养殖户不知道什么饲料更适合自己的养殖要求，下面就来介绍一下配合饲料的优点。

（三）配合饲料的优点

（1）配合饲料营养平衡，提高饲料利用效率，节约饲料消耗，降低成本，增加生产效益，降低养殖动物粪便对环境的污染。

（2）配合饲料能充分、合理、高效地利用各种饲料资源。如油籽饼粕、屠宰及食品工业下脚料等。

（3）配合饲料产品质量稳定，饲用安全、高效、方便。可防止营养不足产生的缺乏症或过量食入导致中毒等症状。

（4）使用配合饲料可节省猪场设备和劳力，有利于采用机械化、半机械化或自动化大规模的饲养。

观看视频：《配合饲料的好处》。饲料配方中常用的饲料使用量范围如表8－2所示。

表8－2　饲料配方中常用的饲料使用量大致的范围　　　　　　　单位:%

动物种类 饲料种类	鸡	猪	奶牛	役畜	鹿
谷物饲料	50～60	40～50	30～40	60～70	30～40
糠麸类	15～20	30～40	30～40	10～20	10～20
饼粕类	20～25	15～20	25～30	20～30	20～50
草叶粉类	5～8	8～10			
矿物质饲料	5～8	1～3	3～4	1～2	0.2～1.6
食盐	0.25～0.5	0.5	1	0.2～0.5	0.2～1.0

思考与练习

（1）什么是配合饲料？

（2）按营养成分和用途分，配合饲料的种类有（　　　）饲料、（　　　）饲料、（　　　）饲料、（　　　）饲料。

（3）说说配合饲料有什么好处。

任务四　　科学养猪技术

　　绝大多数农户有养猪习惯，有"穷不丢猪，富不丢书"之说。长期以来，群众养猪多用传统方法，打猪菜，煮猪潲，以至于养殖费时、费力、效益低。要改变这一状况，就必须使用科学的养猪技术。

　　要提高养猪经济效益，首先要解决群众的养殖观念。要改变"养猪为过年，养牛为犁田"的传统思想。而且大多数群众养猪的周期为 1～1.5 年（长寿猪），把猪养到 300 多斤，这大大增加了养殖成本，而且每头猪的效益非常低，仔细算起来，每头猪没有多少纯利润，赚的都是工夫钱。要使广大群众认识到养猪是为了增加经济效益，是为了致富奔小康。科学养猪有人力成本低、饲养周期短、见效快、卫生干净等特点。科学养猪要树立"猪种是前提，饲料是基础，饲养管理是关键，防疫灭病是保证，饲料添加剂是补充"的全面养殖观念。积极推广"杂交种、配合料、六个月、二百斤"的科学养猪方法。实行科学养猪必须抓好如下几个环节：

一、确定饲养的优良猪品种

长白猪

大约克夏猪(大白猪)

杜洛克猪(红毛猪)

　　1. 长白猪

　　原产丹麦，原名兰德瑞斯，由于其体躯长，毛色全白，故在我国统称长白猪。它是当今世界上分布最广、数量最多、瘦肉产量较高的瘦肉型品种，瘦肉率 60%～63%。长白猪头狭长，耳大向前倾搭，体躯长，有 16 对肋骨（较一般猪多 1～2 对）；成年公猪重 250～350 千克，母猪重 220～300 千克。窝平均产仔 10～12 头，6 月龄体重达 90 千克以上，平均日增重 700 克，料肉比 3.5:1。

　　2. 大约克夏猪

　　又称大白猪，原产英国。该猪全身白毛，体格大，体型匀称；体长胸深，腹充实而紧凑，后躯宽长，四肢较长而坚实。6 月龄体重可达 100 千克左右，一年达 160 千克以上。成年公猪体重 300～500 千克，母猪体重达 250～350 千克。母猪产仔 10 头，日增重达 650 克以上，料肉比 3:1～3.5:1，瘦肉率在 60% 以上。

　　3. 杜洛克猪

　　原产美国。该猪全身被毛棕红色，两耳中等大小，略向前倾，头小清秀，嘴短而面微凹，胸宽深，背呈弓型，后腿臀部肌肉发达、丰满，四肢骨骼粗壮结实，蹄部黑色。生后 153 天体重可达 90 千克，一年达 160 千克，平均日增重 600 克以上，料肉比 2.91:1。成年公猪 340～450 千克，母猪 300～390 千克，瘦肉率 60% 左右。是世界最著名的主导瘦肉型猪种之一，是商品肉猪的优秀杂交父本。杜洛克猪体质粗壮结实，瘦肉率高，没有应激和肉质问题，受到群众的普遍欢迎。

产仔数最多的太湖猪　　荣昌猪(母猪)　　荣昌猪(公猪)

4. 太湖猪

太湖猪是世界上繁殖力最高、产仔数最多的品种。主要分布于长江下游、江浙沪交界的太湖流域。太湖猪体型中等，头大额宽，额部皱褶多且深。耳特大，软而下垂，耳尖齐或超过嘴角，形似大蒲扇。全身被毛黑色或青灰色，乳头数多达 16～18 个，母猪产仔窝平均 15 头。它是世界上养猪业中不可多得的好母本。

5. 荣昌猪

原产于四川省荣昌和隆昌两县，已有 300 年以上历史。该猪体型大，全身被毛白色，黑眼圈是其主要品种特征，平均产仔 12 头，成年母猪 150～200 千克，瘦肉率 42%。

黑眼圈的荣昌猪仔　　　　野猪、家猪杂交幼崽

6. 杂交猪

杂交猪是由国内地方母猪同国外良种公猪交配所产的杂种仔猪（用于育肥猪）。这种仔猪表现出较好的双亲优势，生命力强，生长快，品质优。目前有二元杂交猪、三元杂交猪（杜大长和杜长大）等不同的杂交组合。

二元杂交是两个不同猪的品种之间的杂交。

三元杂交是三个不同猪的品种之间的杂交。

三元杂交方法：先两个品种（如长白公猪与大约克夏母猪）交配产生的后代母猪，再与另外一个优良品种公猪（如杜洛克猪）交配。这类三品种的杂交后代猪称为"杜长大"。

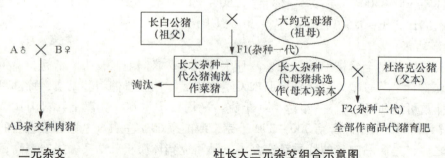

二元杂交　　　　　杜长大三元杂交组合示意图

选择杂交猪除注意双亲品种外，还应注意如下几方面问题：

（1）根据自己的生产目的和饲养条件，注意选择适销对路的二元或三元杂交仔猪。

（2）注意观察仔猪的体型和外貌。

（3）挑选健康无病并经过免疫注射的仔猪。

（4）尽量选择同窝仔猪。

（5）就近购猪或自繁自养仔猪。

二、优化饲料日粮

其意义在于通过对养猪饲料日粮的优化，达到饲料日粮水平更加合乎国家制定的猪的不同生产阶段，不同用途的营养标准，达到成本最低、效益最高的目的。

（一）配合日粮的组成

（1）能量饲料也叫碳水化合物饲料。主要是供应猪生长发育所需的能量，包括玉米、高粱、水稻、小麦、红薯、米糠、麸皮等。广西这里主要是玉米和水稻。

（2）蛋白质饲料是猪需要量较大的营养物质。主要功能是构成各种组织，维持健康，保证繁殖，促进发育。包括各种豆类和饼类以及动物蛋白类，如鱼粉、血肉粉、羽毛粉、蚕蛹粉等。豆类蛋白质含量20%～24%，饼粕类25%～50%，动物类50%以上。

（3）维生素补充料。在饲料占很少一部分，但是猪的新陈代谢、生长繁殖、感官活动、神经机能都与其关系密切，主要功能是控制和调节代谢作用。

（4）矿物质饲料主要功能是构成骨骼、牙齿、调节血液浓度，促进消化神经活动，肌肉活动和内分泌活动。主要有食盐、骨粉、贝壳粉、碳酸钙、木炭、红土等。

（5）添加剂饲料是指人为地添加到饲料中的矿物质和各种药物（如驱虫药、健胃药等）。

（二）饲料配制的原则

（1）要因地制宜，就地取材，尽量利用本地饲料资源，力求多样化，争取配料营养达到基本平衡或全价。

（2）饲料的适口性，只考虑营养而忽视适口性，达不到预期目的。

（3）注意配合料体积与猪采食量之间的关系。

（4）饲料中粗纤维的比例不能超过20%。

（5）有毒性的饼类饲料不宜在配合饲料中占较高比例，要求先去毒后使用。

（6）微量元素、食盐和预混料中的预防性药物必须按比例在配料时搅拌均匀，防止中毒。

（7）尽量利用价格低，而又能满足营养要求的饲料，以便使饲料成本降低。

（三）介绍几种饲料配方

1. 乳猪饲料配方（5～10千克体重）

玉米21.2%、豆饼20%、高粱10%、鱼粉10%、酵母3%、全脂奶粉30%、白糖3.5%、胃蛋白酶0.3%、淀粉酶0.2%、贝壳粉1%、食盐0.2%。

2. 小猪料配方（10～20千克）

玉米40%、豆饼18.8%、麦麸10%、高粱粉25%、鱼粉5%、贝壳粉1%、食盐0.2%。

3. 生长肥育猪饲料配方

（1）20 ~ 60 千克体重肥育猪：玉米 30%、麦麸 11%、大麦 35%、豆饼 6.5%、鱼粉 10%、石粉 1%、食盐 0.5%。

（2）60 ~ 90 千克体重肥育猪：玉米 42%、麦麸 11%、大麦 37.5%、豆饼 14%、鱼粉 4%、石粉 1%、食盐 0.5%。

（四）推广养猪"三料一补"实用技术

（1）乳猪饲料：一般在乳猪出生后 7 天开始使用乳猪料，通过强迫性训练，使仔猪尽快进入旺食期。

（2）小猪饲料：小猪指断奶后 10 ~ 20 千克阶段的仔猪。小猪料和乳猪料使用有一个适应转换过程。断奶后 14 天内每日喂 4 次，夜间补喂 1 次，后逐渐改为 3 ~ 4 餐，每餐分两次投入饲料。开始时可能出现拉稀现象，2 ~ 3 天后便可适应。

（3）浓缩饲料。市面上出售的浓缩饲料由三部分构成，即添加剂预混料、蛋白质饲料和矿物质饲料（包括钙、磷和食盐）。浓缩料是饲料厂的半成品，不能直接饲喂动物，必须与一定配比的能量饲料混合，才能制成全价配合饲料。

（4）仔猪初生补铁。仔猪出生后 2 ~ 3 天就应该开始补铁。铁是造血和防止营养性贫血必需元素。仔猪从母乳中每日仅能获得约 1 毫克的补充，一般 10 日龄前后会因缺铁而出现食欲减退，被毛散乱，皮肤苍白，生长停滞和白痢等，甚至夭折。

补铁方法：在仔猪出生后第 3 ~ 5 天进行，注射部位是后腿部内侧，每头剂量以 150 毫克为宜，过量会产生应激反应。

三、优化猪的饲养管理

（一）猪的一般饲养管理原则

（1）一般管理原则。分群分圈饲养，加强调教训练，选定饲养方案和饲喂方式，建立稳定的饲养制度。

（2）推广猪"五改"。①改单一饲料为配合饲料，推广饲料添加剂。②改熟食为生食，喂干湿料、青料，自由饮水。③改吊架子为一条龙饲喂方式。④改圈内积肥为圈外积肥。⑤改喂大猪为适时出栏。

（二）疫病防治（略）

 思考与练习

（1）传统养猪法有什么弊端？

（2）学习科学养猪法，你认识了哪些优良的猪品种？说说它们的名称和优点。

（3）推广养猪"三料一补"实用技术是指：适时使用（　　）饲料、（　　）饲料、（　　）饲料和仔猪初生要补（　　）。

任务五　科学养鸡技术——林下养鸡技术

林下放养　　　　　果园放养　　　　朔良镇"杏花乌鸡"品牌的林下养殖区

一、林下养鸡好处

（1）林园养殖的鸡质优、无公害、风味独特、经济效益较高。

（2）鸡粪作为果树有机肥料，解决了粪便污染，减少了化肥用量。

（3）鸡粪中含有蛋白质及其他营养物质，可作为林园中蚯蚓、昆虫等动物的食物，从而为鸡提供丰富的蛋白质饲料。

（4）鸡在林园中能捕虫食草，替代了化学除草、除虫，减少了农药用量。

（5）林下养鸡挖掘了立体种养生产潜能，充分利用了土地资源、饲料资源和肥源，减少了污染，实现了较高的经济效益、生态效益和社会效益。

二、林下养鸡技术要点

（一）林地（场地）的选择与棚舍的搭建

1. 林地"三不选"

（1）一不选：沿河林带、道路绿化林带、沿海防护林带、环城林带等生态林带，不宜用来养鸡。选用上述林带养鸡，易使鸡受到外界环境的影响，产生应激反应进而影响其生产性能。

（2）二不选：鲜果林地，不宜用于养鸡。因鲜果林地内的树木需要喷洒药物，加之桃、梨等水果腐烂落地后，被鸡采食容易中毒。

（3）三不选：7年以上的用材林，即开始采伐，不宜用作林地养鸡。

2. 林地选择"三要选"

（1）一选：地势高燥（平坦或有坡度）、背风向阳、林草丰盛、水源充足、环境安静、交通便利。

（2）二选：林地果园，林地以中成林为佳。枝高叶茂；果园主干略高的果树和田间喷药少的果园为佳（如核桃园、枣园、柿园、桑园、山楂园）。而梨园、桃园应避过用药期和采收期。

（3）三选：便于林草间作、划区轮牧。保水保土，得食物，保资源、持续发展。

3. 简易鸡舍的建筑要求

（1）因地制宜、厉行节约。

（2）通风换气，除热、除湿、除废气。

（3）保温隔热，有利育雏。

（4）便于清扫消毒（水泥地面）。

建围网、围栏

简易鸡舍的修建：①坐北朝南，高燥平坦处、四面砌墙或搭棚。②面积大小依放养鸡只数量而定：15～20只/平方米。③人字型、单坡型、拱型等开放式、半开放式、封闭式。④平养、网养、移动板床。

围栏围网建设：林场果园作为放养场地需建围栏，有利于防疫、鸡只丢失和天敌侵害。围栏先间隔2米打一木桩，桩间用塑料网、尼龙网或不锈钢网封闭，栏网高1.5米，地下封埋25厘米。定期检查与维护。

（二）林下养鸡的品种选择

（1）耐粗饲、抗病力强，适应当地环境。

（2）肉质鲜美、风味独特，适合市场需求。

（3）地方优良品种为最佳。（如三黄鸡、乌骨鸡、广西麻鸡、绿壳蛋鸡、寿光鸡、北京油鸡等）。艾维因、AA快大肉鸡生长快、活动量少，不是适合林下养鸡的品种。

（4）羽色外貌上宜选择黑羽、红羽、麻羽或黄羽青脚等地方鸡种特征明显的鸡种。

（三）鸡的育雏期饲养管理技术

（1）育雏前的准备工作。育雏舍清扫、检修、熏蒸消毒；饲养用具（如食槽、饮水器、温湿度计、升温设备、照明装置、注射器械）熏蒸消毒；饲料与疫苗药品准备；找信誉好的孵化场购买雏鸡。

地面育雏　　　　　　　　网养　　分层育雏笼育雏(立体育雏)　照明、保温

（2）育雏温度与湿度：雏鸡第一周龄温度要求32℃，以后每周下降2～3℃；湿度：1～10日龄为60%～70%，10日龄以后为55%～60%。

（3）开食与饮水。

（4）光照与通风。7日龄前每天光照20小时，以后每周缩减1小时至自然光照。雏舍通风，无刺鼻、涩眼、呛人臭气。

（5）饲养密度。2周前30～40只/平方米，2周后20只/平方米。

（6）防疫灭病：免疫程序（略）。

（四）鸡的育成期饲养管理技术

1. 育成鸡的放养

（1）放养时间。30日龄脱温后林间放养；3月底至4月初气温不低于15℃时可放养。

（2）放养密度。150～200只/亩，1000～2000只/群。

（3）训练与调教。早晚在林间放养区吹哨或敲盆，投放配合全价颗粒饲料喂鸡；让鸡形成吹哨——采食条件反射。

2. 育成鸡的饲养管理应注意的事项

（1）补饲。育成鸡生长速度快，食欲旺盛，采食量不断增加，此期的饲养方式主要是放牧结合补饲。0~30 日龄用肉小鸡料，日喂 4~6 次；31~60 日龄喂大鸡前期全价料，同时添喂 10%~40% 谷、麦、糠麸类饲料，添加比例随日龄逐步增加；60 日龄以上，早晚各喂 1 次大鸡全价料，同时添喂 40%~80% 谷、麦、糠麸类饲料，比例随日龄增加；100 日龄后，全部喂谷、麦、糠麸类饲料。补饲按"早半饱、晚适量"的原则确定饲量。即上午放牧前不宜喂饱，放牧时鸡只通过觅食小草、虫、蚁、蚯蚓、昆虫等补充。

（2）饮水。要保证鸡饮水充足，每 50~80 只鸡投放一个饮水器，饮水器要放在鸡常活动的明显地方，天冷时放在太阳下，天热时放在阴凉处。饮水要清洁卫生，饮水器必须每天清洗消毒。

（3）消毒。做好定期消毒工作，杀灭各种病原菌，阻断疫病的传播途径。入舍前要对棚舍、料槽、饮水器等进行消毒，以后每周用复合酚、碘制剂类等消毒一次，鸡舍每天清扫。发现病鸡及时隔离和治疗，同时对受威胁的鸡群进行预防性投药。实行"全进全出制"。

放养

补饲

饮水

（4）驱虫。主要驱除体内寄生虫，如蛔虫、绦虫等。一般放牧 20~30 天后就要进行第一次驱虫，相隔 20~30 天再进行第二次驱虫。可使用驱蛔灵、左旋咪唑或丙硫苯咪唑等驱虫药物。

（5）增强抵抗力。可用大蒜、中草药、酶制剂和 EM 菌（是指有益微生物菌群）等饮水或拌料，可增强鸡群抗病能力，促进生长，提高日增重，缩短饲养周期。但在出售前 20 天停用，以保证鸡肉品味。

（五）鸡的疾病防治

主要防鸡球虫病、鸡白痢、鸡大肠杆菌病等（略）。

三、林下养鸡的注意事项

（1）搞好安全防范，预防天敌和兽害。主要有鹰、黄鼠狼、山猫等，对林下养鸡造成很大的损失。

预防天敌可采用以下办法：训练好家犬驱逐附近的鼠类，利用爆竹驱逐鹰的侵害，用尼龙网把放牧场围罩好，此法比较切实可行。

（2）设置避雨（暑）棚。根据鸡群多少和林地面积，适当搭一些油毡棚，防止鸡群淋雨、烈日暴晒、意外惊动等。

（3）可采用丝网等围栏对林地进行分区轮牧。放牧一周换一块林地，这样鸡粪喂养林地小草、蚯蚓、昆虫等，给它们一个生息休养期，等下批仔鸡到来时又有较多的小草、蚯蚓等供鸡采食，形成良好的生态食物链。

（4）果园养鸡要注意防治果树病虫和放养巧妙安排，穿插闲置进行。因为农药毒性大，对鸡易造成中毒。应注意一要选用低毒农药；二要在安全期放养，即在农药毒性过后再进行放养。

（5）要注意收听天气预报，时刻关注天气变化。尤其是在放养的头一两周，更要注意保护。

（6）抓好防疫灭病工作。林下养鸡与林地、滩地等外界接触广泛，随时都有可能受到传染疾病的威胁。并且由于生长期相对较长，一般需要 4～5 个月出栏，为防患于未然，必须有计划地对鸡进行免疫接种，以获得强免疫力。

 思考与练习

（1）说一说林下养鸡有哪些好处？

（2）如何正确选择林下养鸡的场地？

（3）适合林下养鸡的品种是（　　　）。

A. 三黄鸡　　　　B. 乌骨鸡　　　　C. 麻鸡　　　　D. AA 快大肉鸡

（4）雏鸡第一周龄对温度的要求是（　　　）℃，以后每周下降 2～3℃；雏鸡对湿度的要求是：1～10 日龄为（　　　）%～（　　　）%，10 日龄以后为 55%～60%。

兽医常用治疗技术

家畜患不同的疾病都有不同的特点，要想合理科学地治疗疾病，就必须掌握好不同的用药途径和剂量、用药的次数以及家畜的药物反应等。常用的给药方法有口服、注射、灌肠、皮肤黏膜涂擦与气雾吸入等。不同的给药方法对药物的吸收、发挥作用都不同，甚至会出现有害作用。

任务一　　给药方法

（一）口服法

适用于胃肠道疾病及慢性病的治疗。方法是把药物混在饲料或溶水后灌服。各家畜灌服药方法如下：

胃导管　　　　　　　　　猪前腔静脉注射　　　　　　注射器抽取药液

1. 牛服药法

（1）胶皮瓶投药。将药物用水调匀，装入胶皮瓶中。一手拿瓶，一手用鼻钳提起牛头，瓶口抵口角处，微向内顶，牛即张口，将瓶伸至舌中部，把药液缓慢倾入，有咳嗽表现时，立即放低牛头。无胶皮瓶时可用普通长颈的玻璃瓶。个别牛拒绝捏鼻子，可托高下颌固定。

（2）胃导管投药法。投药者站于牛头一边，一只手拇指、食指捏住对侧鼻孔的内侧鼻翼，另一只手拿前端抹油的投药管（管内不留洗涤的存水），插入鼻孔向下内方伸入，达咽部时，趁吞咽动作伸入咽头，确认在食道无误，接上漏斗，灌入药液，最后用橡皮球将管中残存药液吹入食道，抽出投药管。因牛鼻腔狭窄，不要用过粗的胶管。

2. 羊、驹、犊服药法

（1）橡皮球投药。将药吸入橡皮球内，一只手拿球，另一只手托住家畜的下颌，将球嘴从口角伸入口中，缓缓捏球灌入。此法适于投送无刺激性而量少的药物。

（2）细胶管投药。用豆粒粗的胶管或人用 22 号鼻饲管进行。因这类家畜的鼻孔较小，捏鼻固定则妨碍呼吸，故可用一只手托握下颌，防其口鼻摇动，另一只手拿胶管经鼻投入食道，将药液灌入。若无小漏斗，可将药液吸入小橡皮球（或大注射器）中，接投药管上注入。

3. 猪服药法

（1）小量药物，可调膏状呈舔剂，猪作站立保定，木棒开口，用小竹板将药物抹于舌根部，使其自然咽下。

（2）水剂服药。横卧保定或站立保定。横卧保定时，要将颈部压紧（不要压胸部和腹部）；站立保定时，要抓住二前肢，防止扒地影响投药。用开器将口撑开，投药管从舌旁伸入（管的弯曲要向内下方）咽部再伸入食道，伸过咽头 6～7 厘米，检查进入方向一次。检查方法是：将橡皮球捏扁插在投药管口上不鼓起；叫声如常证明投药管进入食道。再伸进 7～10 厘米，再检查一次。二次确认无误，将药液灌入。

在整个操作中要注意：①大猪可用猪开口器开口，仔猪口小，可用猪开口器的柄部开口。②伸入胶管后，可用手指弹击其鼻尖，促其鸣叫，如叫不出声来，为误插入气管，要抽出胶管另插。③用木棒开口器开口时，棒孔要内外对正，以便投药管自孔中插入。④投药管若自上口盖正中伸入，管的弯曲应向下。⑤投药管插入食道后，一定要固定住（靠在开口器边捏住即可），以免因骚动脱出。⑥胶管在咽腔打弯时，应轻轻抽退另插。打弯的特点是：药物不下，回抽胶管有较大阻力。

（二）灌肠法

适用于便秘或中毒的排粪。即直接用注射器或漏斗与胶管连接将药液注入直肠内。常用药液为植物油、石蜡油、肥皂水、开塞露等。

（三）皮肤黏膜涂擦与气雾吸入法

即根据病症需要用药物涂擦或喷雾预防或治疗疾病。如伤口涂碘酊、喷雾杀虫、小鸡的鸡新城疫病滴眼预防。

（四）注射法

（1）皮下注射。将药液注射于皮下组织内，经毛细血管、淋巴管吸收，5～10 分钟，即可呈现药效。皮下注射的部位：牛、马、骡、驴多在颈侧，猪在耳朵根或后肢内侧，羊、兔、狗、猫在颈侧、背部或后肢内侧。

操作方法：注射部位剪毛（少毛部位可不剪），并用酒精或碘酊棉球消毒后，用左手拇指和中指捏起皮肤，食指压住顶点，形成三角凹窝；右手持注射器，迅速将针头刺入凹窝中心的皮肤内，深约 2cm，放开皮肤，抽动注射器活塞不见回血时，即可慢慢注入药液；注射完毕，拔出针头，针孔用酒精棉球按压消毒。如果需注射的药量较大，则应分点注射，以便于吸收。

皮下注射

（2）肌肉注射。操作简便易行、药液吸收较快、疼痛较轻等特点。肌肉注射的部位：大牲畜在颈部或臀部，猪、羊多在颈侧（如因多次注射局部肿胀而影响药液吸收时，也可在后肢内侧），狗、猫、兔多在后肢内侧。注射部位剪毛消毒后，对保定或较温顺的家畜，可用安装好针头的注射器刺入肌肉内，抽动活塞不见回血时，即可缓缓注入药液。

（3）静脉注射。把药液直接注射到静脉血管中，是药效最快、排除较快、作用时间最短的方法。静脉注射的部位，大牲畜和羊、狗、猫均可在颈静脉沟上 1/3 与中 1/3 交界处。此处肌肉较厚、静脉明显易见，便于操作。猪的静脉注射部位多在耳朵上。狗除在颈静脉外，也可在腕关节上的内侧静脉、跗关节外侧静脉、后肢内侧静脉等进行注射。

操作方法：注射部位剪毛消毒后，以左手指压在注射部位近心端静脉上（狗、猫可用橡皮筋勒紧），静脉血管即可膨起，右手持相应粗细的针头，以 45 度角刺入静脉管内，见到回血后将针头顺血流方向推进 1cm，再慢慢注入药液。注药完毕后，左手持酒精棉球压紧针孔片刻以防血液外溢，最后涂擦碘酊消毒。

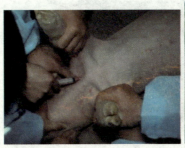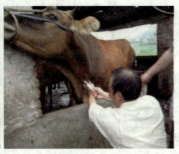

（4）腹膜腔注射。把药液直接注射到动物的腹膜腔内。腹膜吸收药物的能力很强，当动物因心力衰竭、静脉注射出现困难或腹泻严重脱水、危及生命时，可通过腹膜腔注射补液进行抢救。腹膜腔注射的部位，牛在右肷窝中央，马、骡在左肷窝中央，猪、狗、猫在下腹耻骨前缘前方 3~5cm 腹白线的侧方。

操作方法是：保定病畜（猪可采取倒提保定法，狗、猫可取前驱侧卧、后肢仰卧保定法），注射部位剪毛消毒后，垂直皮肤将针头刺入 3~5cm，左手固定针头，右手推动注射器活塞注入药液。

任务二　注射器知识

一、金属注射器

（一）构成与特点

1. 构成

主要由金属支架、玻璃管、橡皮活塞、剂量螺栓等组件组成。

2. 特点

装量大、规格多，装量有10mL、20mL、30mL、50mL四种规格。轻便、耐用，适用于猪、牛、羊等中大型动物注射。

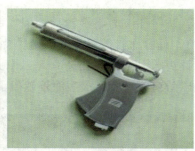

（二）使用方法

1. 装配注射器

先将玻璃管置于金属套管内，插入活塞，拧紧套筒玻璃管固定螺丝，旋转活塞调节手柄至适当松紧度。

2. 检查是否漏水

抽取清洁水数次；以左手食指轻压注射器药液出口，拇指及其余三指握住金属套管，右手轻拉手柄至一定距离，感觉到有一定阻力，松开手柄后活塞可自动回复原位，则表明各处接合紧密，不会漏水，即可使用。若拉动手柄无阻力，松开手柄，活塞不能回原位，则表明接合不紧密，应检查固定螺丝是否上正拧紧，或活塞是否太松，经调整后，再行抽试，直至符合要求为止。

3. 安装针头

消毒后的针头，用医用镊子夹取针头座，套上注射器针座，顺时针旋转半圈，并略施向下压力，装上针头。反之，逆时针旋转半圈，并略施向外拉力，卸下针头。

4. 抽取药剂

利用真空把药剂从药物容器中吸入玻璃管内，装药剂时应注意先把适量空气注进容器中，避免容器内产生负压而吸不出药剂。装量一般掌握在最大装量的50%左右，吸药剂完毕，针头朝上排空管内空气，最后按需要剂量调整计量螺栓至所需刻度，每注射一头动物调整一次。

5. 注意事项

金属注射器不宜用高压蒸汽灭菌或干热灭菌法，因其中的橡皮圈及垫圈易于老化。一般使用煮沸消毒法灭菌。每打一头动物都应调整计量螺栓。

二、玻璃注射器

（一）构成与特点

（1）构成。玻璃注射器由针筒和活塞两部分组成。

（2）特点。在针筒和活塞后端有计量数字号码，同一注射器针筒和活塞的号码相同。

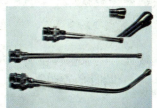

（二）注意事项

使用玻璃注射器时，针筒前端连接针头的注射器头易折断，应小心使用。活塞部分要保持清洁，否则可使注射器活塞的推动困难，甚至损坏注射器。使用玻璃注射器消毒时，要将针筒和活塞分开用纱布包裹，消毒后装配时针筒和活塞要配套安装，否则易损坏或不能使用。

三、连续注射器

（一）构成与特点

（1）构成。主要由支架、玻璃管、金属活塞及单向导流阀等组件组成。

（2）特点。最大装量多为2mL，特点是轻便、效率高，剂量一旦设定后可连续注射动物而保持剂量不变。

（二）原理与范围

（1）作用原理。在进、出药口分别设有自动阀门，当活塞推进时，出口阀门打开而进口阀门关闭，药液由出口阀门射出，当活塞后退时，出口阀门关闭而进口阀门打开，药液由进口阀门吸入玻璃管。

（2）适用范围。适用于家禽、小动物注射。

（三）使用方法及注意事项

（1）调整所需剂量并用锁定螺栓锁定，注意所设定的剂量应该是金属活塞指示的刻度数。

（2）药剂导管插入药物容器内，同时容器瓶再插入一支进空气用的针头，使容器与外界相通，避免容器产生负压，最后针头朝上连续推动活塞，排出注射器内空气直至药剂充满玻璃管，即可开始注射。

（3）特别注意，注射过程要经常检查玻璃管内是否存在空气，如有空气，立即排空，否则影响注射剂量。

 思考与练习

给小猪进行口服灌药和肌肉注射给药。

任务三 疾病诊断技术

临床诊断是指兽医到病畜的旁边检查和判断畜病，是现场认识疾病的基本技术。包括了解病史与环境、临床检查和特殊检查。

一、了解病史

以询问的方式或向饲养员或畜主了解病畜发病经过、治疗、饲养管理、病畜来源及疫病流行等情况。

1. 发病与经过

了解何时发病、发病年龄、单发或群发，发病率与死亡率、畜禽主要表现、曾用什么药物治疗、效果如何等对诊断与治疗具有重要意义。

2. 病史与疫情

调查了解最近或前几周是否有同类病发生或死亡的家畜。畜禽中其他年龄动物的情况如何，近来是否引进过猪鸡等动物，由何处购入，供推断疫病因参考。

3. 防疫与免疫

了解预防接种的情况，包括接种时间、方法和疫苗保存情况。

4. 饲养与管理

饲料配方不平衡或饲料发霉及饲养方式和施喂制度不当均可成为致病诱因。另外，畜舍的构造、内部设备、运动场空间等也与疾病的发生有一定关系。

二、临床检查

临床检查是通过兽医人员借助简单器械对畜禽直接进行检查。

1. 体温检查方法

将体温计的水银柱甩至35℃以下，然后缓缓插入肛门4~5cm，存放3~5分钟再取出观察结果。

2. 脉搏检查的部位和检查方法

马在下颌动脉，牛在尾动脉，猪、羊、犬在股内动脉。方法是用中指和食指放在病畜的动脉上感知。

3. 体温与脉搏

体温和脉搏是动物的生命活动的重要指标，正常情况都有一个恒定的值，但发病时就会出现变化。畜禽正常体温、脉搏：马、驴为37.5~38.5℃（骡38~39℃），28~42次/分；牛为37.5~39.5℃，40~80次/分；山羊为38~40℃，70~80次/分；猪为38.5~40.0℃，60~80次/分，犬为37.5~39.0℃，70~120次/分；鸡为40.0~42.5,℃、150~200次/分。猪体温突然升高有患急性传染病的可能如"三瘟"，而长期腹泻、贫血或重病后期体温下降至36℃以下。

 思考与练习

使用体温器对小猪进行体温检查。

任务四　畜禽疾病综合防治技术

一、消毒的概念

消毒是指用物理、化学或生物学的方法杀灭或清除外环境中各种病原微生物，以切断病原菌的传播途径，从而控制和消灭传染病，一般以杀灭或清除率达到90%为合格。用于消毒灭菌的方法可以分为两大类：物理消毒灭菌方法和化学消毒灭菌方法。兽医临床又分为手术器械消毒法、手术部位消毒法和场地消毒法。

二、消毒的方法

（一）物理消毒灭菌方法

1. 高压蒸汽灭菌法

高压蒸汽灭菌法是应用最广、灭菌效果最好的方法。当压力在103.4kPa时，容器内温度可达121.3℃，在此温度下维持15~30分钟可杀死芽孢在内的所有微生物。此法适用于耐高温和不怕潮湿物品的灭菌，如培养基、生理盐水、玻璃器皿、塑料移液枪头、手术器械等。

2. 煮沸法

100℃煮沸5~10分钟，可杀死细菌的繁殖体，杀死芽孢则需要1~3小时。若水中加入2%碳酸钠可提高沸点至105℃，既可加速芽孢的死亡，又能防止金属器械生锈，常用于消毒食具、刀剪、注射器等。

3. 巴氏消毒法

巴氏消毒法是以较低温度杀灭液态食品中的病原菌或特定微生物，而又不致严重损害其营养成分和风味的消毒方法。具体方法可分三类：第一类为低温维持巴氏消毒法，在63℃保持30分钟；第二类为高温瞬间巴氏消毒法，在71~72℃保持15秒；第三类为超高温巴氏消毒法，在132℃保持1~2秒，加热消毒后应迅速冷却至10℃以下，称为冷击法。

4. 火焰灭菌法

火焰灭菌法是以火焰直接烧灼杀死物体中全部微生物的方法，分为灼烧和焚烧两种。灼烧主要用于耐烧物品，如接种环、金属器具、试管口等的灭菌；焚烧常用于烧毁物品，如传染病畜禽及实验感染动物的尸体、病畜禽的垫料以及其他污染的废弃物等无害化处理。

5. 紫外线法

紫外线法是一种低能量的电磁辐射，可引起病原微生物蛋白或核酸部分改变，而杀灭细菌。用于养殖场入口的消毒通道等表面消毒。

（二）化学消毒法（常用消毒药物）

常用消毒药物有碘制剂、氯制剂、氢氧化钠、高锰酸钾、来苏儿、龙胆紫、甲醛、复合酚（菌毒灭）、酒精、碘酊、碘伏、新洁尔灭等。

1. 含氯消毒剂

常用无机氯化合物消毒剂（如次氯酸钠）和有机氯制剂有消特灵、菌毒净及漂白粉等。这类消毒药可杀灭各种微生物，包括细菌繁殖体及其芽孢、病毒、真菌等。此类消毒剂常用于环境（畜禽栏舍）、物品表面（栏槽及车辆等）、饮用水、污水、排泄物、垃圾等的消毒。地面或物体表面可用1%~3%的漂白粉溶液喷洒。

2. 过氧化物类

最常用的是过氧乙酸，具有强氧化能力，各种微生物对其十分敏感，可将所有微生物杀灭。但化学性质不稳定，需现用现配，使用不方便，且因其氧化能力强，高浓度时可刺激、损害皮肤黏膜，腐蚀物品。可用 0.5% 做一般物品消毒；0.2% ~0.45%，做消毒皮肤，时间 3 分钟。

3. 碱类

常用的有氢氧化钠（火碱）和生石灰。火碱能破坏病原体的酶系统和菌体结构，从而也起到消毒作用。2% 水溶液能杀灭细菌繁殖体和病毒，4% 溶液 45 分钟能杀灭芽孢。生石灰（氧化钙）的消毒作用不强，对大多数细菌繁殖体有较强杀灭作用，但对芽孢无效。一般配成 20% 生石灰乳涂刷圈舍墙壁、畜栏及地面消毒等。

4. 醇类

最常用的是乙醇（酒精），可凝固蛋白质，导致微生物死亡，属于中效消毒剂，可杀灭细菌繁殖体和多数亲脂性病毒，对芽孢无效。易挥发，应采取浸泡消毒或反复擦拭，常用浓度为 70% ~75%。

5. 含碘消毒剂

包括碘酊和碘伏，能使细菌蛋白质氧化变性，破坏细菌细胞膜的通透性屏障，使菌体蛋白质漏出而失活。可杀灭细菌繁殖体、真菌和部分病毒，主要用于皮肤消毒。碘酊的使用浓度一般为 2%，碘伏的使用浓度为 0.3% ~0.5%。

6. 季铵盐类

属于阳离子表面活性剂，主要有新洁尔灭，能吸附带负电的细菌，破坏其细胞膜，导致菌体自溶死亡。具有杀菌和去污作用，一般用于非关键物品的清洁消毒，也可用于手消毒，其溶于乙醇可增强其杀菌效果用于皮肤消毒。使用浓度为 0.1% 溶液用于器械用具的消毒，0.5% ~1% 溶液用于手术的局部消毒。但要避免与阴离子活性剂如肥皂等共用，否则会降低消毒的效果。

7. 常用复合酚类消毒药

有消毒灵、农乐、煤酚皂（又名来苏儿），其主要成分为甲基苯酚，卤化苯酚可增强杀菌作用，如三氯羟基二苯醚。可杀死细菌、霉菌、病毒，主要用于畜舍、笼具、场地、车辆的消毒，喷洒浓度为 0.35% ~1% 的水溶液。这类消毒液为有机酸，禁止与碱性药物及其他消毒药混用。

（三）手术器械消毒法

将要消毒的器械和用品（包括金属及玻璃器械、缝合线、纱布绷带等）清洗干净，分类包好用高压蒸汽灭菌法、煮沸法和药物浸泡（常用新洁尔灭、来苏儿或酒精浸泡10～20分钟）消毒法进行消毒。

（四）手术部位消毒法

（1）一般手术部位的消毒顺序是：剪毛→洗刷（用肥皂水或消毒液）→擦干→擦70%酒精→涂擦2%～5%碘酊→擦70%酒精（脱碘）→手术。

（2）手术部位消毒的要求：①新鲜清洁的手术部位消毒顺序是由内（中心）向外（四周）一次性进行，不能反复擦。②污染（感染）的创口消毒应由外向内进行涂擦。

（五）场地消毒法

（1）场地消毒包括畜舍栏圈、手术台、板等的消毒。一般都应彻底地清扫干净后再用消毒液喷洒。

（2）手术场地的消毒顺序：洒水→清扫→喷洒消毒液（如5%来苏儿、双氧水、0.1% $KMnO_4$、新洁尔灭）→垫草、毯→喷洒消毒液→手术。

 思考与练习

（1）用煮沸法对注射用具进行消毒。

（2）用碘酊和酒精对小猪的手术部位进行消毒。

任务五　免疫及预防接种技术

一、免疫的概念及其基础知识

（一）疫苗、免疫、免疫接种、免疫程序的概念

1. 疫苗

由病原微生物、寄生虫及其组分或代谢产物所制成的、用于人工自动免疫的生物制品，称为疫苗。

2. 免疫

疫苗是指动物机体识别和消除非己大分子物质，用以维持机体内外环境平衡的生理性、保护性反应。免疫主要是对易感动物群进行疫苗免疫接种，使动物机体自身产生或被动获得对某一病原微生物特异性抵抗力的一种手段，这是预防动物疫病的最有效措施。免疫可分为国家和省规定的强制免疫、计划免疫，也包括其他动物疫病的常规免疫。

3. 免疫接种

是给动物接种抗原（疫苗、菌苗）或免疫血清等生物制品。激发机体产生对相应病原体（或寄生虫）的特异性抵抗力，使易感动物转化为非易感动物，从而预防疫病的目的。在预防传染病中，免疫预防接种是最经济、最有效、最方便的手段。

4. 免疫程序

是根据传染病的流行季节和动物群的免疫状态，结合当地具体情况而制定的免疫接种计划，它包括对动物群计划接种哪些菌苗、什么时候接种、接种几次及间隔期多长等内容。

（二）疫苗的种类

由细菌、病毒、立克次氏体、螺旋体、支原体等完整微生物制成的疫苗，称为常规疫苗。常规疫苗按其病原微生物性质分为活疫苗、灭活疫苗、类毒素。利用分子生物学、生物工程学、免疫化学等技术研制的疫苗，称为新型疫苗，主要有亚单位元疫苗、基因工程疫苗、合成肽疫苗、核酸疫苗等。

1. 活疫苗

活疫苗是指使用人工诱变获得的弱毒株，或者是自然减弱的天然弱毒株（但仍保持良好的免疫原性），或者是异源弱毒株制成的疫苗。例如，布鲁氏菌病活疫苗、猪瘟活疫苗、鸡马立克氏病活疫苗（Ⅱ型）、鸡马立克氏病火鸡疱疹病毒活疫苗等。

（1）活疫苗的优点。免疫效果好，接种活疫苗后，活疫苗在一定时间内，在动物机体内有一定的生长繁殖能力，机体犹如发生一次轻微的感染，所以活疫苗用量较少，而机体所获得的免疫力比较坚强而持久。接种途径多，可通过滴鼻、点眼、饮水、口服、气雾等途径，刺激机体产生细胞免疫、体液免疫和局部黏膜免疫。

（2）活疫苗的缺点。可能出现毒力返强，一般来说，活疫苗弱毒株的遗传性状比较稳定，但由于反复接种传代，可能出现病毒返祖现象，造成毒力增强。贮存、运输要求条件较高，一般冷冻干燥活疫苗，需 −15℃ 以下贮藏、运输，因此必须具有低温贮藏、运输设施，才能保证疫苗质量。免疫效果受免疫动物用药状况影响，活疫苗接种后，疫苗菌毒株在机体内有效增殖，才能刺激机体产生免疫保护力，如果免疫动物在此期间用药，就会影响免疫效果。

2. 灭活疫苗

灭活疫苗是选用免疫原性良好的细菌、病毒等病原微生物经人工培养后，用物理或化学方法将其杀死（灭活），使其传染因子被破坏而仍保留其免疫原性所制成的疫苗。灭活疫苗根据所用佐剂不同又可分为氢氧化铝胶佐剂、油乳佐剂、蜂胶佐剂等灭活疫苗。

（1）灭活疫苗的优点。安全性能好，没有毒力返祖的危险，不存在散毒现象。一般只需在 2~8℃ 贮藏和运输条件，易于贮藏和运输。受母源抗体干扰小。

（2）灭活疫苗的缺点。接种途径少。主要通过皮下或肌肉注射进行免疫。产生免疫保护所需时间长。由于灭活疫苗在动物体内不能繁殖，因而接种剂量较大，产生免疫力较慢，通常需 2~3 周后才能产生免疫力，故不适于用作紧急预防免疫。疫苗吸收慢，注射部位易形成结节，影响肉品质量。

3. 类毒素

将细菌在生长繁殖中产生的外毒素，用 0.3%~0.4% 甲醛溶液处理后，其毒性消失而仍保留其免疫原性，称为类毒素。类毒素经过盐析并加入适量的磷酸铝或氢氧化铝胶等，即为吸附精制类毒素，注入动物机体后吸收较慢，可较久地刺激机体产生高滴度抗体以增强免疫效果。如破伤风类毒素，注射一次，免疫期 1 年，第二年再注射一次，免疫期可达 4 年。

4. 新型疫苗

目前在预防动物疫病中，已广泛使用的新型疫苗主要有：基因工程亚单位元疫苗，如仔猪大肠埃希氏菌病 K88、K99 双价基因工程疫苗，仔猪大肠埃希氏菌病 K88、LTB 双价基因工程疫苗；基因工程基因缺失疫苗，如猪伪狂犬病病毒 TK/gG 双基因缺失活疫苗、猪伪狂犬病病毒 gG 基因缺失灭活疫苗；基因工程基因重组活载体疫苗，如禽流感重组鸡痘病毒载体活疫苗；合成肽疫苗，如猪口蹄疫 O 型合成肽疫苗。

二、免疫接种准备工作

（一）免疫接种的类型

分为预防接种、紧急接种和临时接种。

（1）预防接种。指在经常发生某类传染病的地区或有某类传染病潜在的地区、受到某类传染病威胁的地区，为了预防这类传染病发生和流行，平时有组织、有计划地给健康动物进行的免疫接种。

（2）紧急接种。指在发生传染病时，为了迅速控制和扑灭传染病的流行，而对疫区和受威胁区尚未发病的动物进行的免疫接种。紧急接种应先从外围的安全地区开始，逐只接种，以形成一个免疫隔离带。然后再进入受威胁区，最后再深入到疫区对假定健康动物进行接种。

（3）临时接种。指在引进或运出动物时，为了避免在运输途中或到达目的地后发生传染病而进行的预防免疫接种。临时接种应根据运输途中和目的地传染病流行情况进行免疫接种。

在注射疫菌苗时，不能同时注射多种疫菌苗，因注射疫菌苗以后，需要一定的时间以产生抗体，如果同时注射多种疫菌苗，疫菌苗之间会互相干扰，影响抗体的形成，效果往往不佳。所以注射多种不同的疫菌苗，应间隔 5~7 天，最好 10 天以上。

（二）免疫接种的用品

1. 疫苗和稀释液

按照免疫接种计划或免疫程序规定，准备所需要的疫苗和稀释液。

疫苗的准备用量公式：免疫接种有一定量的疫苗损耗，一般灭活苗用量的损耗为3%、活苗用量的损耗为5%。

灭活苗用量 = 饲养数量 ×（1 + 3%）× 接种剂量

活苗用量 = 饲养数量 ×（1 + 5%）÷ 份数/安瓿。

稀释液的准备用量是与疫苗的用量相对应的。

2. 器械

（1）准备接种器械。如注射器、针头、镊子、刺种针、点眼（滴鼻）滴管、饮水器、玻璃棒、量筒、容量瓶、喷雾器等。

（2）药品。准备75%酒精、5%碘酊、脱脂棉、2%碘酊、来苏儿或新洁尔灭、肥皂等消毒用的药品。准备0.1%盐酸肾上腺素、地塞米松磷酸钠、盐酸异丙嗪、5%葡萄糖注射液等免疫副反应急救用的药品。

3. 器械冲洗和灭菌

（1）器械冲洗。将注射器、点眼滴管、刺种针等接种用具先用清水冲洗，一定要保证清洗的洁净度。①玻璃注射器。将注射器针管、针芯分开，用纱布包好。②金属注射器。应反向扭转活塞调节螺丝，放松活塞，用纱布包好；将针头用清水冲洗干净，成排插在多层纱布的夹层中；针头用清水冲洗干净，成排叉在多层纱布的夹层中；镊子、剪子洗净，用纱布包好。

（2）器械灭菌。①高压灭菌。将洗净的器械高压灭菌15分钟。灭菌后的器械如一周内不用，下次使用前应重新消毒灭菌。②煮沸灭菌。将洗净的器械放入煮沸消毒器内，加水淹没器械2厘米以上，煮沸30分钟，待冷却后放入灭菌器皿中备用。煮沸消毒的器械当日使用，当日不用或打开后，需重新消毒，方能使用。

器械禁止使用化学药品消毒灭菌。经灭菌的注射器和针头要置于无菌盒内，防止污染。使用一次性无菌塑料注射器时，要检查包装是否完好和是否在有效期内。

（三）人员消毒和防护

1. 人员消毒

免疫接种人员剪短手指甲，用肥皂、消毒液（来苏儿或新洁尔灭溶液等）洗手，再用75%酒精消毒手指。不可使用对皮肤能造成损害的消毒液洗手。

2. 个人防护

穿工作服、胶靴，戴橡胶手套、脚套、口罩、帽等。在进行气雾免疫和布病免疫时应戴护目镜。

三、免疫接种具体操作

（一）家禽皮下注射免疫接种

（1）适用范围。幼禽。

（2）保定。左手握住幼禽。

（3）选择注射部位。在颈背部下1/3处，用大拇指和食指捏住颈中线的皮肤并向上提起，使其形成一囊。

（4）注射。针头从颈部下 1/3 处，针孔向下与皮肤呈 45 度角从前向后方向刺入皮下 0.5～1 厘米，推动注射器活塞，缓缓注入疫苗注射完后，快速拔出针头。

（5）注意事项。注射过程中要经常检查连续注射器是否正常。一定要捏住颈背部皮肤，而不能只捏住羽毛。注射时不可因速度过快而把疫苗注到体外。确保针头刺入皮下，避免把疫苗注射到体外。

（二）家畜肌肉注射免疫接种

1. 适用范围

猪、牛、羊、马、犬、猫等。

2. 保定方法

（1）猪的保定。①正提保定。保定者在正面用两手分别握住猪的两耳，向上提起猪头部，使猪的前肢悬空。②倒提保定。保定者用两手紧握猪的两后肢胫部，用力提举，使其腹部向前，同时用两腿夹住猪的背部，以防止猪摆动。③侧卧保定。一人抓住后肢，另一人抓住耳朵，使猪侧卧倒下，固定头部，根据需要固定四肢。④仰卧保定。将猪放倒，使猪成仰卧姿势，固定四肢。⑤网架保定。将猪放到有网眼的保定架上，四肢从网眼伸出悬空。

（2）牛的保定。①单柱栏保定。缰绳系于柱栏上。亦可利用树桩等进行简易保定。②二柱栏保定。将牛牵至柱栏左侧，缰绳系于横梁前端的铁环上，用另一绳将颈部系于前柱上，最后缠绕围绳及吊挂胸、腹绳。③四柱栏及六柱栏保定：保定栏内应备有胸革、臀革、腹革、肩革。先挂好胸革，将牛从柱栏后方引进，并把缰绳系于某一前柱上，挂上臀革、腹革，最后压上肩革。

（3）羊的保定。①站立保定。两手握住羊的两角或耳朵，骑跨羊背，用两大腿夹住羊两侧胸壁保定。②倒卧保定。俯身从羊对侧，一手抓住两前肢系部或抓一前肢臂部；另一手抓住腹肋部膝前皱襞处扳倒羊体，然后抓腹前皱襞处的手抓两后肢系部，前后一起按住保定。

（4）马、骡、驴的保定。马骡驴等大家畜的保定同牛的柱栏保定。

（5）犬的保定。①兜嘴保定。用皮革、金属丝或棉麻制成兜嘴，戴在犬的嘴上，将其附带结于两耳后方颈部，防止脱落。兜嘴应有不同规格，按犬的大小选择使用。②扎嘴保定。用绷带或布条，做成猪蹄扣套在鼻面部，使绷带的两端位于下颌处，并向后引至项部打结固定，此法较兜嘴法简单且牢靠。③横卧保定。先将犬作扎嘴保定，然后两手分别握住犬的两前肢腕部和两后肢跗部，将犬提起横卧在平台上，以右臂压住犬的颈部保定。颈钳保定：将长柄颈钳的两钳嘴，夹住犬的颈部固定。

（6）猫的保定。做一个细长的布袋，布袋比猫略粗，使猫的头部先钻进布袋，露出后肢保定。

3. 注射部位选择

应选择肌肉丰满、血管少、远离神经干的部位。猪宜在耳后、臀部、颈部。牛、马、骆驼等大家畜宜在臀部或颈部。羊、犬、兔等宜在颈部。猫宜在臀部。

4. 注射部位消毒

接种部位用2%～5%碘酊棉球由内向外螺旋式消毒，最后用挤干的75%酒精棉球脱碘。

5. 注射

对中、小家畜可左手固定注射部位皮肤，右手持注射器垂直刺入肌肉后，改用左手挟住注射器和针头尾部，右手回抽一下针芯，如无回血，即可慢慢注入药液。

6. 注射完消毒

注射完毕，拔出注射针头，涂以5%碘酊消毒。

7. 注意事项

（1）保定好动物，注意人员安全，搞好防护。根据动物大小和肥瘦程度不同，掌握刺入不同深度，以免刺入太深（常见于瘦小畜禽）而刺伤骨膜、血管、神经，或因刺入太浅（常见于大猪）将疫苗注入脂肪而不能吸收。

（2）要根据注射剂量，选择大小适宜的注射器。注射器过大，注射剂量不易准确；注射器过小，操作麻烦。

（3）注射剂量应严格按照规定的剂量注入。禁止打"飞针"，造成注射剂量不足和注射部位不准。

（4）大家畜免疫，为防止损坏注射器或折断针头，可用分解动作进行注射，即把注射针头取下，以右手拇指、食指紧持针尾，中指标定刺入深度，对准注射部位用腕力将针头垂直刺入肌肉，然后接上注射器，回抽针芯，如无回血，随即注入药液。

（5）家畜免疫注射，每注射一头必须更换一个针头。给农村散养禽注射，每注射一户必须更换一个针头。给规模养禽场家禽注射，每注射一禽舍更换一个针头。

（6）接种活疫苗时不能用碘酊消毒接种部位，应用75%酒精消毒，待干后再接种。避免将疫苗注入血管。

（三）家禽肌肉注射免疫接种

（1）适用范围。鸡、鸭、鹅等禽类。

（2）保定。保定者一手抓住两翅根部，一手抓住两腿。

（3）注射部位选择。胸部肌肉或腿部肌肉。

（4）注射。调试好连续注射器，确保剂量准确。注射器与胸骨成平行方向，针头与胸肌成30～45度角，在胸部中1/3处向背部方向刺入胸部肌肉。也可于腿部肌肉注射，以大腿无血管处为佳。

（5）注意事项。针头与胸肌的角度不要超过 45 度角，以免刺入胸腔，伤及内脏。注射过程中，要经常摇动疫苗瓶，使其混匀。注射时不要太快，以免疫苗流出体外。使用连续注射器，每注射 500 只禽，要校对一次注射剂量，确保注射剂量准确。

（四）家禽点眼、滴鼻免疫接种

（1）适用范围。幼禽。

（2）保定。左手握住幼禽，食指和拇指固定住幼禽头部，幼禽眼或一侧鼻孔向上。

（3）选择免疫部位。幼禽眼结膜囊内、鼻孔内。

（4）免疫接种。准备好充分溶解稀释的疫苗滴瓶，装上滴头，将瓶倒置，滴头向下拿在右手中，或用点眼滴管吸取疫苗，握于右手中并控制好胶头。滴头与眼或鼻部位保持 1 厘米左右距离，轻捏滴管，挤出 1～2 滴疫苗于鸡眼或鼻中，稍等片刻，待疫苗完全吸收后再放开鸡。

（5）注意事项。滴鼻时，为了便于疫苗吸入，可用手将对侧鼻孔堵住。不可让疫苗流失，注意保证疫苗被充分吸入。

（五）家禽饮水免疫接种

（1）适用范围。家禽。

（2）准备免疫。鸡群停止供水 1～4 小时，一般当 70%～80% 的鸡找水喝时，再饮水免疫。

（3）稀释疫苗。饮水免疫时，饮水量为平时日耗水量的 40%。一般 4 周龄以内的鸡每千只 12 升，4~8 周龄的鸡每千只 20 升，8 周龄以上的鸡每千只 40 升。计算好疫苗和稀释液用量后，在稀释液中加入 0.1%~0.3% 脱脂奶粉并搅匀，疫苗先用少量稀释液溶解后再加入大容器的溶液中，一起搅匀，立即使用。

（4）饮水免疫。将配制好的疫苗溶液加入饮水器，同时给鸡饮用。饮水器分布均匀，数量够用，使同一群鸡基本上同时喝上疫苗溶液，并于 1~1.5 小时内喝完。

（5）注意事项：炎热季节里，应在上午进行饮水免疫，装有疫苗的饮水器不应暴露在阳光下。饮水免疫禁止使用金属容器，一般应用硬质塑料或搪瓷器具。免疫前应清洗饮水器具。将饮水器具用净水或开水洗刷干净，使其不残留消毒剂、铁锈、脏物等。免疫后残余的疫苗、废疫苗瓶、空疫苗瓶，应集中进行煮沸、焚烧等处理，不能随意乱扔。疫苗稀释时应注意无菌操作，所用器材必须严格消毒。稀释液（饮用水）应清洁卫生，不含氯离子、重金属离子、抗生素和消毒药，一般使用蒸馏水、凉开水或深井水。疫苗用量必须准确，一般应为注射免疫剂量的 2~3 倍。

 思考与练习

（1）家禽肌肉注射技术实训。

（2）家禽肌肉注射免疫方法有哪些？